# Die große **Selbermacher** Gartenbibel

Klaus Ruhnau

# Die große Selbermacher Gartenbibel

Unter Mitarbeit von Else Rieger

Brandstätter

# Inhalt

Im eigenen Garten wachsen zu sehen, was man eigenhändig gesät und gepflanzt hat, ist eine wunderbare Erfahrung. Beim Planen, Pflanzen und Pflegen des selbstgeschaffenen grünen Reichs lassen sich Alltagsstress und Hektik vergessen. Hier können Sie im wahrsten Sinn des Wortes die Früchte Ihrer eigenen Arbeit ernten. Kein Wunder, dass immer mehr Menschen begeisterte Hobbygärtner werden!

Damit beim Gärtnern alles so läuft, wie Sie es sich vorstellen, habe ich in diesem Buch praktische Anleitungen und wichtige Tipps und Tricks aus meiner jahrzehntelangen Erfahrung als Gärtner zusammengestellt. Rund um Bereiche wie Gartengestaltung, Wohnen im Garten, Obst- und Gemüseanbau, kindergerechte Gärten und naturnahes Gärtnern finden Sie notwendiges Basiswissen, ergänzt durch spannende Hintergrundinformationen.

Gestalten Sie Ihre Wohlfühl-Oase im Grünen ganz nach Ihren persönlichen Wünschen! Dieses Buch wird Sie dabei begleiten und Inspirationen für immer neue Gartenideen liefern.

**Ihr Klaus Ruhnau**

# 1. Erlebnisraum Garten

# Einen Garten anlegen

Gärten sind ganz besondere Orte. Ein Garten ist eine Welt im Kleinen und kreativer Freiraum zum Gestalten. Hier können Sie nach Ihren Vorstellungen ein kleines Universum erschaffen: Der Garten ist Ihr persönliches Reich. Je nach Wunsch bietet er unterschiedlichste Möglichkeiten, damit die Zeit, die Sie in Ihrem grünen Wohnzimmer verbringen, die schönsten Stunden des Tages werden.

Auf gemütlichen Sitzgruppen können Sie Ruhe finden und Kraft tanken. Für Sonnenanbeter ist ein ruhiges, windgeschütztes Plätzchen reserviert, wo sich ungestört experimentieren lässt, bis für jeden Geschmack das perfekte Verhältnis von Sonnenliege und Sonnenschirm gefunden ist. In weitläufigeren Gartenanlagen kann man mit Pool, Außendusche oder auch Blocksauna maßgeschneiderte Wellnesszonen gestalten.

Im Gemüse- und Obstgarten locken saftige Erdbeeren und Tomaten, im Herbst wollen Äpfel und Zwetschken geerntet werden. Der Nachwuchs wiederum bekommt ein eigenes „Kinderzimmer im Garten". Je nach Alter kann das eine Sandkiste sein, eine Ecke für das Spielhaus, ein Plätzchen für Schaukel und Co., ein Baumhaus oder ein Planschbecken. Eines ist in jedem Fall klar: In diesem Teil des Gartens stehen Spiel, Sport und Spaß oben auf der Prioritätenliste.

Die Liste der Möglichkeiten, einen Garten zu nutzen, lässt sich beliebig verlängern, je nach persönlichen Vorlieben. Manche der Gartenbereiche kann man klar von den anderen abtrennen, wie etwa einen Pool. Andere Gartenelemente sind enger mit anderen Teilen des Gartens verbunden: Eine Ruhezone rund um das Schwimmbecken kann je nach Anlage des Gartens bereits ein Teil des Wohngartens sein und in einen Sitzplatz übergehen oder aber einen eigenen Wellnessbereich bilden.

*Ob blühender Farbtraum oder beschauliche Sitzecke – Gärten lassen sich ganz nach den persönlichen Wünschen gestalten.*

# So gelingt die Gartengestaltung

Die Grundlage jeder gelungenen Gartengestaltung ist sehr einfach: Man gliedert den Garten in mehrere übersichtliche Bereiche, indem man die gesamte Gartenfläche nach der geplanten Nutzungsart einteilt:

- Im **Ziergarten** leuchten prächtige Blumenbeete.
- Der **Nutzgarten** versorgt uns mit köstlichem Obst und Gemüse.
- Der **Wohngarten** lädt zum Verweilen auf der Terrasse ein.
- Im **Sport-, Erlebnis- und Wellnessgarten** kommen alle Altersstufen auf ihre Kosten.

Jeden dieser Bereiche unterteilt man wieder in kleinere Abschnitte. Denn nichts ist so langweilig wie ein ebener, völlig überschaubarer Garten. Er wirkt zweidimensional, hat dadurch zu wenig Spannung und bietet keine Überraschung. Es fehlt ihm an strukturierenden Elementen. Damit er interessant und einladend wird, helfen bewachsene Bögen und Spaliere, Hecken, Baumreihen etc., die Gartenanlage zu strukturieren. Sie vermitteln den Eindruck, dass der Garten noch weiterführt, dass man nicht alles auf den ersten Blick sieht. Um aber mehr zu erforschen, müsste man weitergehen, manchmal auch verschlungene Pfade.

Das Geheimnisvolle, die Überraschung, ist das A und O der Gartengestaltung. Dafür sorgen bereits ganz einfache Elemente. Ein Strauch beispielsweise, um den man nicht völlig herumsehen kann, verleiht dem Garten einen gewissen Reiz. Der Betrachter wird neugierig, letztlich will er wissen, was sich hinter dem Strauch verbirgt.

Um den Wunschgarten optimal gestalten zu können, ergänzt man diese einfache Grundregel durch zwei weitere wichtige Punkte. Zuerst heißt es, das Beste aus den naturgegebenen Voraussetzungen des Grundstücks herauszuholen. Sind diese Grundlagen geklärt, kommt der wichtigste Teil der Gartengestaltung: Die persönlichen Wünsche der Gartenbenützer wollen umgesetzt werden. Auf den folgenden Seiten haben wir für Sie zusammengestellt, worauf es dabei ankommt.

*Ein gemütlicher Essplatz und eine Sitzgelegenheit sollten in keinem Garten fehlen.*

# Praktische Tipps und Tricks rund ums Gartenanlegen

Egal ob Sie einen neuen Garten anlegen oder Ihren Garten umgestalten wollen: Die goldene Regel der Gartengestaltung ist ganz einfach: Nehmen Sie sich Zeit für die Vorbereitungsphase. Was in Ihrem Garten blühen und gedeihen wird, hängt stark von regionalen Voraussetzungen ab. Planen Sie Zeit ein, um in Ruhe Erkundigungen anstellen zu können, wie es damit in Ihrem Gartenreich aussieht.

Dabei sollten folgende Fragen geklärt werden: Welchen Boden weist Ihr Garten auf? Wie verhalten sich Licht- und Witterungsverhältnisse? Welche Teile des Gartens haben länger Sonnenschein, wo ist es eher schattig? Wie sieht es mit dem Umfeld des Gartens aus? Wollen Sie Sichtschutz gegenüber angrenzenden Gärten? Spielen Nachbars Kinder vielleicht auf der anderen Seite jener Zaunecke, die Sie als Ruhezone ausgewählt hatten? Wohin wird der Bratenduft Ihres Grills voraussichtlich ziehen?

Diese Zeit ist auch ideal für zwei wichtige Grundlagen des Gärtnerns: zum einen das Gespräch mit Nachbarn zu suchen, um zu erfahren, was in der Gegend gut gedeiht und was eher nicht. Nebenbei bekommen Sie einen genaueren Eindruck von den Nachbargärten und können überlegen, welche Elemente Sie gern ähnlich hätten, welche anders.

> **Der Selbermacher-Tipp**
>
> Ein **guter Boden** ist die wichtigste Voraussetzung für einen schönen, gut gedeihenden Garten. Deshalb sollte man beim Hausbau noch vor Baubeginn die obersten 30 Zentimeter des Bodens zur Seite schieben lassen. So kann man sie für den späteren Garten aufheben. Keinesfalls als Gartenuntergrund geeignet ist Bauschutt.

Zum anderen ist jetzt der beste Zeitpunkt, um Gartenpläne zu zeichnen. Um herauszufinden, welcher Gartentyp am besten zu Ihnen passt, hilft Ihnen unsere Übersicht auf Seite 21–23. Sicher entdecken Sie Elemente von mehreren Gartentypen in sich. Vielleicht ist Ihr Garten auch ein Gemeinschaftsgarten, wie sie im städtischen Bereich zunehmend beliebter werden. Dann wird sich die zur Verfügung stehende Fläche in unterschiedliche Elemente aufteilen, sodass für jeden das Richtige dabei ist. Ebenso beinhaltet ein Familiengarten unterschiedliche Bereiche, um allen Mitgliedern gerecht zu werden.

Am praktischsten ist es, zunächst die grundsätzliche Ausrichtung festzulegen: Was ist für Ihren Wunschgarten am wichtigsten und worauf legen Sie weniger Wert? Wenn Sie wissen, welche Bereiche Ihr Garten beinhalten soll, heißt es, die Fläche aufzuteilen. Das funktioniert ganz ähnlich, wie den unterschiedlichen Zimmern einer Wohnung Funktionen zuzuteilen: Da kann es den Essecken- und Erholungsgarten geben, den Gemüsegarten, den Zierstauden-Garten, den Rasengarten etc. Anhand eines gezeichneten Gartenplans lässt sich gut überlegen, wo welche Bereiche am vorteilhaftesten untergebracht werden und wie viel Fläche für welche Gartenteile zur Verfügung stehen soll.

## DER KLEINE GARTEN

Je geschickter man einen kleinen Garten in einzelne Bereiche aufteilt, desto interessanter und größer wirkt er. Wird die Fläche hingegen frei und übersichtlich gehalten, wirkt der Garten uninteressant und klein. Damit Sie einen kleinen Garten optimal gestalten können, gilt es, vier Grundregeln zu beachten:

- Teilen Sie die Fläche Ihres Gartens in mindestens zwei, besser noch drei deutlich voneinander getrennte Zonen ein. Welche Bereiche das sind, entscheiden Sie je nachdem, was Ihnen am wichtigsten ist. Zum Beispiel: Sitzplatz, Gemüsebereich, Ziergarten. Oder: Sitzplatz, Ziergarten, Kinderspielecke. Wenn man ein Biotop im kleinen Garten haben will: Sitzplatz, Teich, Beete.
- Pflanzen Sie kleinwüchsige Gewächse wie Goldregen, Blutpflaume und Felsenbirnen anstelle von großen Bäumen. Auch ausladende Gehölze und wuchernde Stauden sind im kleinen Garten nicht gut aufgehoben. Bambus und Waldgeißbart, Goldnessel und Essigbaum machen im kleinen Garten viel Arbeit, weil sie dauernd, auch im Wurzelbereich, zurückgedrängt werden müssen.
- Blütenhecken können im kleinen Garten nur dann zur vollen Wirkung kommen,

wenn man Arten wählt, die sich sehr stark zurückschneiden lassen. Dann können sie auch als relativ schmale Begrenzung zu den Nachbarn eingesetzt werden und zeigen dennoch ein wenig von ihrer Eigenheit. Dazu gehören zum Beispiel Forsythien, Spirea und Berberitzen.

- Besonders wichtig bei der Bepflanzung im kleinen Garten sind die richtigen Proportionen. Zu kleinen Bäumen passen kleine Sträucher. Sonst stiehlt ein normalwüchsiger Strauch einem kleinen Baum die Schau. Das wirkt auch deshalb störend, weil Sträucher in der Natur kleiner als Bäume sind. Was den Proportionen in der Natur nicht entspricht, empfinden wir als unangenehm und misslungen.

## LANGE, SCHMALE GÄRTEN

Um langgezogene, schmale Grundstücke optisch zu gestalten, gibt es einen einfachen Trick: quer stehende Elemente. Sie teilen den Garten in verschiedenen Zonen. Das können beispielsweise Pergolen sein. Noch besser sind einzeln stehende, schöne Sträucher oder Bäume. Sehr gut wirken in solchen Gärten auch Höhenunterschiede. Ist die Fläche von Natur aus eben, so kann man durch Stufen, Hochbeete, erhöhte Sitzplätze etc. Höhenunterschiede einbauen.

Auch den Wegen kommt eine wichtige Rolle zu. Wege, die sich hinter Bäumen, Sträuchern und sonstigen Gartenteilern „verlieren“ und dann das Grundstück wieder queren, bringen Spannung in den Garten und lassen ihn interessant wirken. Ein schnurgerader Pfad, ob in der Mitte oder auf den Seiten, verstärkt hingegen nur den Eindruck eines lang gezogenen Grundstücks.

Besonders wirkungsvoll ist es, in langen, schmalen Gärten die Seitenbegrenzungen zu kaschieren, vor allem wenn es sich um hohe Mauern handelt. Ideal dafür geeignet sind Bepflanzungen mit dichtem, aber einheitlichem Blattwerk, zum Beispiel Efeu. Zusätzlich mildern geschwungene, in den Rasen hineinragende Beete die Strenge der Seitenbegrenzungen. Gerade, seitliche Rabatten wirken hingegen in dieser Gartenform weniger optimal.

## HANGLAGEN

Geschickte und liebevoll angelegte Hanggärten sind ebenen Gärten in vieler Hinsicht überlegen. Die Terrassierung eines Hangs bietet wunderschöne Gestaltungsmöglichkeiten. Blumen- und Gemüseterrassen machen optisch viel her und erleichtern die Gartenarbeit.

Der Schlüssel zur gärtnerischen Hangerschließung ist jedoch die Treppe, die zum Haus und zum Sitzplatz führt. Als Material für diese Treppe kommen Beton, Erdaufschüttungen, Holz, zum Beispiel Rundhölzer, und Natursteine in Frage. Letztere sind optisch besonders ansprechend. Wichtig ist in jedem Fall ein genau geplantes und gut ausgeführtes Fundament. Palisadenwände zum Beispiel, die das Gelände terrassieren, müssen mit Dachpappe oder Folie hinterlegt werden. Danach kommt eine Schicht Schotter und dann das Erdreich, das gut festgedrückt werden muss.

Entlang der Stützmauern und Treppen empfiehlt sich eine Bepflanzung mit immergrünen Gehölzen, zum Beispiel Zwergkoniferen. Sie sorgen dafür, dass man auch im Winter einen schönen, sanften Blick in den Garten hat.

Ist das Gefälle des Hanggartens nicht sehr steil, bietet es sich an, Pflanzen mit starken Faserwurzeln zu setzen. Diese Pflanzen befestigen mit ihrem Wurzelgewebe die Humusschicht des Bodens. Das funktioniert vor allem dann, wenn man sie quer zum Hang pflanzt. Damit kann man erreichen, dass das Wasser nicht zu schnell abrinnt und besser im Boden verteilt wird. Dafür geeignete Pflanzen sind Weide, Erle, Hartriegel und Forsythie.

## DAS KLEINKLIMA

Neben der Lage des Grundstücks sind Witterungseinflüsse ein ganz entscheidender Faktor für die Gartengestaltung. Dabei spielt das so genannte Kleinklima eine wichtige Rolle. Denn das Klima im Garten hängt nicht nur von regionalen Wettercharakteristika ab, sondern auch von örtlichen Gegebenheiten. Hohe Mauern rund um einen Garten beispielsweise speichern sowohl Wärme als auch Kälte und geben diese über längere Zeit langsam wieder ab. Auch Hecken beeinflussen das Kleinklima, das von Garten zu Garten, von Terrasse zu Terrasse unterschiedlich sein kann.

Besonders gut lassen sich diese Unterschiede im Frühjahr erkennen. Die Wachstumsphase beginnt bei etwa 5 °C Wärme. Wenn diese Temperatur konstant erhalten bleibt, fangen die Wurzeln an, das Wasser und die darin aufgelösten Nährstoffe in den Pflanzenkreislauf aufzunehmen: Das Frühjahr beginnt! In einem Gartenhof mit sonnenbeschienenen Mauern und windgeschützten Terrassen erwärmt sich der Boden schneller und dauerhafter als im Freiland. Deshalb blühen in den Höfen bereits die ersten Frühlingsblumen, wenn in frei liegenden Gärten noch Schneereste vorhanden sind.

Gärten, die nach Süden oder Südwesten liegen, sind klimatisch bevorzugt. Innenhöfe können im Frühjahr ein wärmeres Klima haben und sind windgeschützt. Dafür gibt es hier aber oft relativ viel Schatten. Terrassen wiederum können manchmal sehr heiß und trocken werden.

Mit einer Reihe gärtnerischer Tricks lässt sich der Einfluss solcher örtlichen Klimafaktoren abmildern. Wenn zum Beispiel Hausmauern eine Terrasse stark aufheizen und dadurch die Wasserverdunstung so hoch wird, dass die dort gesetzten Pflanzen nicht recht gedeihen wollen, hilft eine Begrünung der Mauer mit Kletterpflanzen, das Kleinklima zu verbessern. Auch die kleinsten Bäume und Sträucher speichern in ihrem Blattwerk reichlich Wasser, das sie langsam an die Umgebung abgeben. Damit bringen sie überall eine gewisse Abkühlung und höhere Luftfeuchtigkeit.

Auch die Lichtverhältnisse spielen eine große Rolle. Bei der Pflanzenauswahl muss man die Ansprüche verschiedener Gewächse hinsichtlich Licht und Schatten ebenso berücksichtigen wie bei der Planung von Terrasse und Sitzplatz. Wo scheint die Sonne bereits am Morgen hin? Dort wird auch der ideale Ort zum Frühstücken sein. Zur Zeit der starken Mittagssonne will man vielleicht lieber im Schatten sitzen. Eine Terrasse oder ein Sitzplatz, der erst am späten Nachmittag oder gegen Abend etwas Sonne abbekommt, eignet sich besonders gut für einen Nachmittagskaffee, Cocktailpartys oder Grillabende.

## WINDSCHUTZ

Aus welcher Richtung kommt der Wind am häufigsten? Diese Frage können dem neuen Gartenbesitzer am besten die Nachbarn beantworten. Auch länger bestehende Gartenanlagen in der Umgebung verraten, woher der Wind kommt: In alten, gut angelegten Gärten dienen die Hecken nicht nur als Sichtschutz, sondern auch als Windschutz. Früher wurden in Bauerngärten Hecken immer gegen die Hauptwindrichtung gepflanzt. Sie teilen und verteilen die Luftbewegung und verhindern damit, dass der Wind mit ungebremster Wucht über die Gartenlandschaft fegt.

Auch ein schöner, an der richtigen Stelle platzierter, frei stehender Baum oder Strauch eignet sich hervorragend als Windschutz. Daher lohnt es sich, wenn man einen bestehenden Garten umgestalten will, gut zu überlegen, welche Sträucher und Bäume von einem bereits bepflanzten Grundstück entfernt werden und welche man stehen lässt. Denn bis ein neu gesetzter Baum oder Strauch die entsprechende Größe erreicht hat, vergehen viele Jahre.

Bei bereits bepflanzten Gärten kann man die Hauptwindrichtung recht gut an alten Baumbeständen erkennen: Auch Bäume müssen mit ihren Energien haushalten. Aus diesem Grund lassen sie ihre Kronenenden mit dem Wind und nicht gegen ihn wachsen. So können sie durch Stürme nicht zu stark geschädigt werden. Selbst im städtischen Bereich kann man zum Beispiel an Pappelalleen, die als Windschutz gepflanzt wurden, gut erkennen, von wo der Wind am häufigsten kommt.

Die Windrichtung lässt sich auch bei der Bepflanzung der kleinsten Terrassen berücksichtigen. Kennt man die Windrichtung, weiß man, wo man beispielsweise die etwas höher wachsenden, unempfindlichen Koniferen setzt und wo der heikle Ahorn am besten geschützt ist.

# Welcher Gartentyp sind Sie?

Wie sieht er aus, der Traum von Ihrem persönlichen Wunschgarten? Oder haben Sie ihn vielleicht schon Realität werden lassen? Zumindest der Phantasie sind dabei keine Grenzen gesetzt. Es gibt sicher mehr unterschiedliche Traumgärten als Gartenbesitzer …
Ihre ganz persönlichen Prioritäten im Garten sind das Fundament, auf dem die Gestaltung Ihres Wunschgartens aufbaut. Zur Inspiration haben wir für Sie im Folgenden eine Übersicht über die wichtigsten Gartentypen zusammengestellt. Bei jeder Beschreibung finden Sie ergänzende Hinweise, welches Kapitel unseres Buches die wichtigsten Informationen zur Verwirklichung Ihres persönlichen Traumgartens bietet.

Der **Rasenkönig:** Sie nennen ein Fleckchen Erde Ihr Eigen, das zum gleichmäßigsten und dichtesten Grün weit und breit werden soll? Ein saftig-grüner Zierrasen, der Entspannung pur fürs Auge bietet. Ein kleines Gesamtkunstwerk, das jeden englischen Golfrasen vor Neid braun werden lässt! Wie das gelingt, erfahren Sie im Kapitel **„Die Bühne des Gartens: (mit) Grünflächen gestalten“,** Seite 26–39.

Das Gartenleben ist bunt! Für Sie sind **Blühpflanzen** das wichtigste Element der Gartengestaltung. Sie sind der Farbkünstler im Garten, die Natur ist Ihre große Farbpalette. Die bunte Farbenpracht empfinden Sie als ganz besondere Wohltat für die Seele und nie versiegende Inspirationsquelle.

Sie lieben es, immer wieder neue Farbkombinationen auszuprobieren. Vom Frühling bis in den Herbst verwandeln harmonisch aufeinander abgestimmte Blumen, Stauden und Ziersträucher immer wieder neue Bereiche Ihres Gartens in ein Farbenmeer. Die bunten Stars auf der Gartenbühne bestimmten die Stimmung in Ihrem (nicht nur) grünen Wohnzimmer: von zart über romantisch und fröhlich bis feierlich.

Die besten Ideen für die Gartengestalten mit Farben finden Sie im Kapitel **„Mit Farben gestalten: blühende Blumen- und Staudenbeete“,** Seite 64–103.

Ein kleiner **Mini-Park** wäre das Richtige: Elegant geschwungene Wege, perfekt abgestimmte Bäume und Sträucher schaffen eine angenehm entspannte Atmosphäre. In einem Eck lädt vor einer dunkelgrünen Hecke eine weiß gestrichene Gartenbank zum Verweilen ein, rechts und links flankiert von Kübelpflanzen. Im harmonischen Ganzen Ihres Gartens setzen kleine Skulpturen oder vielleicht auch ein interessant designter Brunnen Akzente. Für Sie steht der gestalterische Aspekt im Vordergrund, der Garten ist für Sie ein großes Freiluftatelier. Kurz gesagt: Sie sind der geborene Gartenkünstler!

Wie Sie Ihre Gestaltungsideen optimal umsetzen können, erfahren Sie in den Kapiteln **„Den Garten mit Pflanzen strukturieren: Bäume, Sträucher und Hecken“,** Seite 40–62 und **„Gartengestaltung mit Wegen, Zäunen und Zierobjekten“,** Seite 104–113.

Gartenliebe geht durch den Magen: Sie träumen von einem **Genussgarten,** aus dem die verschiedensten Köstlichkeiten frisch auf den Tisch kommen. Das Erste, was Sie gepflanzt haben, war ein Apfelbaum und für Sie ist auch im kleinsten Garten Platz für ein kleines Gemüsebeet ... und ein paar Beerensträucher … und wie wäre es mit Kirschen, Birnen oder Zwetschken? Sie lieben es, zu beobachten, wie selbst gesäte Pflänzchen sich entwickeln, größer werden und schließlich heranreifen. Vergessen Sie die Öffnungszeiten des Supermarkts um die Ecke! Ihr Garten liefert Ihnen 24 Stunden am Tag exklusive Delikatessen in unvergleichlicher, handgezogener Qualität.

Wie das gelingt und was es dabei zu beachten gilt, haben wir im Kapitel **„Obst, Gemüse und Beeren selbst anbauen“,** Seite 115–123 für Sie zusammengestellt; wer am liebsten in Bioqualität gärtnert, findet wichtige Informationen im Kapitel **„Gärtnern – ganz natürlich!“,** Seite 176–191.

Sie lieben Arrangements, die aussehen, als wären sie zufällig entstanden, und gerade deshalb besonders gut wirken? Sie träumen von einem Garten mit buntem, vielfältigem Charakter. Sie lieben weiche Linienverläufe, Betonrasenkanten haben in Ihrer Gartenwelt keinen Platz. Am besten sollten sich üppig blühende Blumen, köstliches Obst und Gemüse abwechseln. Damit das wirklich gut aussieht, sind Sie auch bereit, einige Zeit zu investieren.

Für Sie ist ein **Bauerngarten** das Richtige. Diese charmante, traditionelle Gartenform wird auf Seite 187/188 beschrieben. Weitere Ideen für besondere Gartengestaltungsmöglichkeiten finden Sie im Kapitel **„Besondere Gestaltungsideen“,** Seite 144–159.

Ihr Garten ist vor allem eins: **Action-Zone** für die ganze Familie! Ihr Nachwuchs will immer mehr Platz zum Toben, redet ständig von dem tollen Baumhaus des besten Freundes und hat das Frühbeet vom letzten Jahr für die Schildkröte beschlagnahmt. So ein tolles Freigehege hatte die noch nie! Bello wiederum will nicht verstehen, dass das Sofa im Gartenhaus tabu ist. Da müssen Sie ihn wohl mit einer neuen Hundehütte bestechen … Unbestechlich sind Ihre Schwiegereltern, für die mit fortschreitendem Alter trittsichere Wege im Garten immer wichtiger werden.

Was es zu bedenken gilt, damit der Garten allen Altersklassen gerecht wird, lesen Sie im Kapitel **„Der Generationen-Garten“** (Seite 147–151).

Ihr Garten ist Ihre ganz persönliche, maßgeschneiderte **Ferienanlage.** Immer wenn das Wetter es zulässt, sind Sie auf Ihrer großen Terrasse anzutreffen. Sie bietet Ihnen Ruhe und Erholung wie kein anderer Ort. Hier ist das Herz Ihres Gartens. Sie haben viel Zeit damit verbracht, die richtigen Möbel für Ihr Wohnzimmer im Grünen auszusuchen und lieben es, die Terrasse je nach Jahreszeit mit passenden Accessoires zu schmücken. Eine Siesta in der Hängematte und gemütliche Lesestunde in einer lauschigen Ecke runden Ihr Gartenglück ab.

Egal, ob Sie sich bei der Anlage und Pflege Ihres Gartens unterstützen lassen oder ob Sie nach getaner Gartenarbeit voller Stolz auf das eigene Werk blicken: Für Sie ist der Garten vor allem ein Wohngarten. **„Wohnen im Garten“** (Seite 192–215) verrät Ihnen, wie Sie ihn optimal gestalten.

Sie sind glücklicher Besitzer einer Terrasse oder eines Balkons: Ihr Stolz ist Ihr **Kübelgarten.** Jeder Ihrer kleinen grünen Mitbewohner hat einen eigenen Charakter. Sie arrangieren Blumenampeln, Kübel, Töpfe und Blumenkästen zu charmanten kleinen Kunstwerken. Auf was es dabei ankommt, erfahren Sie im Kapitel **„Gärtnern ohne Garten“**, Seite 216–247.

# 2. Garten-gestaltung

# Die Bühne des Gartens: (mit) Grünflächen gestalten

Grünflächen spielen im Ensemble von Garten und Haus eine ganz besondere Rolle. Sie sind die Bühne, auf der sich das Gartenleben abspielt. Sie sorgen für Offenheit und ermöglichen Sichtachsen. Sie vermitteln Weite und Luftigkeit. Und das ebenso in naturnah gestalteten Bauerngärten wie in romantischen Gartenanlagen mit kleinen verträumten Elementen oder in einem in verschiedene Bereiche aufgeteilten Garten mittlerer Größe. Egal ob kurz gehaltener Zierrasen oder bunt blühende Wiese – Grasflächen strahlen immer eine gewisse Ruhe, Weite und Großzügigkeit aus.

Dabei sind die Möglichkeiten, eine Rasenfläche zu gestalten, fast unbegrenzt. Vom saftig-grünen, kurzgehaltenen „Golfplatz-Rasen" bis zur blumenreichen Bauernwiese ist alles möglich. Die Entscheidung liegt allein beim Gartenbesitzer. Im Innenbereich sind wir gewohnt, je nach Geschmack und notwendiger Funktionalität zwischen den verschiedensten Varianten zu wählen. Bei der Bodengestaltung beispielsweise von Parkett und Teppichboden bis zu Fliesen und Steinfußböden. Genauso lässt sich diese Frage auch für den Garten stellen: Wie soll der „Bodenbelag" Ihres Wohnzimmers im Grünen aussehen?

Soll eine einheitliche, gut gepflegte Rasenfläche für optische Klarheit sorgen, vielleicht sogar zum Hauptdarsteller eines eher kleinen Gartens werden? Oder freut sich Ihr Nachwuchs schon darauf, die Strapazierfähigkeit eines Spiel- und Sportrasens in mehrjährigen Praxistests zu erproben? Schwebt Ihnen eine üppig blühende Schmetterlingsweide vor, die mit jedem Grashalm die Kraft der Natur als größte aller Gestalterinnen und Designerinnen verkündet?

*Vom kurz gehaltenen Zierrasen bis zur bunten Blumenwiese: Gras bietet vielfältige Gestaltungsmöglichkeiten.*

Träumen Sie von einer Liegewiese für sommerliche Sonnenstunden, die auch für spontane Picknicks im eigenen Garten geeignet ist? Oder sehen Sie die Sache in erster Linie pragmatisch und wollen vor allem einen möglichst pflegeleichten Untergrund, der Grillpartys und Sommerfeste im Freundeskreis nicht übelnimmt?

Auch die Rahmenbedingungen spielen eine große Rolle: Liegt der Rasen in der Sonne? Oder eher im Schatten? Das wäre als Standort für einen Golfrasen wenig geeignet. Denn Rasen im Schatten sollte nicht so kurz gehalten werden, wie es für klassischen Teppichrasen mit ca. drei Zentimetern gewünscht ist. Und wie sieht es mit Baumbewuchs aus? Baumwurzeln verbrauchen viel Wasser und entziehen dem Boden Nährstoffe. Zierrasen fühlt sich unter Bäumen nicht wohl, da er auf hohen Nährstoffgehalt des Bodens angewiesen ist. Auch mit verstärktem Düngen ist in diesem Fall nicht viel zu machen. Denn in erster Linie wird der Dünger dem Baum zugute kommen – mit dem Erfolg, dass dieser noch besser wächst, während der Rasen weiter vor sich hin kümmert.

Wer einen großzügig bemessenen Garten sein eigen nennt, wird vielleicht mehrere Rasenarten kombinieren und verschiedene Zonen unterschiedlich gestalten wollen. Im Handel gibt es eine Vielzahl verschiedenster Grassamensorten. Je nachdem, welche Vorstellungen man vom persönlichen Wunschrasen hat, kann man zu unterschiedlichen Samen greifen. Umso lohnender ist es, auch auf ein harmonisches Zusammenspiel von Rasen und Haus sowie anderen Teilen des Gartens zu achten. Ein Zierrasen hat zum Beispiel den Vorteil, Staudenbeete sehr gut zur Geltung zu bringen. In einem kleinen Reihenhausvorgarten kann er Beeten mit Blühpflanzen auch in dem begrenzt zur Verfügung stehenden Platz einen effektvollen Auftritt verschaffen.

Bunt blühende Wiesenmischungen sind dafür ungeeignet. Sie passen hingegen sehr gut zu romantischem Altbaumbestand, machen sich auch als Nachbarschaft rustikaler Nutzgärten gut und bieten die perfekte Ergänzung zu ländlich inspirierter Architektur. Für Nutz- und Sportrasen wiederum gibt es eigene Samenmischungen.

*Wiesenblumen bringen bunte Farbtupfer in den Garten und lassen ihn freundlich wirken. Für Nutzflächen ist strapazierfähiger Rasen gut geeignet. Er wird etwas länger als Zierrasen gehalten.*

Träumen Sie von einer Liegewiese für sommerliche Sonnenstunden, die auch für spontane Picknicks im eigenen Garten geeignet ist?

# Rasen anlegen leicht gemacht

## VORBEREITUNG

Egal, für welche Rasenart man sich entscheidet, die für die Neuanlage von Rasenflächen notwendigen Arbeitsschritte sind im Wesentlichen gleich. Zunächst wird der Boden gut aufgelockert. Dafür kann man Maschinen einsetzen, die den Boden richtiggehend auffräsen, oder man gräbt selbst gründlich (etwa spatententief) um. Steine, Wurzeln und Ähnliches sollte man dabei entfernen.

Dann kommt es darauf an, ob der Boden eher schwer oder eher sandig ist (siehe Seite 252). In schwere Böden arbeitet man Sand oder sonstige Lockerungsmittel ein. Sandige Böden werden mit Kompost oder Rindenhumus angereichert, um die Speicherwirkung zu erhöhen. Zur Optimierung der Bodenqualität kann Rasenerde untergemischt werden. Ideal ist es, wenn der Boden vor der weiteren Bearbeitung ca. zwei Wochen ruhen kann. Während dieser Ruhephase kann man Rasendünger aufbringen, der nicht zeitgleich mit dem Aussäen zu verwenden ist.

Nach dem Auflockern muss das Erdreich eingeebnet werden. Dabei werden nochmals übrig gebliebene größere Steine und Erdbrocken entfernt. Je nach Größe der Rasenfläche kann man dafür entweder einen Rechen und Trittbretter verwenden, die an die Schuhe geschnallt werden, oder eine Gartenwalze. An die Füße geschnallte Bretter sind in jedem Fall auch für die folgenden Arbeitsschritte praktisch. So bleibt die Fläche gleichmäßig eben und wird nicht vom Daraufherumtreten aufgewühlt. Wenn die Oberfläche schön eben ist, muss gewässert werden.

*Wer Rasenflächen richtig anlegt, schafft beste Voraussetzungen für einen gesunden Rasen mit sattem, saftigem Grün.*

## AUSSAAT

Jetzt wird es ernst – was aus den Grassamen entsteht, wird das Bild des Gartens zukünftig wesentlich prägen. Umso wichtiger, dass nach der Vorbereitung des Erdreichs auch die Aussaat gut gelingt! Mehrere Faktoren helfen dabei: Zum einen sollte die Bodenoberfläche nicht zu trocken und nicht zu nass sein. Am besten ist es, auf leicht angetrockneter Erde zu säen. Zum anderen ist es gut, diese Arbeit an einem möglichst windstillen Tag zu erledigen, damit die Samen nicht vom Wind davongetragen werden.

Das Saatgut streut man dann entweder mit einem Streuwagen oder vorsichtig von Hand auf die Erdoberfläche. Die Menge der benötigten Samen pro Quadratmeter hängt von der gewählten Samenart ab. Achtung, wer es besonders gut meint und zu dicht aussäht, nimmt in Kauf, dass sich schneller wachsende Gräserarten vordrängen und die (meist besseren) „Spätentwickler“ unterdrücken. Nach der Aussaat müssen die Samen etwa einen Zentimeter tief in die Erde gedrückt werden. Das geht am besten mit Brettern. Danach wird wieder gerecht und idealerweise auch gewalzt.

## BEWÄSSERUNG DER KEIMLINGE

Keimendes Saatgut ist empfindlich gegenüber Trockenheit, wird aber von einem zu heftigen Wasserstrahl oder Regengüssen schnell weggeschwemmt. Aus diesem Grund ist es am besten, am Anfang je nach Witterung täglich zwei- bis dreimal mit sehr feiner Brauseeinstellung zu gießen, jeweils nur fünf bis zehn Minuten, damit sich keine Lacken bilden. Hat man zum Beispiel einen Kreisregner zum Bewässern eingesetzt, kann im Zentrum der beregneten Fläche eine Pfütze entstehen, in der der Grassamen verschwimmt. Die Samenkörner werden an einer Stelle zusammengespült, andere Gebiete bleiben ohne Samen und somit kahl. Das typische Erscheinungsbild neu angelegten Rasens mit unregelmäßigem Wuchs und Kahlstellen zeigt sich.

Wenn die Lücken nicht zu groß sind, kann man einfach warten, bis sich diese kahlen Stellen von selbst mit Gras auffüllen. Wer die Rasendecke schneller schließen möchte, kann dort zusätzliches Saatgut streuen.

Wichtig ist auch, die neu angelegte Rasenfläche möglichst nicht zu betreten. Erst wenn das Gras vier bis fünf Zentimeter gekeimt hat, kann man mit Brettern an den Schuhen den kurzen Austrieb niedertreten oder, bei großen Flächen, mit einer leichten Walze drübergehen. So werden die Triebe abgeknickt und der Rasen verdichtet sich.

### DAS ERSTE MAL MÄHEN

Sobald das Gras ca. acht Zentimeter hoch ist, etwa nach vier bis sechs Wochen, kann das erste Mal gemäht werden. Dabei ist es besonders wichtig, dass der Rasenmäher für den ersten Schnitt scharfes Schneidegerät hat. Stumpfe Messer reißen das junge Gras aus, statt es zu schneiden. Ideal sind Walzenmäher, die es auch als leichte Handmäher gibt. Walzenmäher haben eine Messerwalze, die durch das Widerlager einen sauberen Schnitt gewährleistet.

Schwere Mähgeräte sind beim ersten Schnitt nicht zu empfehlen. Die schweren Räder können im neu angelegten Erdreich einsinken, der Boden wird dadurch uneben. Oft ist ein leichter Handmäher besser geeignet.

#### Der Selbermacher-Tipp

Wer diese Technik noch beherrscht oder bereit ist, sie in einem der heute wieder vermehrt angebotenen Kurse zu erlernen, sollte den ersten **Rasenschnitt mit der Sense** durchführen. Der Aufwand lohnt sich. Denn gerade beim ersten Schnitt sollte das Schneidegerät sehr scharf sein und ebenso effektiv wie schonend schneiden. Und ganz nebenbei kommen Sie zu einem Fitnesstraining an der frischen Luft!

## Die richtige Rasenpflege – darauf kommt's an

Rasen braucht regelmäßige Pflege: Mähen, Lüften, Vertikutieren gehören zum Standard-„Wellnessprogramm“ für gesundes, kräftiges Grün. Je nachdem, welche Art Rasen man gewählt hat, gestaltet sich das mehr oder weniger arbeitsintensiv. Wer stolzer Besitzer eines Teppichrasens werden will, muss etwas mehr Aufwand für die Rasenpflege einplanen. Damit ein Zierrasen auch wirklich eine „Zierde“ wird, muss er regelmäßig gemäht, gedüngt, gewässert, belüftet, gewalzt und gejätet werden. Jedes Unkraut im neu angelegten Rasen muss sofort entfernt werden. Das geschieht am besten nach dem Gießen, dann kann man einzelne Unkräuter vorsichtig mit der Hand herausziehen.

## MÄHEN

Wer eine geschlossene Rasendecke haben will, muss regelmäßig mähen. Vernachlässigt man den regelmäßigen Schnitt, so werden die gezüchteten Gräser von gröberen Grasarten verdrängt. Wie oft genau geschnitten werden muss, hängt neben der gewünschten Wuchshöhe davon ab, wie schnell der Rasen wächst. Das kann je nach Jahreszeit und Wetter sehr unterschiedlich sein. Teppichrasen sollte nie höher als ca. fünf Zentimeter werden. Dann schneidet man ihn auf ca. zwei Zentimeter zurück, die ideale Höhe liegt bei 12 Millimetern. Spiel- und Sportrasen kann länger gehalten werden, bei ca. drei bis vier Zentimetern. Neu angelegte Rasenflächen sollen grundsätzlich bei den ersten Schnitten nicht zu tief heruntergeschnitten werden.

Im Frühjahr und bei regnerischem Wetter wächst Gras schneller und muss öfter geschnitten werden. Vor allem der Schnitt im Spätfrühling ist wichtig und sollte in manchen Wochen zwei- bis dreimal durchgeführt werden. Das fördert das unterirdische Wachstum der Grasbüschel und macht den Rasen dicht und widerstandsfähig. Dieses Mähen verhindert auch die Bildung von Unkraut.

### Der Selbermacher-Tipp

Hat man einen Rasen längere Zeit wachsen lassen, zum Beispiel während eines Urlaubs, so darf das Gras beim ersten Schnitt **nicht zu tief heruntergeschnitten** werden. Besser ist es, durch mehrmaliges Mähen die erwünschte Graslänge wiederherzustellen. Denn das unkontrollierte Wachstum schwächt die feineren Graszüchtungen und der strenge Schnitt tut ihnen nicht gut. Das Ergebnis ist, dass sich mehr Unkraut im Rasen bildet.

Ist die Wachstumsperiode vorüber, so genügt auch für Zierrasen ein Schnitt pro Woche. Im Hochsommer kann man das Gras dann höher wachsen lassen, um den Boden zu beschatten und die Wurzeln vor dem Austrocknen zu schützen.

Wer auf einen vollständig ebenen Zierrasen Wert legt, darf beim Mähen nicht allzu heftig mit schweren Motormähern hin und her fahren, weil dadurch Unebenheiten entstehen können. Anders sieht es aus, wenn es um einen Nutzrasen geht. Da spielen solche kleinen Unebenheiten keine Rolle. Auch die Länge der Grashalme muss nicht so akribisch eingehalten werden. Immer mehr Gartenbesitzer wollen ihren Grünflächen ein natürliches Aussehen geben und lassen das Gras länger wachsen. Sie tolerieren Unkraut und Moos. Das bringt weniger Arbeit und mehr Vielfalt im Garten. Der Grasschnitt kann im Nutzgarten liegen bleiben, er vermindert die Verdunstung auf der Rasenoberfläche. Bei Zierrasen kann man den Grasschnitt im Gegensatz dazu nur liegen lassen, wenn er sehr kurz und frei von Unkraut ist.

## BEWÄSSERUNG

Gras ist überraschend widerstandsfähig. Sogar braune Grasnarben werden nach ausreichender Bewässerung bald wieder grün. Zurück bleibt jedoch ein geschwächter Rasen, der sich schlecht gegen Unkraut wehren kann. Die Fachleute sagen dazu: „Der Rasen verliert seine Elastizität."

Umso wichtiger ist das richtige Gießen. Das heißt vor allem: ein auf die konkreten Gegebenheiten des Gartens abgestimmtes Gießen. Ob Sie Ihren Rasen täglich eine Viertelstunde abends oder morgens bewässern oder einmal pro Woche eine Stunde lang und dazwischen nur in Hitzeperioden gießen, hängt stark von lokalen Gegebenheiten wie Klima, Untergrund, Grassorten, Sonnen- oder Schattenlagen ab. Wer wenig gießen will, vielleicht auch die Zeit dazu nicht hat, kann beim Samenkauf gezielt nach Grassorten fragen, die sich rasch von Trockenheit erholen und nicht allzusehr auf häufige Bewässerung angewiesen sind.

*Rasensprenger sorgen für eine gleichmäßige Verteilung des Wassers.*

Ein paar grundsätzliche Regeln gibt es in jedem Fall: Wichtig ist, dass man nicht in der Mittagshitze und nicht zu kurz gießt. Denn das Wasser darf nicht auf der Grasoberfläche hängen bleiben. Dort verdunstet es schnell, vor allem im Sommer. Dann leiden die Wurzeln nach wie vor unter Wassermangel, während gleichzeitig die Brechung der Sonnenstrahlen durch das Wasser die Grasoberfläche beschädigen kann.

Ist ein Rasen einmal ausgetrocknet, so hilft es wenig, durch eine „Schocktherapie" mit viel Wasser den Wasserverlust ausgleichen zu wollen. Ausgetrocknetes Erdreich ist sehr hart und kann kaum Wasser aufnehmen. Besser ist es, die Erde vor der Bewässerung mit einer Mist- oder Belüftungsgabel vorzubereiten, indem man in Reihen Löcher in das Erdreich sticht. Anschließend kann mit der Beregnung begonnen werden. Mehrmaliges viertelstündiges Gießen mit feiner Sprüheinstellung ist in diesen Fällen erfolgreicher als langes, heftiges Gießen. Zu vermeiden ist auch ein zu starker Wasserstrahl, der die Erde auswäscht und ernsthaften Schaden anrichten kann.

## RASEN RICHTIG DÜNGEN

Grundsätzlich gilt: Je höher die Ansprüche sind, die an den Rasen gestellt werden, desto öfter braucht er Dünger. Diese Ansprüche können sowohl ästhetischer Natur sein als auch die Nutzung des Rasens betreffen. In der Regel düngt man Rasen zwei- bis dreimal im Jahr. Das erste Mal im Frühjahr, etwa im April. Eine weitere Düngegabe empfiehlt sich Anfang Juni und eine zusätzliche eventuell noch Ende August/Anfang September.

Verwendet man mineralischen Dünger, so ist darauf zu achten, dass er gleichmäßig, am besten mit einem Streuwagen, auf dem Rasen verteilt wird. Denn die Salze im Dünger sind hygroskopisch. Das heißt: Wenn sie auf der Pflanze liegen bleiben, entziehen sie ihr bei Trockenheit Wasser. Die Pflanze wird braun und stirbt ab – sie „verbrennt“. Aus diesem Grund soll man auch nicht bei Trockenheit und Hitze düngen, sondern besser auf trübe Tage oder Regenwetter warten. Hilfreich ist es auch, organische Dünger zu verwenden, bei denen die Gefahr des „Verbrennens“ nicht so groß ist wie bei mineralischen.

Um Verbrennungen zu vermeiden, muss mit der ersten Düngung eines neu angelegten Rasens so lange gewartet werden, bis ein dichter, gut angewachsener Rasenteppich entstanden ist. Ältere Rasenflächen benötigen mehr Nährstoffe als frisch angelegte. Dasselbe gilt für Rasenflächen, die besonders oft gemäht werden, weil das Abschneiden der Blattspitzen ihnen Nährstoffe entzieht.

Nach dem Düngen ist es immer ratsam, den Rasen zu sprengen, damit Düngerreste von den Grashalmen auf das Erdreich gelangen und mit dem Wasser in den Boden eingeschwemmt werden.

### Der Selbermacher-Tipp

Kinder lieben es, im Gras zu spielen! Sie krabbeln auf allen Vieren darin herum und stecken alles Mögliche in den Mund – leider auch Dinge wie Rasendüngerkügelchen oder **Unkrautvernichtungsmittel.** Dünger ist von der Gefährlichkeit her meist in etwa mit Kochsalz zu vergleichen. Sehr viel bedrohlicher wird es jedoch, wenn dem Dünger Unkrautvernichtungsmittel beigemischt wurden. Auf diese sollte man, wenn Kinder vorhanden sind, auf jeden Fall verzichten. Daher empfiehlt es sich auch, bei Besuchen in fremden Gärten nach der Verwendung etwaiger Vertilgungsmittel etc. zu fragen, bevor man die Kinder im Gras spielen lässt.

## BELÜFTEN DES RASENS

Um Rasen über Jahre gesund zu erhalten, gehört er regelmäßig belüftet. Denn Graswurzeln müssen atmen, um leben zu können. Das ist jedoch nur möglich, wenn die Bodenstruktur porös ist und Sauerstoff zu den Wurzeln gelangt. Und auch für die Wasseraufnahme ist eine lockere, luftige Bodenbeschaffenheit notwendig. Der Boden kann nur durchfeuchtet werden, wenn er nicht zu stark verdichtet ist. Sonst rinnt das Wasser ab, statt in das Erdreich einzudringen, um dort gespeichert zu werden.

Bodenverdichtungen können schnell entstehen. Neben dem Austrocken der Erde ist vor allem starke Beanspruchung dafür verantwortlich, etwa durch Baumaschinen, falsches Bewässern oder wenn ein Boden durch Sport und Spiel zu sehr strapaziert wird. Deshalb ist es wichtig, verdichtete Stellen regelmäßig aufzulockern. Am einfachsten geht das mit einem Vertikutierrechen oder einer Vertikutiermaschine. Mit diesen Spezialgeräten durchkämmt man die Rasenfläche und entfernt verfilzte Stellen, Moos und abgestorbene Pflanzenreste. Das Vertikutiergerät dringt dabei – in geringer Tiefe – in den Boden ein und regt dadurch die Graspflanzen zu verstärktem Seitenwachstum an.

Eine noch effizientere Belüftung des Bodens lässt sich durch das so genannte Aerifizieren erreichen. Auf kleineren Flächen kann man das mit einer einfachen Mistgabel machen, indem man den Rasen in Abständen von zehn Zentimetern durchlöchert. Für größere Rasenflächen lohnt es sich, ein Aerifizierungsgerät auszuleihen oder anzuschaffen.

Die Häufigkeit, mit der ein Rasen belüftet werden muss, hängt von der Beanspruchung ab, der er ausgesetzt ist. In jedem Fall sollte im Frühling vertikutiert werden, nachdem oft wochenlang Schnee den Rasen niedergedrückt hat. Das hilft auch gegen unangenehme Pilzerkrankungen wie die Rotspitzigkeit und den Schneeschimmel.

## Die Alternative (nicht nur) für Ungeduldige: Rollrasen und Rasenziegel

Bis sich bei neu angelegtem Rasen das erste satte Grün zeigt, dauert es eine Weile. Fertigrasen heißt die Zauberformel für all jene, die nicht so lange auf die schmucke Grünfläche vor der Haustüre warten wollen. Rasenrollen und Rasenziegel werden in Spezialbetrieben vorkultiviert und bieten eine bereits recht dichte, gewachsene Grasnarbe. Üblicherweise sind sie im Handel in Bahnen zu einem halben mal zwei Meter oder in Rechtecken von 30 mal 60 Zentimetern erhältlich. Im eigenen Garten kann man sie dann fast so einfach wie einen Teppichboden verlegen.

Bevor man Fertigrasen kauft bzw. liefern lässt, gilt es, den dafür vorgesehenen Boden vorzubereiten. Da heißt es zunächst einmal spatentief umgraben oder auffräsen. Dann wird die Erde mit organischem Material wie Kompost, Stroh oder Lauberde vermischt. Am besten arbeitet man in den Untergrund auch gleich einen Langzeitdünger ein. Anschließend recht man die Oberfläche schön glatt und entfernt Steine und grobe Erdklumpen.

Wenn die Erdoberfläche gut abgetrocknet ist, kann man mit dem Verlegen des Fertigrasens beginnen. Dabei sollte möglichst „fugendicht" gearbeitet werden, die Rasenstücke sollten ohne Zwischenräume verlegt werden. Überstehende Kanten schneidet man mit einem Kantenschneider weg. Ist der Fertigrasen gleichmäßig ausgelegt, tritt man ihn mit Brettern vorsichtig fest oder man walzt mit einer Rasenwalze leicht über die Fläche. Sollten doch Fugen entstanden sein, so können sie mit sandiger Erde gefüllt werden.

Ganz wichtig ist, in den folgenden Wochen reichlich zu gießen. Sonst ziehen sich die Rasenbahnen oder Rasenziegel zusammen und es entstehen große Risse. Da hilft dann nur noch, mit weiterem Fertigrasen (oder Resten des verlegten Rasens oder etwas sandiger Erde) diese Risse bestmöglich zu schließen. Bei guter Pflege wächst der Rasen bald an und bietet alle Vorteile einer natürlich gewachsenen Grünfläche – nur erheblich schneller, als wenn man selbst ausgesät hätte.

**Der Selbermacher-Tipp**

Bei der Anlieferung von Fertigrasen sollte der Boden, auf dem er verlegt werden soll, bereits gut vorbereitet sein, damit der Rasen **nicht zu lange in eingerolltem Zustand** liegen bleiben muss.

## Die natürliche Alternative: Blumenwiese statt Rasen

War der kurz gehaltene Rasenteppich im Vorgarten in früheren Jahrzehnten ein absolutes „Must", so erfreuen sich seit einigen Jahren naturnah gestaltete Gärten stetig wachsender Beliebtheit. Dabei gibt es auch einen eindeutigen Trend zur Blumenwiese. Die wichtigsten Informationen rund um naturnahes Gärtnern und naturnah gehaltene Bauerngärten haben wir für Sie im Kapitel „Gärtnern - ganz natürlich" auf Seite 176–191 zusammengestellt.

Hier einige grundlegende Überlegungen als Hilfestellung, wenn Sie überlegen, ob Sie Grünflächen eher als klassischen Rasen oder als Blumenwiese anlegen wollen. So ist neben gestalterischen Aspekten entscheidend, wie die Wiesenfläche genutzt wird und ob sie zum Gesamtensemble des Gartens passt. Eine Blumenwiese sollte so wenig wie möglich betreten werden. Sie ist ungeeignet für Spiel und Sport: Die Blumen werden niedergetreten, noch bevor sie blühen können. Auch die zur Verfügung stehende Fläche ist zu bedenken. Blumenwiesen wirken am besten, wenn sie eine gewisse Größe haben. Sie brauchen Weite, um richtig zur Geltung zu kommen.

Wer seinen Garten je nach Jahreszeit unterschiedlich gestaltet, kann einplanen, dass Blumenwiesen ihre schönste Zeit im Hochsommer haben, wenn die meisten Blumen und Gräser blühen. Apropos Blüten: Wer Prachtstaudenbeete im Garten haben will, sollte Wiese und Staudenbeete möglichst weit auseinander anlegen, da sie sich in der Wirkung gegenseitig beeinträchtigen.

*Naturnahe Blumenwiesen erfreuen mit ihrer opulenten Farbenpracht.*

In Sachen Aussaat und Pflege einer Blumenwiese ist vor allem Geduld gefragt. Um den Boden vorzubereiten, genügt es bei verwilderten Rasenflächen, den Rasen zu schneiden, den Boden kräftig zu vertikutieren und eine Wiesenmischung auszusäen. Über dem Saatgut bringt man eine dünne Schicht sandiger Erde auf. Anschließend heißt es gießen, nicht düngen, möglichst in Ruhe lassen – und geduldig sein! Wenn die Wiesenmischung zu Beginn des Frühjahrs ausgesät wurde, kann man noch im selben Jahr mit einigen Gräsern und Blumen rechnen. Allzu üppig wird die bunte Pracht im ersten Jahr jedoch noch nicht ausfallen. Eventuell hilft es, laufend Blumensamen nachzusäen.

Besonders attraktiv wirken Blumenwiesen übrigens, wenn man im Herbst Blumenzwiebeln eingräbt. Schneeglöckchen, Narzissen, Krokus und Herbstzeitlosen passen beispielsweise gut in eine bunte Gartenwiese und machen sie noch lebendiger, auch in einer Jahreszeit, in der die Wiese selbst noch wenig Blüten zu bieten hat. Wer in einem kleinen Reihenhausgarten nicht auf den Charme bunter Wiesenblumen verzichten will, kann ein eigenes „Wiesenbeet“ anlegen.

# Den Garten mit Pflanzen strukturieren: Bäume, Sträucher und Hecken

Eine der schönsten Aufgaben der Gartengestaltung ist die Aufteilung der Gartenfläche in verschiedene Bereiche. Stellen Sie sich Ihren Garten wie eine große Loft-Wohnung vor, mit Elementen nach Ihren Wünschen zu füllen. Was soll es denn sein? Sitz- und Essplatz, Spielwiese, blühende Zierpflanzen? Eine ruhige Baumecke, in deren Schatten es sich entspannt in der Hängematte träumen lässt? Oder eine Sitzbank unter einer Weide?

Egal wie groß oder klein und mit welchen Rahmenbedingungen Ihr Garten ausgestattet ist: Pflanzen bieten wunderbare Möglichkeiten, die Gartenfläche zu strukturieren. Das kann beispielsweise auf einem großen Grundstück ein baumbestandener Weg sein, der zum Haus führt wie eine alte Allee. Oder liebevoll angelegte Rosenbeete in einem städtischen Innenhofgarten. Sträucher und Büsche können einen eher verträumten, romantischen Platz für eine Gartenbank markieren. Den Übergang von einer erhöht gelegenen Terrasse zum Rasen beleben Blumenbeete. Größere Bäume bieten idealen Sonnenschutz, um im Halbschatten eine gemütliche Sitzecke aufzustellen.

Abgesehen von naturgegebenen Bedingungen sind der Gartengestaltung mit Pflanzen keine Grenzen gesetzt. Entscheidend für die Wirkung, die erzielt wird, ist der richtige Blick für das Gesamtensemble. Die einzelnen Elemente müssen zueinander passen. In strenge Formen geschnittene Buchsbäumchen können neben einem alten, knorrigen Hausbaum deplatziert wirken. Das betrifft sowohl direkt beieinander liegende Bereiche als auch den Garten als Ganzen. Ebenso müssen Form und Inhalt eine gute Kombination ergeben. Kontraste können reizvoll sein und Spannung in den Garten bringen. Doch ein überbordendes Blumenbeet wird von naturnahen Materialien sicher wirkungsvoller umrahmt als von einem Plastikzaun.

Die Kunst der Gartengestaltung liegt in der geglückten Nutzung der Möglichkeiten. Das beginnt bei der Grundstücksgröße und -beschaffenheit. Verspielte Terrassen und Treppen lassen sich in Hanglage viel einfacher gestalten als auf einem ebenen Grund-

*Mit Bäumen und Sträuchern lassen sich Gärten wunderbar strukturieren.*

stück. Wer in die Höhe rankende Pflanzen liebt, wird in einem kleinen Garten seine Freude haben, denn dort bringen sie eine zusätzliche Ebene in den beschränkten Raum. In einem großen Garten hingegen könnten sie leicht verloren gehen und man sollte ein eigenes Plätzchen für sie schaffen, das sie richtig zur Geltung bringt.

Dabei zeigt sich auch die alte Grundregel aller gestalterischen Aufgaben: Es gibt kein Nicht-Gestalten. Es gibt nur besser oder weniger gut gelungene Gestaltungsvarianten. Mit jedem Tun im Garten, und sei es ein Nichts-Tun, verleiht man dem Grünraum eine persönliche Note.

Entscheidungskriterium ist letztlich der eigene Geschmack. Was dem einen phantasielos oder zu standardisiert erscheint, kann für den anderen die Erfüllung eines lang gehegten Traumes sein. In diesem Sinne wollen wir auch keine „Patentrezepte" für besonders gelungene Gartengestaltungsvarianten bieten. Unser Buch möchte Ihnen Lust machen, selbst auszuprobieren, was für Sie die spannendste Gestaltungsmöglichkeit ist. Damit Sie sich voll darauf konzentrieren können, Ihren persönlichen Wunschvorstellungen Formen zu geben, haben wir für Sie zusammengestellt, worauf es bei der Gartenstrukturierung ankommt.

## Bäume – die Senkrechtstarter der Gartenplanung

Eine der Grundregeln der Gartenplanung liegt darin, zunächst von senkrechten Elementen auszugehen. Deshalb sollten Bäume mit das Erste sein, über dessen Anschaffung nachgedacht wird. Das gilt auch für so genannte baumartige Sträucher, die ebenfalls die Funktion senkrecht strukturierender Gartenelemente erfüllen können.

Bäume bieten wunderbar vielfältige Einsatzmöglichkeiten. Für kleine Gärten eignen sich säulenförmige Koniferen, von denen man auch in Reihenhausgärten oder auf Terrassen gut mehrere unterbringen kann. Sie bringen Abwechslung für das Auge und wirken als angenehmer Blickfang. In weitläufigeren Gärten machen sich säulenförmige Arten wie die Konifere juniperus („Sky Rocket") gut.

Ähnliche Funktionen erfüllen hier auch säulenförmige Laubbäume wie Wollapfel und japanische Kirsche, die in flachen Staudenbeeten und Rabatten interessante Silhouetten schaffen. In kleinen Gärten haben sich außerdem die erwähnten „baumarti-

*Ob knorrige Baumgiganten oder kleinwüchsige Bäumchen, für jeden Garten gibt es den passenden Baum.*

**Bäume** sind Langzeitprojekte. Ein selbst gesetztes Bäumchen zu stattlicher Größe heranwachsen zu sehen, bereitet viel Freude, erfordert aber auch Geduld. Deshalb empfiehlt es sich, bereits vorhandene Bäume auf einem Grundstück wohlwollend zu betrachten und gut zu überlegen, bevor man einen Baum oder auch einen schönen, frei stehenden Strauch entfernt. Neben gestalterischen Aspekten sollte man nicht zuletzt wichtige Funktionen mitbedenken, die Bäume im Garten haben. Sie erzeugen ein Kleinklima, dem sich die übrige Vegetation anpasst. Vielfach dienen sie auch als Wind- und Regenschutz. Bis ein neu gepflanzter Baum oder Strauch dies alles kann, vergehen viele Jahre.

gen" Sträucher bewährt. Dazu gehören neben Goldregen, Stechpalme und Glyzinie auch Balsamstrauch und Hartriegel.

Große Bäume mit herrlichen Rundkronen, wie Buche und Ahorn, finden in großen Gärten ihren Platz. Und von vielen Bäumen gibt es auch kleinwüchsige Sorten, die sich für kleine Gärten und Terrassen eignen. Auch das Pflanzen in Kübeln beschränkt das Wachstum eines Baumes. Außerdem können Bäume durch entsprechenden Rückschnitt der Krone und des Wurzelbereichs in ihrer Wuchsform verändert und damit dem Standort und den Wünschen des Gärtners angepasst werden. Solche geformten Bäume kennt man aus barocken Parkanlagen und fernöstlichen Gärten. Aber auch das in unseren Schrebergärten kultivierte Spalier- und Formobst wird auf diese Art gezogen.

## DOS UND DON'TS BEIM BAUMKAUF

Besonders in kleinen Gärten, wo nur Platz für ein oder zwei Bäume ist, werden diese viele Jahre das Hauptmerkmal des Gartens sein. Da heißt es sich entscheiden: Will ich einen Obstbaum oder einen Zierbaum? Will ich einen Baum, der Schatten spendet, oder lieber eine schmale Baumsäule, die Abwechslung in die Gartenlandschaft bringt? Will ich mich an buntem Herbstlaub erfreuen oder an Blütenpracht im Frühling? Manche Bäume können auch mehrere Wünsche auf einmal erfüllen. Deshalb ist es sinnvoll, sich beim Baumkauf ausführlich beraten zu lassen.

Bis ein Baum eine ansprechende Größe und eine entsprechend beeindruckende Wirkung im Garten erreicht, vergehen im Durchschnitt 15 bis 20 Jahre. Doch bereits bei der Gartenplanung eine Vorstellung davon zu bekommen, wie der Baum in 20 Jahren aussehen wird, ist gar nicht so einfach. In der Nachbarschaft herumzuschauen, lohnt sich auf jeden Fall!

Eine grundsätzliche Frage beim Baumkauf ist die Berücksichtigung der Jahreszeiten: Während man im Frühjahr blühende Bäume im Garten sehen will und im Herbst solche mit buntem Laub, erkennt man im Winter, wie wichtig es ist, auch immergrüne Baum- und Straucharten im Garten zu haben.

Zu bedenken sind auch bereits beim Baumkauf die Höhenunterschiede der ausgewachsenen Bäume und Sträucher. Sonst kann es passieren, dass letztlich der kleinere Baum hinter einem größeren verschwindet. Als man sie gepflanzt hat, war es vielleicht umgekehrt. Aber nach ein paar Jahren ist alles anders. Doch dann ist ein Umsetzen oft nicht mehr ohne weiteres möglich.

### Der Selbermacher-Tipp

Kaufen Sie keinen Baum, nur weil er gerade spektakulär aussieht, beispielsweise weil er gerade blüht. Mindestens ebenso wichtig wie die **Blüte** ist die **Wuchsgrundform** des Baumes. Wie Bäume in ihrer Grundstruktur wirken, sieht man am besten im Winter. In dieser Jahreszeit lohnt es sich besonders, bei Spaziergängen durch die Nachbarschaft zu überlegen, welche Wuchsformen den eigenen Garten gut ergänzen würden.

*Im Frühling verwandeln blühende Bäume und Sträucher den Garten in ein Farbenmeer.*

Auch wenn das Gelände zu klein für einen eigenen Obstgarten ist – für einen Apfelbaum oder eine Eberesche findet sich fast immer ein Plätzchen. Sie verschaffen selbst dem kleinsten Innenhof, ja sogar Terrassen, ein besonderes Flair. An der richtigen Stelle platziert, eignen sich frei stehende Bäume oder Sträucher auch ganz hervorragend als Windschutz.

Im Frühling prächtig blühende Obst- und Zierbäume platziert man am besten so, dass sie vom Wohnzimmer aus gut zu sehen sind. Auf diese Weise kann man ihre Blütenpracht auch bei unwirtlichen Temperaturen genießen.

Duftende Bäume und Sträucher wiederum gehören in die Nähe des Hauses, am besten in den Vorgarten. Dort erfreuen sie nicht nur die Gartenbesitzer, sondern auch die Nachbarschaft. Auf dem Höhepunkt ihrer Blüte und Duftentfaltung können sie ganze Straßenzüge verzaubern.

## STAMMFORMEN

Die wichtigsten grundsätzlichen Unterschiede bei Bäumen liegen in der Form des Stammes:

- **Hochstämmige Formen** werden mit einem Stamm von rund einem Meter Höhe und gut erkennbarer Krone angeboten. Diese Bäume werden sehr groß, bilden breite Kronen, die auch Schatten spenden, und brauchen entsprechend viel Platz.
- **Halbstämmige Formen:** Wie der Name schon sagt, haben diese Bäume kürzere Stämme. Einige Baumarten werden sowohl als Hochstamm als auch als Halbstamm angeboten (zum Beispiel Hängeformen von Weiden). Halbstämmige Formen eignen sich sehr gut in kleinen und mittleren Gärten, um Gestaltungseffekte zu erzielen und Abwechslung in die Gartenlandschaft zu bringen.
- **Niederstämmige Formen:** Die Äste verzweigen sich bereits in Bodennähe. Diese Bäume lassen sich besonders gut auf Terrassen verwenden. Man kann sie leicht formen und daher auch im kleinen Ziergarten einplanen.
- **Strauchartige Formen** sind besonders für kleine Gärten geeignet. Sie haben verzweigte Kronen, die sich schneiden und formen lassen.

# Der richtige Baum am richtigen Platz

Im großen Garten wirkt es besonders gut, wenn man Bäume in Gruppen mit ungerader Anzahl setzt, also beispielsweise zu dritt oder zu fünft. Dadurch kommt mehr Spannung in den Garten. Doch Achtung, beim Anpflanzen solcher Gruppen muss man mitbedenken, wie groß die Bäume werden und wie viel Platz sie in ausgewachsenem Zustand brauchen.

Die Ansprüche, die Bäume an ihre Umgebung stellen, sind sehr unterschiedlich. Wenn man weiß, welcher Baum wohin passt, lassen sich für jeden Garten und alle Rahmenbedingungen die richtigen Arten finden.

Eine wichtige Gärtnerweisheit lautet: Die Wurzeln eines Baumes sind so ausladend wie seine Krone. Denn am Kronenrand rinnt bei Regen das meiste Wasser ab und feuchtet die empfindlichen, zarten Wurzelenden des Baumes an. Und nur sie sind imstande, die im Wasser gelösten Nährstoffe aufzunehmen. Für den Hobbygärtner bedeutet das, dass beim Pflanzen eines frei stehenden Baums bereits der zukünftige Umfang der Baumkrone mitbedacht werden muss. In der Nähe des Hauses oder anderer Mauern wird der Baum keine große, gleichmäßige Krone ausbilden. Vielmehr wird sich, infolge eingeschränkten Wurzelwachstums, auch die Krone nur mangelhaft entwickeln.

Andere Bäume wieder, wie zum Beispiel die Pyramidenpappel, entwickeln tiefe Wurzeln, die sogar Rohrleitungen beschädigen können. Dies gilt auch für die Glyzinie. Sie ist ein derart „hungriger" und wachstumswilliger Strauch, dass sie, zu nahe an die Kanalisation gepflanzt, diese beschädigen kann. Umso besser eignet sie sich, um, zum Beispiel in Vorgärten, Ecken zu beleben, die ohne interessante Bepflanzung langweilig wirken. Diesen Zweck erfüllen auch Magnolien oder Goldregen sehr gut. Wie alle Bäume und Sträucher, die reichlich blühen sollen, brauchen sie allerdings ein sonniges Plätzchen, sonst fällt die Blütenpracht mager aus.

Einige Bäume haben besondere Eigenheiten, die sie für bestimmte Verwendungsweisen und Standorte besser oder schlechter geeignet machen. Hier eine Übersicht:

## Der Selbermacher-Tipp

Hilfreich ist es, eine **Wunschliste** jener Bäume zu erstellen, die man gern im Garten hätte. Als Erstes streicht man jene, die nicht den Standortbedingungen entsprechen. Zum Beispiel hat es keinen Sinn, eine Weide zu pflanzen, wenn der Boden zu trocken ist.

Als Nächstes überprüft man, ob die gewünschten Bäume genug Platz hätten. Außerdem ist zu bedenken, wie viel Arbeit sie machen. Wobei „viel Arbeit" recht Unterschiedliches bedeuten kann. Obstbäume zum Beispiel brauchen einen regelmäßigen Rückschnitt und eine gewisse Pflege. Dazu kommt das Obst in der Erntezeit. Wenn die Zeit und die Lust zur Verwertung des Erntesegens fehlen, hat mancher Gartenbesitzer die Früchte aus dem eigenen Garten schon als zu viel des Guten empfunden.

- **Birke, Eberesche** und **Weißdorn** gehören zu den Bäumen, die auch sehr exponierte Lagen aushalten. Sie vertragen Abgase und selbst Salzstreuung im Winter.
- Sehr feuchte Böden tolerieren beispielsweise **Weide, Erle** und **Fichte.**
- Trockene Böden können der **Hainbuche** nichts anhaben, die in Wirklichkeit ein strauchartiger Baum ist und sich daher gut formen lässt. Vor allem für Hecken sind Hainbuchen eine gute Wahl.
- Die **Schwarzföhre** wiederum benötigt so viel Feuchtigkeit, dass in ihrer direkten Nachbarschaft fast nichts gedeiht.
- **Birken** können in einem kleinen Garten Schwierigkeiten bereiten. Ihre Wurzeln durchpflügen schnell große Teile des Geländes und sind kaum zu bändigen.
- Nicht anders ergeht es dem Hobbygärtner mit dem beliebten **Essigbaum,** der mit seiner schönen Herbstfärbung in trübe Oktober- und Novembertage etwas Feuriges bringt, jedoch zur Plage für Gemüse- und Blumenbeete werden kann.
- **Pappeln** und **Eschen** sind eine Gefahr für alles, was unter der Erde liegt: Versorgungsleitungen, Abflussrohre etc. Außerdem behindern sie das Wachstum von Sträuchern, die in ihrer Nähe stehen. Will man zum Beispiel Eschen und Ziersträucher nebeneinander pflanzen, so ist man gut beraten, den Sträuchern eigene Wurzelräume zu schaffen. Das lässt sich beispielsweise durch getrennt angelegte Beete, die mit Betonschwellen oder zumindest sehr starken Folien ausgelegt sind, ganz einfach bewerkstelligen.
- Ebenfalls das Wachstum anderer Pflanzen behindert die **Weide,** deren flachen Wurzeln schnell Richtung Wasser wandern. Hat man in seinem Garten einen Folienteich angelegt, sollte man die Anpflanzung einer Weide zweimal überlegen, auch wenn sie noch so attraktiv aussehen würde.
- Wer jemals sein Auto unter einer **Linde** geparkt hat, weiß, welchen Nachteil diese herrlichen Bäume haben. Sie sondern eine Flüssigkeit ab und verkleben damit alles, was längere Zeit darunter steht. Das können auch Sitzmöbel, Sonnenschirme und Gartenliegen sein.
- **Nussbäume** sondern Bitterstoffe ab, die das Wachstum anderer Pflanzen so stark behindern, dass zu ihren Füßen nahezu nichts gedeiht. Auf Bauernhöfen hat man früher unter dem Nussbaum die Hühner scharren lassen, weil sie dort nichts anrichten konnten. Im Ziergarten kann man mit Efeu unter einem Nussbaum für eine grüne Unterpflanzung sorgen, er ist hartnäckig genug, um dort einen Lebensraum zu finden.
- Manche **Prunus-Arten** (dazu zählt Steinobst) können im Zierrasen Schwierigkeiten bereiten. Die starkwüchsige Unterlage, auf der das Edelreis aufgepfropft wurde, neigt dazu, Wurzelausläufer zu bilden, die beim Rasenmähen stören. Diese Wurzelausläufer regelmäßig zu bekämpfen, kann eine sehr lästige Aufgabe werden.

## Ziersträucher

Auf größeren Grundstücken sind sie eine wunderbare Ergänzung zu Bäumen, für kleine Anlagen manchmal auch eine Alternative: Sträucher sollten in keinem Garten fehlen. Allein oder in Gruppen gesetzt beleben sie das Bild. Im Vergleich zu Bäumen ermöglichen sie einen weicheren, lebhafteren Eindruck. Ziersträucher formen würdige Hintergründe für lauschige Leseecken im Garten, verschönern die Linie eines Zauns und bilden einen blühenden Blickfang im Vorgarten. Je nach persönlichen Wünschen und Erfordernissen des eigenen Gartens kann man dabei aus einer reichen Palette an Gestaltungsmöglichkeiten auswählen.

Hilfreich ist es in jedem Fall, die Jahreszeiten miteinzuplanen: Frühlingsblüher bieten im Sommer außer reichlich Blattwerk keine Attraktionen. Sommerblüher wie Hibiskus lassen hingegen oft lange auf sich warten, manchmal kommt die Blüte erst im August. Im Winter geben einige immergrüne Sträucher dem Garten die nötige Fülle. Ja, einige sind gerade für diese Jahreszeit ideal: Ziersträucher mit interessan-

### Der Selbermacher-Tipp

Kataloge und Websiteangebote zeigen Sträucher meist von ihrer attraktivsten Seite: Sie stehen in voller Blüte, tragen interessante Fruchtstände oder herbstliche Laubfärbung. Doch die **Blütezeit** ist manchmal recht kurz. Und außerdem kann im eigenen Garten alles ganz anders sein. Im Schatten wird zum Beispiel weder Blüte noch Herbstlaub besonders eindrucksvoll ausfallen.

ten Zweigformen und -farben wie Korkenzieherhasel und bestimmte Hartriegelarten verleihen dem Garten im Winter zusätzliche Attraktivität.

Weiters ist auch der Wuchs zu bedenken. Manche Ziersträucher sind aufgrund ihrer Größe für sehr kleine Gärten wenig geeignet. Wer bereits beim Einpflanzen berücksichtigt, wie die Sträucher wachsen werden, und mit genügend Abstand pflanzt, erspart sich, später regelmäßig radikal zurückschneiden zu müssen.

## ZIERSTRÄUCHER PFLANZEN LEICHT GEMACHT

Sträucher gibt es unterschiedlich vorbereitet zu kaufen. Man differenziert zwischen Pflanzen in Containern sowie Sträuchern mit oder ohne Wurzelballen. Im Folgenden haben wir für Sie eine Übersicht zusammengestellt, wie jeweils beim Einpflanzen der Sträucher vorzugehen ist.

### Containerpflanzen

In Containern gekaufte Sträucher sind sehr einfach zu handhaben. Sie können sogar noch im Hochsommer eingesetzt werden. Auch längere Transportwege, beispielsweise bei Postversand, vertragen sie meist problemlos.

Wenn man die Pflanzen nicht am Tag der Lieferung einsetzen kann, ist darauf zu achten, dass die Erde im Container feucht bleibt. Das Pflanzloch wiederum muss tief genug sein, um der Pflanze mit der im Container befindlichen Erde Platz zu bieten. Bevor man die Pflanze aus dem Container nimmt, empfiehlt es sich, sie einige Stunden in einen Eimer mit Wasser zu stellen, dann lässt sich der Container leichter entfernen.

Währenddessen wird der Boden der Pflanzgrube nochmals aufgelockert und mit hochwertiger Erde bestreut, man kann auch ein wenig Kompost einarbeiten. Den aus dem Container genommenen Strauch stellt man in das Pflanzloch, bedeckt ihn mit Erde und tritt diese gut fest. Der Strauch soll aufrecht und fest stehen. Anschließend wird gut gegossen, damit sich das Erdreich setzt und keine Hohlräume rund um die Pflanze entstehen. Auch oberirdisch will die Pflanze gepflegt werden: Beschädigte, verdorrte, geknickte oder unansehnliche Ästchen schneidet man ab, ebenso ausladende Triebe, die das Pflanzenbild uneinheitlich wirken lassen.

### Sträucher mit Wurzelballen

Große Sträucher werden im Handel meist mit Wurzelballen angeboten. Man sollte sie bald nach der Lieferung oder dem Einkauf einsetzen. Ist das nicht möglich, so ist darauf zu achten, dass der Ballen feucht gehalten wird. Am besten legt man ihn vorübergehend in lockeres Erdmaterial. Der Jutesack wird erst im Pflanzloch aufgeschnitten und, wenn möglich, entfernt.

Wurzelballen können ziemlich schwer sein, beim Transport und Einpflanzen heißt es achtgeben, dass sie nicht beschädigt werden. Anders als Containerpflanzen setzt man Sträucher mit Wurzelballen – je nach Pflanzenart – zu bestimmten Jahreszeiten:

- **Immergrüne Sträucher** werden im Herbst oder Frühjahr gesetzt.
- **Koniferen** setzt man besser zu Beginn des Frühjahrs.
- **Laubabwerfende Sträucher** kann man ab Mitte Herbst und den ganzen Winter über bis zu Frühlingsbeginn setzen.

Sträucher mit Wurzelballen stellt man wie Containerpflanzen in ein gut vorbereitetes Pflanzloch. Den Jutesack schnürt man auf und breitet ihn auf dem Boden des Pflanzlochs aus. Aus dem Erdballen herausragende Wurzeln sowie beschädigte und unansehnliche Triebe kürzt oder entfernt man. Dabei ist entsprechend vorsichtig vorzugehen, damit die Erde des Ballens unbeschädigt bleibt. Abschließend schüttet man das Loch mit guter Erd- und Kompostmischung zu, tritt die Erde fest und gießt gründlich.

### Sträucher ohne Wurzelballen

Sträucher mit freiliegenden Wurzeln benötigen besonders vorsichtige Behandlung. Dazu gehören auch jene, die im eigenen Garten oder bei Freunden ausgegraben und umgesetzt werden. Ihre Pflanzzeit liegt in der Ruhephase, also von Spätherbst bis ins zeitige Frühjahr. Sträucher mit blanken Wurzeln wollen schnell eingesetzt werden, am besten noch am selben Tag. Ist das nicht möglich, so kann man sie einige Tage in einem kühlen Keller aufbewahren oder schief in einen Graben legen, der locker mit Erde zugeschüttet wird.

Vor dem Einpflanzen schneidet man beschädigte, kranke und dürre Wurzeln zurück. Die Schnittflächen sollten zum Erdmittelpunkt schauen. Bestmögliche Unterstützung für das Anwachsen gibt man der Pflanze, indem man den Wurzelbereich des Strauchs vor dem Einpflanzen einige Stunden in Wasser stellt und die Pflanze anschließend mit einer speziellen Schlammpackung verwöhnt. Dazu wird Gartenerde in einem Eimer mit Wasser angerührt. In diesen Erdbrei taucht man die Wurzeln. Der Schlamm sollte nicht zu dünnflüssig sein, damit das Erdreich an den Wurzeln kleben bleibt.

Das Pflanzloch muss groß genug sein, um dem Wurzelwerk genügend Breite und Tiefe zu bieten. Man setzt den Strauch so tief in die Pflanzgrube, wie er vor dem Ausgraben gestanden hat. Das erkennt man an der Färbung des Stammes. Die Erde wird stufenweise eingefüllt: Zunächst gibt man einige Schaufeln auf die Wurzeln und bewegt dann den Strauch ein wenig, damit sich das Erdreich senkt und auch die kleineren Wurzelenden gut eingebettet werden. Nun kommt wieder etwas Erde ins Pflanzloch und der Strauch wird erneut vorsichtig bewegt. Diesen Vorgang wiederholt man mehrmals, bis der Strauch gut und fest im Pflanzloch steht. Damit sich keine Hohlräume bilden, tritt man die Erde im oberen Bereich immer wieder fest und füllt nach. Zuletzt heißt es, den Strauch gut wässern und eventuell nochmals Erde auffüllen.

*Der richtige Schnitt ist das Wichtigste bei der Pflege von Ziersträuchern.*

## PFLEGE VON ZIERSTRÄUCHERN: DARAUF KOMMT'S AN

Während des ersten Jahres müssen frisch gesetzte Sträucher regelmäßig gegossen werden, sie sollten nie austrocknen. Die wichtigste Pflegemaßnahme ist jedoch der richtige Schnitt. Die meisten Ziersträucher müssen hin und wieder geschnitten werden, damit sie Form und Gesundheit behalten. Totes Holz und beschädigte Triebe sollten regelmäßig entfernt werden. Sie wirken nicht nur unschön, an den Wundrändern können auch Krankheitserreger eindringen, die den Strauch schädigen. Daher ist gutes Werkzeug für den Schnitt wichtig, um die Äste nicht zu quetschen oder zu brechen. Astschere und Baumsäge sind unverzichtbar für eine korrekte Strauchpflege.

Der Schnitt selbst wird an den Zweigen unmittelbar nach einem nach außen weisenden Trieb oder Knospenansatz durchgeführt; er verläuft immer schräg und parallel zum Seitentrieb oder Knospenansatz.

### Der Selbermacher-Tipp

Da bei dichten Sträuchern wenig Licht und Luft in die Strauchmitte dringt, werden sie nach einigen Jahren innen kahl und holzig. Dann hilft es, sie **so zu schneiden, dass die Mitte offen bleibt** und Luft und Licht auch an die unteren Stellen der Zweige herankönnen.

### Schnitt immergrüner Sträucher

Immergrüne Sträucher schneidet man nicht regelmäßig, sondern stutzt sie nur zurecht, wenn sie aus der Form geraten, verkahlen oder sich Zweige zu stark kreuzen und aneinander reiben. Um zu verhindern, dass die Sträucher zu groß werden, kann man während der Wachstumsperiode die Knospen der Triebspitzen regelmäßig abknipsen. Dann behält die Pflanze ihre natürliche Erscheinungsform und wird nicht durch einen radikalen Rückschnitt deformiert.

Nach einigen Jahren ist ein Verjüngungsschnitt notwendig. Dazu werden etwa beim Kirschlorbeer im Frühjahr einige der Zweige bis auf Bodennähe zurückgeschnitten. Im darauf folgenden Jahr bekommen dann andere Zweige den Verjüngungsschnitt. Die Schnittstellen schließt man mit Wundwachs. Die Blüte setzt an den zurückgeschnittenen Ästen ein Jahr aus.

*Die Schnittführung verläuft immer schräg.*

**Schnitt bei Sträuchern, die am einjährigen Holz blühen**
Manche Sträucher (zum Beispiel Pfirsich, Forsythien, Weigelien) blühen am einjährigen Holz, andere am zweijährigen (zum Beispiel Judasbaum, Japanische Kirsche und Zierquitte). Bei Ersteren bilden sich die Blüten an Trieben, die in der laufenden Gartensaison gebildet wurden, bei Letzteren an Trieben, die bereits im Vorjahr entstanden sind. Dabei gilt als Faustregel, dass Sträucher, die im Frühjahr blühen, ihre Triebe im Vorjahr ausgebildet haben, und Sträucher, die ab dem Frühsommer blühen, dies bereits am einjährigen Holz tun.

Sommerblüher kann man noch zu Beginn des Frühjahrs zurückschneiden. Dadurch wird die Blüte schöner und größer. Beim Frühjahrsschnitt schneidet man alle Zweige, die sich im Vorjahr gebildet haben, bis auf zwei bis drei Knospen zurück. Anschließend bekommt der Strauch Dünger. Achtung: Schnitte in älteres Holz sind für die Pflanze eine Belastung! Zu dieser Maßnahme sollte man nur greifen, wenn der Strauch zu groß oder zu alt geworden ist.

Wer seinen Flieder oder seine Weigelien im Frühjahr zurückschneidet, beispielsweise weil sie zu groß geworden sind, wird in diesem Jahr vergeblich auf Blüten hoffen. Besser ist, die Blüte abzuwarten und den Strauch dann zurechtzustutzen. Die abgeblühten Zweige werden bis auf zwei, drei Knospen oder Seitentriebe oberhalb der Strauchbasis zurückgeschnitten. Noch im laufenden Jahr bilden sich die neuen Triebe, die dann in der nächsten Saison nicht mehr so viele, aber größere und schönere Blüten tragen. Diesen Schnitt kann man jährlich durchführen. Auch Flieder- und Forsythienhecken erfreuen mit jährlicher Blüte, wenn sie zur richtigen Zeit geschnitten werden.

## Die richtige Unterpflanzung

Besonders gut zur Geltung kommen Ihre Bäume und Sträucher durch die richtige Unterpflanzung. Denn im Schatten der Äste siedelt sich gern Moos an, während sonst kaum etwas gedeihen will. Geschickt gewählte Unterpflanzung verwandelt diese Stellen in charmant wirkende Fleckchen, die dem Baum oder Strauch eine würdige Bühne geben. Je nach Baum- oder Strauchart empfehlen sich unterschiedliche Unterpflanzungen. Hier einige Grundregeln, die für alle gleichermaßen gelten:

Am besten gewöhnt man Baum oder Strauch und Unterpflanzung möglichst früh aneinander. Idealerweise setzt man zunächst den Baum oder Strauch und in der folgenden Pflanzsaison die Unterpflanzung.

Ein alter Baum hat den Boden zu seinen Füßen bereits durchwurzelt und lässt so leicht keine Nahrungskonkurrenz mehr aufkommen. Am besten kann man solche Bäume mit Zwiebelblumen unterpflanzen. Die meist recht kleinen Zwiebeln lassen sich auch in stark verwurzeltes Erdreich eingraben. Dazu bohrt man mit einer kleinen Handschaufel Löcher in die Erde, legt die Zwiebeln hinein und füllt anschließend mit guter Erde auf. Schneeglöckchen, Krokus, Blausterne, Narzissen und Traubenhyazinthen fühlen sich unter alten Laubbäumen wohl. Und da man sie am besten das ganze Jahr über in Ruhe lässt, werden sie unter den Bäumen auch nicht durch Jäten und Umgraben gestört.

Hilfreich ist auch, bei der Wahl einer Unterpflanzung mitzuplanen, dass Pflanzen zu verschiedenen Jahreszeiten unterschiedlich aussehen. Je nachdem, welcher Effekt erzielt werden soll, wird es mehr auf Blüte, Blattkleid oder attraktive Fruchtstände ankommen: Soll ein Baum gleichzeitig mit der Unterpflanzung blühen? Dann empfiehlt sich zum Beispiel die Kombination von Goldregen und Zierlauch. Beide blühen im Spätfrühling/Frühsommer und passen gut zueinander.

Im Frühling kann man mit Zwiebelpflanzen herrliche Effekte erzielen. Sie blühen früh genug, um ausreichend Sonne abzubekommen. Erst wenn sie verblüht sind, wirft das Laub so viel Schatten, dass sich die meisten Stauden und Sommerblüher schwer tun. Doch Fleißige Lieschen, Begonien, Silberkerzen, Hortensien, Astilben und Hosta kann man gemeinsam mit Farnen und einigen Storchenschnabelarten auch unter Laubbäume setzen, die dichten Schatten werfen. Sie werden im Sommer blühen.

Sollen Rosen unter Bäumen gedeihen, so muss man meistens einige Äste aussägen, um genug Lichtdurchlässigkeit zu schaffen. Unter besonders dichten und schattigen Bäumen wachsen gefleckte Taubnesseln, einige Wolfsmilcharten und Katzenminze. Soll ein dicht wachsender Strauch unterpflanzt werden, so schneidet man seine untersten Äste weg. Sonst hat die Unterpflanzung zu wenig Licht und kommt auch nicht zur Geltung.

Wunderschöne Unterpflanzungen für den Herbst kann man mit Herbstzeitlosen und Alpenveilchen gestalten. Sie blühen, wenn das Laub der Bäume und Sträucher schon schütter geworden ist. Die zarten Violetttöne dieser Pflanzen passen besonders gut zu der leuchtend gelben Herbstverfärbung von Hainbuche, Birke, Feldahorn und Hartriegel.

*Die passende Unterpflanzung rund um Bäume und Sträucher gibt dem Garten das gewisse Etwas.*

# Der Sichtschutz als Augenweide: Hecken

Neben einzeln oder in Gruppen stehenden Bäumen und Sträuchern sind Hecken ein wichtiges gestalterisches Element im Garten. In den prächtigen Gärten der Renaissance und des Barock wurden mit Formhecken kunstvolle Laubengänge und Labyrinthe geschaffen. Für den heutigen Hobbygarten sind Hecken unverzichtbare Elemente für eine Vielzahl von Aufgaben. Mit kurzgeschnittenen Hecken kann man Beete einfassen, Sitzplätze begrenzen, Vorgärten gestalten und den Garten in einzelne Räume gliedern. Hecken sind ideale strukturierende Elemente, sie schaffen Verbindungsachsen, schützen einzelne Gartenteile wie Gemüsebeete und Sitzplätze und verdecken unschöne Ausblicke.

Nicht nur für den naturnahen Garten bieten sich Hecken als „lebende Gartenzäune" an. Als solche lassen sie sich den individuellen Wünschen der Gartenbesitzer entsprechend gestalten und vereinen in idealer Weise Funktionalität mit Ästhetik. Außerdem sind Hecken ein perfekter Windschutz, denn sie zerteilen die Stoßkraft der Luftbewegung, statt sie lediglich umzuleiten, wie es bei Mauern der Fall ist.

Hecken können aus verschiedensten Pflanzen gebildet werden. Zu unterscheiden ist dabei zwischen immergrünen, blühenden und kombinierten Hecken. Jede Art bietet besondere Vorzüge. Blühende Hecken können den Garten in ein Duft- und Farbenparadies verwandeln. Immergrüne Hecken schaffen einen schönen Kontrast zu Staudenbeeten und bleiben auch im Winter „blickdicht". Am schönsten aber sind kombinierte Hecken. Sie erfreuen das ganze Jahr über das Auge und bieten zahlreichen Tieren Unterschlupf. In ihrem Astwerk nisten im Sommer Singvögel und die dekorativen herbstlichen Fruchtstände dienen Ganzjahresvögeln als Nahrung. Mit bestimmten Sträuchern (beispielsweise Buddleia) lassen sich auch Schmetterlinge anlocken. Im Schutz des abgefallenen Laubes und des dicht verwachsenen Strauchwerks hausen Igel.

Eine Besonderheit sind Dornenhecken. Sie bieten vor allem in ländlichen Gegenden Schutz vor unwillkommenem Besuch, zum Beispiel von Rehen, die gern die Rinde von Obstbäumen abschälen und Blütenknospen abfressen.

*Phantasievoll gestaltete Hecken verbinden Ästhetik und Funktionalität.*

## Der Selbermacher-Tipp

Für Hecken, die regelmäßig in Form geschnitten werden müssen, sollte man einen schulterbreiten **Bearbeitungsstreifen** einplanen, der ausreichend festen Untergrund für Leitern bietet. Am besten sind gut befestigte Wege.

## IMMERGRÜNE HECKEN

Immergrüne Hecken sind Klassiker der Gartengestaltung. Wenn sie sich gut schneiden lassen, nehmen sie in kleinen Gärten wenig Platz in Anspruch, bieten dafür aber ganzjährigen Sichtschutz. Ein Problem bei reinen Koniferenhecken – wie zum Beispiel bei Fichte, Thuja oder Scheinzypresse – ist jedoch, dass durch Pflegefehler oder Schädlingsbefall die ganze Hecke auf einmal geschädigt werden kann. Dann muss unter Umständen komplett neu gepflanzt werden, und es dauert recht lange, bis eine neue Hecke nachgewachsen ist.

Eine Kombination aus Koniferen und immergrünen Sträuchern ist meist die bessere Lösung. Eine solche Hecke wirkt auch lebendiger und abwechslungsreicher. Und wenn eine Strauchart geschädigt ist, lässt sich das leicht durch Neupflanzung ausbessern, ohne dass die gesamte Hecke ihr Erscheinungsbild verändert. Gemischte immergrüne Hecken können allerdings in der Regel nicht so streng geschnitten werden wie zum Beispiel eine reine Thujen- oder Eibenhecke.

Ist der Garten klein und bleibt für die Hecke wenig Platz, so kann man sich überlegen, Koniferen mit immergrünen Rankgewächsen wie Efeu zu verbinden. Durch die unterschiedlichen Blattformen der rankenden Pflanzen kommt Abwechslung in den Garten. Wer genug Platz hat, kann die Koniferen zum Beispiel mit Rhododendren, Stechpalmen, Schneeball, immergrünem Liguster und Lorbeer kombinieren. Diese immergrünen Gehölze bieten das ganze Jahr über ausreichenden Sichtschutz und belohnen durch reichliche Blüte im Frühjahr und dekorative Fruchtstände in Herbst und Winter.

Wer einen immergrünen, eher formal gehaltenen Garten mit streng in Form geschnittenen Hecken gestalten möchte, für den empfiehlt sich eine einheitliche He-

*Ob Blütenhecke oder streng geometrische Form – die Möglichkeiten, Hecken zu gestalten, sind nahezu unbegrenzt.*

ckenbepflanzung. Besonders gut für Formschnitt eignen sich Eiben, Buchs und Scheinzypressen. Liguster und Heckenkirschen lassen sich ebenfalls gut „in Form bringen“. Hainbuchen sind sehr beliebt und leicht zu formen, jedoch keine immergrünen Pflanzen. Sie behalten zwar ihre Blätter auch im Winter und bieten dadurch weiterhin Sichtschutz. Die Blätter werden allerdings braun, sterben ab und sind dann nicht besonders attraktiv. Im Frühjahr treibt die Pflanze neu aus und wirft das alte Laub ab.

## KOMBINIERTE HECKEN

Vielfach bewährt sind Hecken, die laubabwerfende und blühende Sträucher mit Koniferen kombinieren. Der Vorteil liegt auf der Hand: mehr Abwechslung in den Wuchsformen, stellenweise immergrünes Laub und damit Sichtschutz auch im Winter. Die Koniferen bieten außerdem einen ruhigen Hintergrund für blühende Büsche sowie niedrigere Gehölze und Stauden in Beeten. Im Herbst, wenn einige Sträucher in der Hecke ihr prächtiges Farbenkleid tragen, bilden sie mit ihrem dunklen Grün einen attraktiven Rahmen dafür.

Auch die verschiedenen Wuchshöhen kombinierter Hecken lassen sich für gestalterische Zwecke sehr gut nutzen. Hoch wachsende Koniferen ragen mit vereinzelten Spitzen über eine Blütenhecke und geben ihr dadurch eine reizvolle Silhouette. Niedrig wachsende Koniferen spenden zusätzlich dunkles Grün auch im unteren Bereich der Hecke, während hoch über ihnen im Frühling die Farbenvielfalt der Sträucher leuchtet.

## BLÜTENHECKEN

Wer genügend Platz im Garten hat und keinen ganzjährigen Sichtschutz benötigt, dafür aber gern im Frühling und Sommer etwas mehr Farbe im Garten hätte, für den sind Blütenhecken das Richtige. Einige Blütensträucher, wie Forsythien, Weigelien, Spirea und auch den spät blühenden Hibiskus, kann man in Form schneiden. So bilden zum Beispiel geschnittene Forsythienhecken schnell eine „gelbe Wand“. Die Hecken werden direkt nach der Blüte geschnitten. Im Spätsommer kann man noch einmal schneiden, allerdings nicht zu tief, damit der Blütenansatz für das nächste Jahr nicht zu stark mitgeschnitten wird.

Für eine frei wachsende, ungeschnittene Blütenhecke muss man mit zwei Meter Breite als Minimum rechnen. Wenn man die Sträucher wirklich auswachsen lassen will, ist es besser, bis zu vier Meter einzuplanen. Die Länge des Gartens sollte zumindest zehn Meter betragen.

Im Frühjahr und im Frühsommer entfalten Hecken aus Blütensträuchern ein regelrechtes Feuerwerk an Blütenpracht. Im Herbst bieten einige Arten wunderschön farbiges Laub oder interessante Fruchtstände. Im Winter hingegen können Blütenhecken aufgrund des fehlenden Laubs etwas unattraktiv wirken. Da spielt es eine große Rolle, wie die Wuchsform gestaltet ist.

## HECKEN ANLEGEN LEICHT GEMACHT

Hecken sind einfacher anzulegen als gedacht. Als Erstes muss man entscheiden, ob man ein- oder zweireihig setzen will. Für eine Doppelreihe muss der Graben breiter als 60 Zentimeter sein, in der Regel benötigt man ca. einen Meter. Ist die Raumfrage geklärt, gilt es, den idealen Pflanzzeitraum zu beachten. Koniferen beispielsweise setzt man im Frühjahr, laubabwerfende Hecken hingegen im Herbst. Dementsprechend unterscheidet sich auch der Zeitpunkt, der für die Vorbereitung des Bodens zu wählen ist: Für Koniferen bereitet man den Boden im Herbst vor und lässt den Frost das aufgebrochene Erdreich zerkrümeln. Will man laubabwerfende Hecken pflanzen, so ist die richtige Zeit zum Bodenvorbereiten hingegen im Frühjahr.

Der genaue Verlauf der Hecke wird zunächst mit Sand markiert. Vergeht einige Zeit zwischen der Planung und dem Setzen der Pflanzen, so ist es zusätzlich hilfreich, den Verlauf der Hecke mit eingeschlagenen Pflöcken zu markieren oder eine Schnur zu spannen. So bleibt der geplante Heckenverlauf gut sichtbar, auch wenn Regen den Sand verwäscht. Kann man die Pflanzen nicht sofort nach der Lieferung einsetzen, legt man sie eng aneinander in den Schatten und deckt mit Strohmatten, Folien oder Erde ab. Das verhindert, dass die Wurzeln austrocknen.

Anschließend wird ein Schacht von etwa 60 Zentimeter Breite und, je nach Größe der gekauften Pflanzen, entsprechender Tiefe gegraben. Es muss mindestens spatentief ausgehoben werden. Zu beachten ist dabei, dass der Boden entlang einer Straße oder eines alten Zauns oft verdichtet und ausgelaugt ist. Besonders schlechte Böden müssen bis zu einer Tiefe von 60 Zentimetern ausgehoben werden.

In den vorbereiteten Schacht kommt mit reichlich Kompost verbesserte Erde. Vor dem Einpflanzen fügt man noch etwas Vorratsdünger hinzu. Beim Setzen der Pflanzen beträgt der Pflanzabstand mindestens einen halben Meter. Wenn die Gefahr besteht, dass Hecken mit ihren Wurzeln in benachbarte Beete wuchern, hilft es, Foliensperren in die Erde einzuarbeiten. Außerdem gilt es einige Unterschiede zu beachten.

- Hat man **Pflanzen in Containern** gekauft, muss man sie entsprechend der Gebrauchsanweisung wässern.
- **Ballenpflanzen** werden mit dem Ballentuch in den Graben gestellt. Erst dann zieht man das Tuch vorsichtig unter dem Ballen weg.
- **Wurzelware ohne Erdreich** sollte man mindestens zwölf Stunden wässern. Direkt vor dem Einsetzen werden die Wurzeln um ein Drittel gekürzt und verletzte Stellen herausgeschnitten. Die Schnittfläche der Wurzeln sollte gerade sein, damit sie guten Bodenkontakt haben. So hilft man der Pflanze beim Anwachsen.

Nach dem Einsetzen darf man nicht vergessen, die Jungpflanzen gut festzutreten, damit die Wurzeln auch wirklich Erdkontakt haben. Dann muss kräftig gegossen werden. Das bringt den Pflanzen das notwendige Wasser zum Anwachsen und sorgt dafür, dass sich das Erdreich einschlämmt und keine Hohlräume erhalten bleiben. Bei Trockenheit müssen junge Heckenpflanzen auch weiterhin viel Wasser bekommen. Zusätzlich ist eine Mulchschicht, zum Beispiel mit Rasenschnitt, empfehlenswert.

Hat man im Spätherbst oder im zeitigen Frühjahr gesetzt, so gilt es zu bedenken, dass Trockenheit nicht nur bei Hitze, sondern auch bei Kälte herrschen kann. So manche Hecke, deren Besitzer dachten, sie sei im Winter erfroren, ist in Wirklichkeit verdurstet! Ein weiterer Feind junger Hecken kann der Wind sein. Bei Wind steigt die Verdunstung um ein Vielfaches und man muss dafür sorgen, dass die Pflanze den Feuchtigkeitsverlust ausgleichen kann. Ist eine Hecke als Windschutz gedacht, müssen die Pflanzen in der ersten Zeit gegen Stürme geschützt werden, etwa mit Holzlatten, einem kleinen Gitterzäunchen oder Stützpfählen für jede einzelne Pflanze.

Auch geschnitten werden müssen die Sträucher nach dem Einpflanzen, man sollte sie ca. um die Hälfte einkürzen. Das sorgt für buschigen Wuchs, auch in den unteren Regionen. Bei Koniferenbäumchen schneidet man den Wipfel nur ab, wenn die Wurzeln erkennbar geschädigt oder geknickt sind. In diesen Fällen muss man auch die Wurzeln schneiden. Ziel ist, ein ausgewogenes Verhältnis zwischen Wurzel- und Kronenteil zu erreichen.

## Der Selbermacher-Tipp

Singvögel erfreuen uns als Sommergäste mit ihrem Gesang, sie fressen Blattläuse und Raupen und bewahren unseren Garten dadurch vor allzu großem Schädlingsbefall. Das sollte Grund genug sein, mit ihren gern **in Hecken angelegten Nestern** vorsichtig umzugehen. Wenn Hecken nur außen mit der Heckenschere formiert werden, gefährdet das die brütenden Vögel nicht, da sie im Inneren der Hecke nisten. Beabsichtigt man jedoch tiefergehende Eingriffe in die Hecke, so sollte man sich, bevor man mit Baum-, Hecken- und Astscheren ans Werk geht, vergewissern, dass keine Brutplätze zerstört werden.
Wer ganz sichergehen will, schneidet die Hecke vor der Brutzeit im Frühjahr. Bis Ende Juli sollte man die Hecke und die darin nistenden Tiere in Ruhe lassen. Ab Anfang August kann dann wieder geschnitten werden.

## DIE RICHTIGE HECKENPFLEGE

Damit Sie an Ihrer Hecke lange Jahre ungetrübte Freude haben, sind einige pflegerische Maßnahmen notwendig. Die gute Nachricht vorneweg: Bei älteren Hecken spielen Gießen und Düngen – Arbeiten, die beim Rasen und bei Staudenbeeten sehr wichtig sind –, keine so große Rolle. Denn durch das weit verzweigte Wurzelwerk sind die Pflanzen imstande, ausreichend für ihre Ernährung zu sorgen. Zusätzliches Gießen ist bei Naturhecken nur in der ersten Zeit nach dem Pflanzen notwendig, später nur noch bei Trockenheit.

Zu beachten ist jedoch, dass immergrüne Hecken mehr Wasser benötigen als ihre laubabwerfenden Kollegen. So sollte man Koniferenhecken bei Trockenheit nicht nur im Sommer, sondern auch an frostfreien Wintertagen reichlich gießen. Das gilt auch für Terrassen und Balkone. Auch der Formschnitt der Pflanzen wirkt sich auf den Nährstoffbedarf aus: Hecken, die regelmäßig stark eingekürzt oder in Form geschnitten werden, verlieren laufend an Substanz und benötigen deshalb ein- bis zweimal jährlich Kompost oder organischen Dünger.

Eine Hecke, die vernachlässigt wurde, wieder in Form zu bringen, ist kein einfaches Unterfangen. Das betrifft Koniferenhecken ebenso wie Blütenhecken. Am pflegeintensivsten sind schmal geschnittene Formhecken. Schnee auf den Gehölzen kann ebenfalls zu Schäden führen. Will man eine schöne, lückenlose Hecke bewahren, gilt es, die weiße Pracht immer wieder abzuschütteln, um zu verhindern, dass Zweige brechen.

## GUT IN FORM: HECKEN SCHNEIDEN

Der wichtigste Teil der Heckenpflege besteht im richtigen Schnitt. Alle Hecken müssen regelmäßig zurückgeschnitten werden. Auch naturnahe Hecken benötigen diese Pflegemaßnahme. Durch Rückschnitte wird das Wachstum der Seitentriebe angeregt, das sorgt für ein dichteres Erscheinungsbild. Vor allem direkt über dem Boden sehen mangelhaft gepflegte Hecken oft ein wenig spärlich aus.

Im Folgenden haben wir für Sie eine Übersicht über die wichtigsten Punkte beim Schnitt verschiedener Hecken zusammengestellt.

### Großblättrige, immergrüne Hecken schneiden

Lorbeer und andere großblättrige und immergrüne Sträucher schneidet man immer mit der Garten-, nie mit der Heckenschere. Denn Heckenscheren durchtrennen nicht nur Zweige, sondern auch Blätter. Große Blätter werden an den Schnittstellen braun, das beeinträchtigt die Ästhetik erheblich. Deshalb ist es auch nicht sinnvoll, eine lange Lorbeerhecke mit aufwendigem Formschnitt gestalten zu wollen. Einen solchen Schnitt mit der Gartenschere zu erreichen, macht einfach zu viel Arbeit! Besser ist es, großblättrige, immergrüne Sträucher zwischen Koniferen zu setzen und sie in Schnitt und Pflege wie frei stehende Sträucher zu behandeln, indem man die Zweige auslichtet.

*Damit Hecken ihre Form behalten, ist ein regelmäßiger Schnitt notwendig.*

### Frei wachsende Blütenhecken schneiden

Blütenhecken erhalten wie alle Hecken nach dem Einpflanzen einen Rückschnitt. In den folgenden Jahren können sie dann frei wachsen. Ein weiterer Schnitt ist in der Regel erst nach vier bis fünf Jahren notwendig. Je nachdem, ob sie am einjährigen oder zweijährigen Holz blühen, wird direkt nach der Blüte oder im zeitigen Frühjahr geschnitten. Manche Sträucher blühen am ausgereiften Holz. Sie dürfen erst nach der Blüte geschnitten werden. Dazu gehören zum Beispiel Flieder und Prachtspiere. In der Regel schneidet man Frühjahrsblüher nach ihrer Blüte und Sommerblüher im darauf folgenden Frühjahr, zu Beginn der neuen Gartensaison.

Alte, im Zentrum der Pflanze stehende Triebe kürzt man, abgestorbene oder stark verkahlte Äste müssen herausgeschnitten werden. Junge Triebe und kreuzende Äste werden ebenfalls gekürzt. Auch Blütenhecken schneidet man nicht mit der Heckenschere, sondern lichtet mit einer Gartenschere aus. So erhält man kräftige Seitentriebe und fördert die Blüte.

### Koniferenhecken schneiden

Koniferen, zum Beispiel Thujen, kürzt man in der Regel nicht am Haupttrieb. Man lässt die Pflanzen in die Höhe wachsen und kürzt einmal jährlich die Seitentriebe. Bei Koniferen ist es besonders wichtig, dass die Hecke unten breiter als oben ist, damit die Sonne auch die unteren Heckenteile bescheint. Sonst wird die Hecke zwar oben grün, unten aber kahl und braun.

Koniferen sind im Inneren des Baumgeästes nicht grün. Daher muss man beim Formschnitt darauf achten, dass man nicht zu tief in das braune Astwerk schneidet. Anders als beim laubabwerfenden Gehölz treiben die inneren, braunen Pflanzenteile nicht immer frisch aus. Hat man zu tief geschnitten, bleibt oft ein unschönes Loch zurück. Eine Ausnahme bildet die Eibe. Sie verträgt kräftigen Rückschnitt, auch ins bereits verkahlte Holz; zu rigoros darf man aber auch bei Eiben nicht vorgehen.

### Laubabwerfende Hecken schneiden

Laubhecken werden nach dem Einpflanzen um mehr als die Hälfte zurückgeschnitten. Was die folgenden Jahre betrifft, muss man hochwüchsige Arten wie Liguster, Weißdorn und Schneebeere von den buschigen Sorten wie Hainbuche, Hasel und Blutbuche unterscheiden. Hochwüchsige Sorten werden sehr stark zurückgeschnitten, damit sie nicht in die Höhe schießen und dabei unten verkahlen. Buschige Sorten werden hingegen weniger oft geschnitten.

### Hecken mit Fruchtständen schneiden

Will man die Fruchtstände von Berberitzen, Liguster, Schneebeere etc. erhalten, so gilt es, mit dem Einsatz der Heckenschere vorsichtig zu sein. Zunächst kürzt man gegen Ende des Sommers nur die ausladenden Triebe mit der Gartenschere. Im Spätherbst kann dann rigoroser geschnitten werden.

### Formhecken schneiden

Formhecken bestimmen den Charakter des gesamten Gartens. Sie passen gut zu anderen strengen Gartenelementen, wie formal gestalteten Beeten und geometrischen Brunnenformen. Das Schneiden zu Formhecken verändert den individuellen Charakter der Pflanze. So sieht man einer in Würfelform geschnittenen Koniferenhecke den Wuchs der einzelnen Pflanzen nicht mehr an. Der einzelne Baum oder Strauch muss sich dem Erscheinungsbild der Hecke unterordnen. Für welche Heckenform man sich entscheidet, hängt vom Verwendungszweck ab. Für Beeteinfassungen oder als Zwerghecken zur Gliederung des Gartens beispielsweise sind niedrige, ca. 20 bis 50 Zentimeter hohe Formhecken sehr reizvoll.

Um einen entsprechend dichten Wuchs zu erzielen und die Form zu halten, muss regelmäßig geschnitten werden. Mit einem Schnitt im Jahr ist es nicht getan. Zwei- bis dreimal jährlich sollten es schon sein, wenn man verhindern will, dass wuchernde „Ausreißer“ den geometrischen Eindruck zerstören. Der Schnitt selbst muss bei Formhecken sehr genau durchgeführt werden, sonst wirken sie buckelig oder schief.

Koniferenhecken, die einem strengen Schnitt unterworfen werden, sollten nicht zu spät im Herbst geschnitten werden. Sonst hat die Pflanze nicht mehr die Kraft, die Wunden zu schließen und neu auszutreiben. Während des Winters und bis in den Frühling hinein wirken solche Hecken dann wie abgestorben. Sie erholen sich erst im Laufe des folgenden Jahres.

## Der Selbermacher-Tipp

Hilfreich beim Heckenschneiden ist es, Schnüre zu spannen, um die gewünschte **Schnittform** zu markieren. Sie garantieren, dass die Hecke auch bei starkem Rückschnitt ihre gewünschte Form und Höhe erreicht. Ein Figurenschnitt lässt sich mit selbst errichteten Schnitthilfen erleichtern. Für Kegelformen verwendet man beispielsweise vier Stäbe, die oben wie ein Indianerzelt zusammengebunden werden.

# Mit Farben gestalten: blühende Blumen- und Staudenbeete

Wenn manche gestalterischen Aufgaben im Garten die Pflicht sind, so gehört die Beschäftigung mit blühenden Pflanzen eindeutig zur Kür. Auf den Farbenrausch, den Blumenbeete bringen, will kaum ein Gartenbesitzer verzichten. Prächtige Rosen sind der Stolz jedes Gartens, bunte Staudenbeete erfreuen das Auge und wirken entspannend und anregend zugleich. Kaum etwas bringt die überbordende Vielfalt der Natur so gut zum Ausdruck wie blühende Pflanzen. Und mit kaum etwas lässt sich im Garten so flexibel und abwechslungsreich gestalten wie mit Blühpflanzen.

Auch als Mittlerinnen zwischen drinnen und draußen sind Blühpflanzen bestens geeignet. Eine Tulpe in der Vase verkündet unübersehbar den Frühling. Blühende Dekoration wertet jeden Innenraum auf und macht ihn lebendiger und attraktiver. Blumen aus dem eigenen Garten können das besonders gut. Sie bringen im wahrsten Sinne des Wortes „Farbe ins Leben".

Gerade wenn man am Anfang einer Gartenkarriere steht, vielleicht im ersten Jahr noch nicht viel Zeit hat, sich dem Garten zu widmen, aber trotzdem ein Stück gestaltete Behaglichkeit im Garten haben will, bietet es sich an, mit kleinen, überschaubaren Blumenbeeten zu experimentieren. Am besten dafür geeignet sind so genannte Einjährige. Das sind Blumen, die direkt ins Beet gesät werden und nur einen Sommer blühen – dies allerdings mit umso größerer Kraft.

Die Ergebnisse sind in diesem Fall schnell sichtbar. Neben der Freude an der blühenden Pracht – und natürlich am gärtnerischen Erfolg – bieten sie auch gute Möglichkeiten dazuzulernen. Zum einen, welche

*Rosen sind seit langem eine der beliebtesten Blumenarten in unseren Gärten.*

Ansprüche an Pflege etc. die gewählten Blühpflanzen stellen. Zum anderen aber auch, was die eigenen Wünsche betrifft. Vielleicht stellt sich auf diese Weise heraus, dass die Farbkombination, die man beim Anpflanzen als besonders interessant empfunden hat, auf Dauer doch nicht das ist, was man über einige Wochen hinweg täglich sehen will. Oder man stellt fest, dass die Blütenformen in der konkreten Umgebung zu aufdringlich erscheinen – oder ganz im Gegenteil zu wenig zur Geltung kommen.

## Blumenbeete planen: gewusst wie

Wenn es dann „ernst“ wird und die Anlage größerer, dauerhafter angedachter Blühbereiche geplant wird, gibt es je nach Größe des Grundstücks und den Lichtverhältnissen einige Grundregeln zu beachten. Als Erstes sind ein paar Entscheidungen zu treffen:

- *Sollen die Blumen ihre Farbenpracht neben einem oder mehreren anderen Gartenelementen entfalten? Beispielsweise beim Sitzplatz, in der Nähe der Veranda, vor einem Gartenhäuschen oder als natürliche Dekoration neben einem Grillplatz?*
- *Oder möchte man eigene Blühbereiche, zum Beispiel eine ganz dem Farbenrausch gewidmete Fläche? Soll diese eher zentral im Garten platziert sein oder an den Seiten?*
- *Will man formal gestaltete Beete oder lieber naturnahe?*
- *Sollen die Übergänge zu Rasenflächen sehr klar abgegrenzt sein oder möchte man geschwungene Beetlinien?*

*Prachtvolle Blumenbeete machen aus diesem Garten ein wahres Blütenparadies.*

Hilfreich bei diesen Überlegungen ist eine Planungsskizze. Darin legt man zunächst den Hintergrund des Beetes fest. Hecken, Mauern und Sträucher eignen sich dafür am besten. Sie bieten Schutz gegen Wind und auch gegen allzu frühe und sehr starke Fröste. Wenn die Beete im freien Raum, beispielsweise entlang eines Weges oder an einem Pool vorbeiführen sollen, macht es sich gut, wenn sie eher schmal (ca. 50 Zentimeter) angelegt und mit hohen Sträuchern oder schmalen, säulenartigen Koniferen kombiniert werden. Das sorgt für die nötige ästhetische Spannung.

Bei der Wahl des Standortes sind auch die Lichtverhältnisse zu berücksichtigen. Die meisten Blühpflanzen brauchen Sonne oder zumindest Halbschatten. Voller Schatten verlangt eine entsprechende Art der Bepflanzung. Hilfreich ist es auch, von vornherein mitzubedenken, dass Blumenbeete viel Pflege benötigen. Deshalb sollten sie so angelegt werden, dass sie möglichst gut zu bearbeiten sind. Dann kann man von den Rändern aus das ganze Beet erreichen, um zu jäten. Sonst wächst im Hintergrund nach einiger Zeit nur noch Unkraut. Ist das Beet mehr als zwei Meter breit, muss man kleine Wege einplanen, die es erlauben, sie zu bearbeiten. Das können einige Trittsteine sein oder auch kleine Pfade aus Rindenmulch.

## Der Selbermacher-Tipp

Damit die einzelnen Pflanzen in einem Blumenbeet optimal zur Geltung kommen, empfiehlt es sich, **optische „Ruhezonen"** einzuplanen. Sie bieten gleichmäßige Strukturen und lenken den Blick auf die Horizontale. Das können zum Beispiel Polsterstauden sein. Ihre Blätter bilden eine ebene, rasenartige Struktur. Solche niedrig wachsenden Pflanzen bringen Ruhe in das Beet, sodass einzelne Stauden ihre Wirkung besser entfalten können. Ein ähnlicher Effekt lässt sich mit Trittplatten erzielen. Das Beet wirkt raffiniert und abgerundet zugleich.

Die Größe des Beetes sollte in Einklang mit der Grundstücksgröße stehen. In kleineren Gärten ergibt sich meist von selbst eine natürliche Begrenzung. In einem weitläufigen Garten wiederum kommen zu kleine Beete nicht richtig zur Geltung, sie sehen dann ein wenig verloren aus.

Hat man auf der Planskizze Standort, Größe und Form des Beetes sowie eventuell vorgesehene Sträucher und Bäume im Hintergrund eingezeichnet, dann steht der gestalterischen Hauptherausforderung nichts mehr im Weg: Es gilt zu entscheiden, wo welche Pflanzengruppen platziert werden.

Als Grundregel dabei gilt: Alle einzelnen Pflanzen und Pflanzengruppen müssen genügend Raum haben, um ungestört zur vollen Größe wachsen und damit ihre Wirkung richtig entfalten zu können. Ob man dabei eher auf einzelne Pflanzen oder auf Gruppen zurückgreift, hängt von der gewünschten Bepflanzungsart ab. Viele Stauden beispielsweise wirken am besten in Dreier-, Fünfer- oder Siebenergruppen. Es gibt aber auch Pflanzen, die groß und wirkungsvoll genug sind, um allein zu stehen. Im Zweifelsfall hilft es, sich während der Planungsphase bei Nachbarn umzusehen und im Handel Beratung einzuholen.

# Blühpflanzen richtig kombinieren: der Trick mit den Jahreszeiten

Mit einem gut überlegten Bepflanzungsplan kann man das ganze Jahr über attraktive Blühbereiche gestalten. Dafür kombiniert man Pflanzen, die zu unterschiedlichen Jahreszeiten blühen. Besonders dankbar sind Pflanzen, die früh zu blühen beginnen und im Herbst, wenn das Wetter stimmt, eine zweite Blüte hervorbringen. Das ist nicht zuletzt ein Grund, warum Rosen in keinem Garten fehlen sollten.

Am einfachsten ist es, wenn man auf der Planskizze verzeichnet, was in welchem Monat blüht. So ist leicht zu erkennen, dass vor allem im zeitigen Frühjahr neben den Zwiebelpflanzen, wie Tulpen, auch noch einige blühende Stauden benötigt werden. Das können beispielsweise Schneerosen, Lungenkraut oder Winterling sein. Chrysanthemen, Astern und Dahlien hingegen blühen im Herbst bis zu den ersten Winterfrösten.

Auch die voraussichtliche Wuchshöhe der Pflanzen gilt es zu berücksichtigen. Denn die einzelnen Blüten und Blattformen sollen ja ungestört zu sehen sein. Sonst kann es passieren, dass gerade die schönsten Gewächse hinter großen Stauden verschwinden. Üblicherweise platziert man daher die größeren Pflanzen hinten und die kleineren vorne. Wahre Gartenkünstler verstehen es allerdings, diese strenge Regel ein wenig abzuwandeln, damit die Bepflanzung natürlicher wirkt.

Will man im Beet optisch für Abwechslung sorgen, ohne genügend Platz für Bäume oder sonstige solitäre Pflanzen zu haben, bietet es sich an, einzelne Kübelpflanzen im Beet aufzustellen. Dafür eignen sich besonders heikle und nicht winterharte kleine Bäume oder Sträucher, die man während der kalten Jahreszeit im Innenbereich überwintert, wie etwa Palmen und Oleander.

## WAHRE BLÜHWUNDER: DIE EINJÄHRIGEN

Die schon erwähnten so genannten Einjährigen blühen nur einen Sommer lang. In dieser Zeit jedoch entfalten sie ihre Blühkraft so kräftig und bunt, dass sie jedes Beet beleben. Sie sind meist preiswert und dabei sehr effektvoll. Man kann sie sogar noch im Hochsommer einsetzen, sie sind die Zierde der Balkonkästen und sollten auf keiner Terrasse fehlen. Vor allem aber kann man mit ihnen experimentieren, sie mal hierhin, mal dorthin setzen und Farbzusammenstellungen ausprobieren. Sie schließen hässliche Lücken im Blumenbeet und blühen meist bis zum ersten Frost. Und ganz nebenbei haben sie bis dahin schon Samen ausgebildet, die auch fürs nächste Jahr viel Gartenfreude versprechen.

### Der Selbermacher-Tipp

Da Beete mit Einjährigen fast das ganze Jahr über blühen, sind sie tonangebend in der Farbgestaltung des Gartens. Am ansprechendsten sieht es aus, wenn man sie **in Gruppen pflanzt.** So können sie ihre prächtigen Farben entfalten, die man gut kombinieren und abwechseln kann.

*In einem geschickt bepflanzten Garten setzen Blumen vom Frühjahr bis in den Herbst farbige Akzente.*

Der Handel bietet Einjährige sowohl als Samen als auch pflanzfertig an. Letzteres ist vor allem für noch nicht so geübte Gartenneulinge sehr praktisch oder wenn die Zeit zum Selbstheranziehen der Samen fehlt. Es gibt kleinwüchsige Einjährige, die sich gut als Beetumrandung oder Kübelunterpflanzung eignen, wie beispielsweise Tagetes oder Studentenblume. Anders die großwüchsigeren Arten, die man im Hintergrund oder in der Mitte von Beeten pflanzt, wie etwa Sonnenblumen oder Ricinus. Kletternde Einjährige können meterhohe Rankgerüste in ein wahres Blütenmeer tauchen. Dazu gehört die kletternde Kapuzinerkresse – die übrigens auch im Salat gut schmeckt.

Fast alle Einjährigen benötigen Standorte in voller Sonne. Im Schatten führen die an sich prächtigen Blumen oft ein kümmerliches Dasein. Einige Einjährige bestechen auch durch bunte, schön gezeichnete Blätter, die ebenfalls jedoch nur bei viel Sonne zur vollen Ausdruckskraft kommen. Dazu gehören Buntnesseln und Kochien (Besenkraut). Daher ist es wichtig, schon bei der Planung darauf zu achten, ob die

*Ein Bauerngarten wäre ohne Blumen unvorstellbar.*

Pflanzen auch Halbschatten vertragen. So kommen beispielsweise Brunnenkresse, einjähriger Bartfaden und Lobelfen mit weniger Sonne aus. Bei sehr schattigen Beeten ist es besser, auf andere Arten zurückzugreifen, zum Beispiel Fuchsien, Fleißige Lieschen und Begonien. Meist handelt es sich dabei um Pflanzen, die nicht im klassischen Sinn „Einjährige" sind, aber vom Fachhandel genauso wie Einjährige angeboten werden.

Die Vorbereitung des Bodens für Einjährige kann schon im Herbst beginnen: Unkraut sowie alte und abgestorbene Pflanzen werden entfernt, verwurzelte Bodenteile mit einer Hacke bearbeitet und gesäubert. Anschließend wird die Erde umgegraben und eine gute Schicht Kompost eingearbeitet. Sobald der Boden im Frühjahr trocken ist, sticht man erneut in Spatentiefe um.

Bevor Einjährige eingepflanzt werden, bekommt die Erde noch eine ordentliche Portion Dünger. Denn diese Blumen haben nur einen Sommer Zeit, um sich vom Samen zur Pflanze zu entwickeln, voll aufzublühen und im Anschluss daran wieder Samen zu bilden. Beim Einpflanzen hilft es, die Skizze, mit der man die Bepflanzung geplant hat, auf das Beet zu übertragen. Bei trockenem Wetter kann man die Einteilung der Pflanzgruppen mithilfe eines Bretts oder Stabes in das Erdreich einzeichnen. Bei feuchtem Wetter sorgt heller Sand dafür, dass die Konturen auch nach Regenfällen erhalten bleiben.

## ROMANTISCHE ZWEIJÄHRIGE

Während einjährige Pflanzen ihren Lebenszyklus innerhalb eines Jahres abschließen, benötigen die so genannten Zweijährigen, wie der Name schon sagt, zwei Jahre dafür. Man sät sie erst im Sommer. Noch im selben Jahr bilden sie einen Trieb aus. Manche von ihnen, beispielsweise Stiefmütterchen, blühen sogar schon im Herbst. In kalten Wintern oder in Gegenden, in denen es besonders starke Fröste gibt, müssen Zweijährige mit einer Reisigauflage geschützt werden.

Zu diesen heute selten gewordenen, wunderschönen und oft etwas romantisch wirkenden Pflanzen gehören unter anderem Glockenblumen, der duftende Goldlack, Stockrosen und Vergissmeinnicht. Weil sie etwas länger für ihr Wachstum brauchen, haben sie im Vergleich zu früheren Zeiten etwas an Beliebtheit verloren. Gerade deshalb aber lohnt es sich, diese charmanten Blühpflanzen, die nicht jeder hat, in den eigenen Garten zu holen.

# Die Königin der Blumen: die Rose

Achtung, Suchtgefahr!, sollte man hier wohl schreiben. Denn das Züchten der „Königin der Blumen“, der Rose, kann schnell zur Obsession werden. Und die Voraussetzungen dafür sind heute so gut wie noch nie. Denn mittlerweile gibt es eine schier unüberschaubare Fülle verschiedener Rosen im Angebot, zu guten Preisen und für die unterschiedlichsten Standortansprüche und Kundenwünsche.

Bereits die alten Griechen und Perser liebten Rosen in ihren Gärten. Allerdings blühten diese meist nur einmal im Jahr und es gab bei weitem nicht die heutige Vielfalt an Wuchshöhen, Formen und Farben. Unsere modernen Rosensorten sind noch relativ jung: Erst Ende des 18. Jahrhunderts wurde die europäische Rosenzucht durch Importrosen aus China im wahrsten Sinne des Wortes „befruchtet“. Gerade in letzter Zeit sind auch alte und altmodisch duftende Rosensorten wieder in Mode gekommen.

Je nach Geschmack kann man heute Sorten auswählen, die den persönlichen Vorstellungen entsprechen und für den eigenen Garten geeignet sind. Damit Sie an Ihren duftenden Blühfreunden lange ungetrübte Freude haben, haben wir im Folgenden für Sie eine kleine Übersicht der wichtigsten Punkte zusammengestellt, die bei der Rosenzucht berücksichtigt werden wollen.

## DARAUF KOMMT'S AN BEIM ROSENPFLANZEN

- Rosen benötigen reichlich **Sonne, gute Erde** und **viel Luft.** Zu viel Hitze, zum Beispiel an einer Hausmauer, die die Sonnenwärme reflektiert, tut ihnen nicht gut.
- Will man Rosen in ein Beet setzen, in dem bereits Rosen waren, muss die Erde **komplett ausgetauscht** werden. Dazu wird das Erdreich zwei Spaten tief ausgehoben und durch neue Erde ersetzt, am besten durch „Rosenerde", die man im Handel erhält.
- Zur Vorbereitung eines Rosenbeets muss der Boden **spatentief umgegraben und mit Kompost gelockert** werden. Mineralische Dünger sind für frisch gepflanzte Rosen nicht günstig. Besser ist es, ein wenig abzuwarten, bevor man das erste Mal Mineraldünger gibt. Im Gegensatz dazu kann organischer Dünger wie Horn- und Knochenmehl ohne weiteres in den vorbereiteten Boden eingearbeitet werden.
- Hat man die **Rosen im Container** gekauft, so kann man ganzjährig setzen. Allerdings muss man diese Pflanzen besonders gut gießen.
- Sollen Rosen von einem Gartenstandort an einen anderen versetzt werden oder möchte man „barfüßig", also ohne Container oder ausreichenden Erdballen gekaufte Rosen einpflanzen, so sollten sie **in einem Eimer über Nacht gewässert** werden.
- Vor dem Einpflanzen ist es hilfreich, die **Wurzeln** zu **beschneiden,** das regt die Bildung von Faserwurzeln an.
- Die beste Pflanzzeit für Rosen ist **Herbst,** vor allem zwischen Mitte Oktober und Mitte November. Der Boden ist um diese Zeit noch so warm, dass sich die zarten, wichtigen Faserwurzeln entfalten können.
- Rosen dürfen **nicht zu flach** gepflanzt werden. Die Veredelungsstelle sollte fünf bis 15 Zentimeter unter der Erde liegen. Das gilt allerdings nicht für Hochstammrosen, die ja auf diese Weise einiges von ihrem „hohen" Stamm verlieren würden.
- Nach dem Einpflanzen **tritt man die Erde gut fest.** Dadurch ist sichergestellt, dass die Wurzeln auch wirklich von Erdreich umgeben sind und nicht in einem Hohlraum stecken. Anschließend heißt es gut wässern.
- Manchmal senkt sich das Erdreich einige Zeit nach dem Einpflanzen und die Veredelungsstelle tritt wieder an die Oberfläche. In diesem Fall muss **Erde aufgefüllt und festgetreten** werden. Anschließend wieder gut gießen!

## IDEALE TEAMPLAYER: ENSEMBLES MIT ROSEN

Rosen kommen sowohl als solitäre Sträucher als auch in eigenen Rosenbeeten gut zur Geltung. Durch ihre unterschiedlichen Wuchshöhen sind sie ideale Teamplayer in gemischten Beeten. Rankende wie auch Strauchrosen machen im Hintergrund eines Beetes eine sehr gute Figur. Im Vordergrund bilden vor allem Zwergrosen und Bodendeckerrosen reizvolle Übergänge zu Wegen, Rasen oder befestigten Sitzplätzen.

## Der Selbermacher-Tipp

Neben ästhetischen Gründen lohnt es sich auch mit Blick auf die **Pflanzengesundheit,** Rosen mit anderen Blumen zu kombinieren. Lavendel und Kapuzinerkresse beispielsweise halten Blattläuse von Rosen fern. Margeriten und Chrysanthemen verbreiten Pyrethrum und wirken so Schädlingen entgegen.

Umgekehrt können Rosen auch von anderen Pflanzen profitieren. Strauchrosen beispielsweise verkahlen nach einigen Jahren im unteren Bereich. Durch eine geschickte Bepflanzung im Vordergrund lassen sich diese kahlen Stellen überspielen. Dafür sind alle Stauden, Gräser und Sommerblumen geeignet, die die entsprechende Wuchshöhe erreichen, um die kahlen Stellen zu verdecken. Storchenschnabel, Rosmarin und Salbei blühen blau, was farblich gut zu fast allen Rosen passt, und können in Wuchsbreite und Wuchshöhe so gehalten werden, dass sie eine ideale Unterpflanzung für verkahlte Rosen abgeben, ohne ihnen Luft, Feuchtigkeit oder Licht zu entziehen.

Rittersporn ist vor allem deshalb als Rosenpartner geeignet, weil er zur gleichen Zeit wie Rosen blüht und wie sie kalkhaltige Böden liebt. Kletterrosen und Strauchrosen werden gerne mit Klematis kombiniert. Das Geäst der Rosen gibt den Zweigen der Klematis Halt, die rankende Klematis wiederum schenkt zusätzliche Farbvielfalt und verdeckt eventuelle Kahlstellen.

Bei Zwergrosen haben sich vor allem Kombinationen mit Karpatenglöckchen und Zwerggräsern bewährt. Edelrosen wiederum kommen in eigenen, sonnigen Rosenbeeten sehr gut zur Geltung. Doch geschickte Gartenfreunde kombinieren diese heimlichen Stars unter den Blumen mit in der Wuchshöhe passenden Stauden im Mischbeet. Besonders raffiniert wirkt die Kombination von Edelrosen und Gräsern, wie beispielsweise Lampenputzergras.

## DIE RICHTIGE ROSENPFLEGE

Während der Blütezeit muss man abgeblühte Teile regelmäßig wegschneiden. Auch wilde Triebe, die aus dem Boden kommen, gehören weggeschnitten. Wilde Triebe erkennt man daran, dass sie besonders dornig sind und unterhalb der Veredelungsstelle ansetzen.

Junge Pflanzen müssen öfter und reichlicher gegossen werden als alte. Wichtig dabei ist, möglichst nicht die Blüte zu besprengen, das hilft, Pilzkrankheiten zu vermeiden. Am besten gießt man von unten. Auch auf die Stärke des Wasserstrahls sollte man achten. Ein allzu harter Strahl verdichtet den Boden, schwemmt Erde weg und legt dadurch die zarten Rosenwurzeln frei. Bei der Menge des Wassers gilt es zu bedenken, dass Rosen Staunässe gar nicht mögen. Notfalls muss man mit einer Drainage für gut durchlässigen Boden sorgen.

Im Herbst schneidet man Bodendecker und Zwergrosen bis zum Boden herunter. Rund um die Veredelungsstelle wird Erde angehäufelt, damit Frost und Wintertrockenheit keine Schäden anrichten können. Zusätzlich kann man rund um die Rosen gut ausgereiften Kompost schichten.

Hochstammrosen benötigen einen Kronenschutz gegen Frost. In manchen Fällen genügt ein fester Papiersack, der auch den Winterstürmen trotzen kann und unterhalb der Krone zugebunden wird. Alternativ kann man auch die Krone zum Boden biegen und mit Erde anhäufen, um die Frostgefahr für die kälteempfindlichen Kronentriebe zu verringern.

## Rosenschnitt

Um das Wachstum kräftiger Triebe zu fördern, einen möglichst buschigen Wuchs zu erreichen und Krankheiten durch das Entfernen abgestorbener Äste vorzubeugen, ist es wichtig, Rosen regelmäßig zu schneiden. Die richtige Zeit dafür ist das Frühjahr. Da die Wuchskraft von Art zu Art variiert, gestaltet sich der Rosenschnitt je nach Rosenart unterschiedlich. Als Grundregel gilt: Schwachwüchsige Rosen kann man stärker beschneiden als starkwüchsige. Das fördert ihr Wachstum und regt sie zum Ausbilden neuer Triebe an. Jene Rosen, die die meisten Blätter haben, blühen auch am schönsten, denn die Blätter haben einen wesentlichen Anteil am Aufbau der pflanzlichen Zellstruktur.

Bei allen Rosen ist darauf zu achten, dass kranke Triebe bis ins gesunde Holz geschnitten werden. Ist auch das Holz erkrankt, schneidet man bis auf zwei Augen zurück. Das Ansetzen des Schnitts ist bei allen Rosenarten gleich: Man schneidet stets drei Millimeter über einem Auge. Der Schnitt soll schräg nach hinten abfallen, um das Wasser ablaufen zu lassen. Das hilft, Pilzkrankheiten an der Schnittstelle vorzubeugen.

*Alte Bauernrosen wirken mit ihren zarten Blüten sehr charmant und sind widerstandsfähige und genügsame Pflanzen.*

Rosensträucher und Kletterrosen sollten nicht zu stark zurückgeschnitten werden. Sie treiben zwar wieder aus, werden aber oft „besig“ und es dauert lange, bis sie wieder blühen. Wichtig ist auch, regelmäßig Wildtriebe zu entfernen. Sie entziehen der Pflanze Kraft, entwickeln jedoch keine Blüten. Die Triebe der Rosen sollten auch nicht aneinander reiben. Kreuzende Triebe muss man entweder beschneiden oder – bei Kletterrosen – auseinander binden.

### Vermehrung

Rosen selbst zu vermehren, erfordert keine besonderen Kenntnisse und bereitet viel Freude. Es bietet sich besonders dann an, wenn man eine alte Sorte vermehren will. Als Vermehrungsarten kommen vor allem Stecklingsvermehrung und Veredelung in Frage. Die Vermehrung über Samen ist eher für passionierte Rosenzüchter geeignet.

**Stecklinge:** Einige Rosen, vor allem Strauch- und Kletterrosen, kann man gut durch Stecklinge vermehren. Dazu schneidet man ca. 20 Zentimeter lange Stecklinge von nicht blühenden, einjährigen, gut ausgereiften Seitentrieben ab. Die beste Zeit dafür ist im Spätsommer und Frühherbst. Die unteren Blätter werden entfernt, die Schnittstelle taucht man in ein Bewurzelungsmittel. Anschließend kommen die Stecklinge an eine schattige Stelle im Garten in gut vorbereitete, sandige Erde. Dann heißt es: Angießen, ein Jahr lang beobachten und abwarten! Einige der Steckhölzer werden wurzeln und können im darauf folgenden Herbst an ihren neuen Standort gesetzt werden. Auf diese Weise (ungeschlechtliche Vermehrung) erhält man Rosen, die mit der Mutterpflanze identisch sind.

**Veredelung:** Um Rosen durch Veredelung zu vermehren, eignet sich am besten die Okulation auf einem jungen, verholzten Okulanten (einjährige Unterlage, zum Veredeln siehe Seite 265). Die beste Zeit für die Okulation von Rosen ist Juli bis August, während die Pflanze voll im Saft steht.

**Rosen aus Samen ziehen:** Wer es mit der Aussaat probieren will, erntet die reifen Hagebutten von abgeblühten Rosen. Die aus den Hagebutten herausgeschälten Samen lässt man zunächst gut trocknen. Dann sät man sie in Töpfen aus und stellt sie über den Winter im Freien ins Frühbeet. Die Samen benötigen Kälte, um zu keimen. Nach zwei Jahren können die gekeimten Pflanzen an ihren endgültigen Standort gesetzt werden. Durch die Samenvermehrung sind dabei viele Kreuzungen und Spielarten der Natur möglich. Umso größer ist dann die Überraschung bei der ersten Blüte der selbst gezogenen Pflanzen!

## DIE FEINDE DER ROSE: ROSENSCHÄDLINGE

Rosen sind ziemlich widerstandsfähige und ausdauernde Pflanzen. Mit leichtem Schädlings- und Pilzbefall werden sie recht gut fertig. Je besser die Lebensbedingungen für die Pflanze, desto robuster ist sie. Deshalb lohnt es sich, durch die richtige Pflege Krankheiten vorzubeugen. Regelmäßiger, korrekt durchgeführter Schnitt, richtiges Gießen und Düngen (vor allem mit organischem Dünger) hilft Rosen,

Achtung, Suchtgefahr! Das Züchten der „Königin der Blumen“, der Rose, kann schnell zur Obsession werden.

*Kräftige, gesunde Rosen sind der Stolz jedes Gärtners.*

Abwehrkräfte zu entwickeln. Regelmäßiges Abschneiden von kranken Blättern ist ebenso wichtig. Zusätzlich kann man mit biologischen Mitteln vorbeugen.

Einige Rosensorten sind für Krankheiten wie beispielsweise Mehltau anfälliger als andere. In einem sehr feuchten Garten ist es sinnvoll, für diese Krankheit anfällige Rosensorten durch weniger empfindliche zu ersetzen, bevor man zu viel Chemie zum Einsatz bringt. Denn auch die ist nicht immer erfolgreich und vergiftet manchmal nicht nur die Schädlinge, sondern auch Nützlinge. Mehltau tritt übrigens in feuchten Sommern stärker auf als in trockenen. Deshalb kann im folgenden Jahr alles schon wieder anders sein.

Blattläuse bekämpft man am besten mit Brennnesselbrühe (siehe Seite 182), die zu Frühlingsbeginn bereits als vorbeugende Maßnahme ausgebracht werden kann. Rote Spinne erkennt man daran, dass sich die Oberseite der Blätter bräunlich verfärbt und kleine, rötliche Milben an der Blattunterseite sitzen. Man spritzt mit Rainfarnbrühe, Schachtelhalm- oder Wermutsud.

Käfer, Wanzen, Tapeziererbienen, Rosenblattwespen und Rosenwickler fressen oft kreisrunde oder halbkreisförmige Löcher in die Blätter. Hier hilft nur regelmäßiges Abknipsen der befallenen Blätter und Absammeln der Schädlinge. Einige von ihnen, wie der Dickmaulrüssler, sind nachtaktiv und müssen mit der Taschenlampe gesucht werden. Tagsüber kann man den dunkelbraunen, fingernagelgroßen Käfer unter Steinen und Holzstücken finden. Tapeziererbienen haben ihre Nester in morschem Holz oder am Boden. Mit Gift richtet man gegen sie nicht viel aus. Es hilft nur Zerstörung oder Umsetzen der Nester. Gegen Rosenwickler und Rosenblattwespen hilft es, regelmäßig mit Pyrethrumpräparaten zu spritzen.

Sternrußtau ist eine Pilzkrankheit, die sehr oft auf den Ausscheidungen von Schildläusen entsteht. Man erkennt die Krankheit daran, dass die Blätter schwarze Flecken bekommen und gelb werden. Im Spätstadium fallen die Blätter ab. Die Pflanzen rechtzeitig und regelmäßig mit Schachtelhalmbrühe zu besprühen, kann helfen, diese Rosenkrankheit zu verhindern.

Mehltau befällt nicht nur Rosen. Manchmal sind im Herbst ganze Gärten weißlichgrau. Dagegen hilft regelmäßiges Besprühen mit Schachtelhalmbrühe oder „Einschwefeln“. Wenn regelmäßig starker Mehltau auftritt, kann man mit biologischen Präparaten aus dem Fachhandel den Befall eindämmen oder sogar verhindern. Oft sind Gießfehler schuld an starkem Mehltaubefall.

Rosenrost erkennt man daran, dass die Blattunterseiten „rostig“ wirken. Die befallenen Triebe müssen weggeschnitten und verbrannt werden. Im Fachhandel gibt es biologische Spritzmittel, die regelmäßig im Abstand von einigen Wochen ausgebracht werden müssen.

# Knollen- und Zwiebelpflanzen

Knollen- und Zwiebelpflanzen bieten unkomplizierte Blühvielfalt, die jeden Garten über Monate in einen bunten Farbtraum verwandelt. Im Frühjahr senden Schneeglöckchen und Krokusse die ersten zarten Frühlingsgrüße, im Herbst leuchtet die Farbenpracht der Dahlien. Knollen- und Zwiebelpflanzen ermöglichen unzählige Gestaltungsvarianten. Von klein und zart bis üppig-großzügig, von elegant einfarbig bis leuchtend bunt gibt es sie mit unterschiedlichsten Wuchsformen und -größen und in allen Farben des Regenbogens.

Um Ihnen die Planung Ihrer Blumenbeete zu erleichtern, haben wir im Folgenden die beliebtesten Knollen- und Zwiebelpflanzen entsprechend ihrer Blühzeit nach Jahreszeiten gegliedert. So können Sie auf einen Blick sehen, welche Pflanzen Ihr Wunschbeet ideal ergänzt. Unabhängig davon, was Ihre persönlichen Lieblinge sind, sollten einige grundlegende Punkte bei den Planungen berücksichtigt werden:

Zwiebel- und Knollenpflanzen brauchen durchlässigen Boden. Ist der Boden zu feucht oder verdichtet, heißt es gründlich umstechen und Kompost einarbeiten, damit die Erde lockerer wird. Auch Pflanzkörbe können hilfreich sein. Als angenehmen Nebeneffekt verwehren sie hungrigen Mäusen den Zugang zur Pflanzknolle. Bei sehr stark verdichteten Böden kommt in die Pflanzkörbe eine Kiesschicht, damit das Wasser besser abrinnt und die Zwiebeln oder Knollen nicht verfaulen.

Der Fachhandel bietet ein reichhaltiges Sortiment an Knollen- und Zwiebelpflanzen an. Als Faustregel gilt: je größer die Knolle oder Zwiebel, desto kräftiger die Blüte. Empfehlenswert ist offene Ware. Sie hat den Vorteil, dass man die einzelnen Zwiebeln auf faulige oder schimmelige Stellen überprüfen kann. Hat man beschädigte Exemplare gekauft, so tauscht der Handel sie in der Regel aus.

Beim richtigen Zeitpunkt zum Pflanzen von Zwiebelpflanzen wird unterschieden in jene, die im Frühjahr gepflanzt werden, und solche, die bereits im Herbst in die Erde kommen müssen. Entsprechende Informationen finden Sie im Folgenden in der Übersicht zu den Jahreszeiten.

## FRÜHJAHRSBLÜHER

Die Zwiebeln dieser charmanten Frühlingsboten können an frostfreien Tagen von Herbstmitte bis Weihnachten in die Erde gesetzt werden. Dafür kommen nahezu alle Gartenstandorte in Frage, denn Zwiebelpflanzen sind unkompliziert und anpassungsfähig. Besonders geeignet sind Plätze unter Laubbäumen und Sträuchern. Die Blumen entfalten ihre Farbpracht bereits, bevor der Baum sein Blätterkleid anlegt. Das ergibt optisch einen schönen Kontrast und der Baum nimmt den unter ihm blühenden Pflanzen kein Licht.

Beim Einpflanzen ist darauf zu achten, dass die Zwiebel genügend Erdkontakt hat. Wenn sie in einem Hohlraum ohne Bodenkontakt steckt, haben die Wurzeln nicht genug Halt für die Nahrungsaufnahme.

Nach der Blüte sollten Frühlingsblüher in der Erde bleiben, solange sie noch grüne Blätter haben. Denn diese ernähren die Zwiebel, die während des Spätfrühlings und Frühsommers die notwendigen Vorräte aufbaut, um für das nächste Jahr gerüstet zu sein. Gelbe Blätter kann man wegschneiden. Hat man im Garten wenig Platz und wird das Frühlingsbeet für Sommerblumen benötigt, so kann man die Zwiebeln mit den Blättern ausgraben und zum Ausreifen in eine sonnige, trockene und luftige Gartenecke legen.

### Der Selbermacher-Tipp

Manchmal ist es bei Zwiebel- und Knollenpflanzen gar nicht so leicht zu erkennen, wo oben und unten ist und wie die Knolle oder Zwiebel eingesetzt werden soll. Man muss immer so einsetzen, **dass der Trieb nach oben schaut.** In der Regel kann man bei genauem Hinsehen erkennen, wo die kleinen, oft trockenen Würzelchen sind und wo sich der Trieb befindet. Bei manchen Knollen sind die Triebe nur als kleine rosa oder weiße Pünktchen erkennbar.

### Schneeglöckchen

Schneeglöckchen gehören zu den zeitigsten Frühjahrsblühern. Sie bilden im Laufe der Jahre große Horste und sind sehr unkomplizierte Gartenbewohner. Damit sie optimal zur Geltung kommen, setzt man sie nicht einzeln in Reih und Glied, sondern mehrere Zwiebeln in Gruppen und in unregelmäßigen Abständen.

*Am Ende des Winters bringen Schneeglöckchen und Krokusse die ersten Farbtupfer in den Garten.*

Besonders gut kommen sie unter Bäumen und Büschen zur Geltung. Durch die frühe Blüte kann ihnen auch der dichteste sommergrüne Strauch keinen Schatten werfen, denn sie blühen lange, bevor er seine Blätter bildet. Da an diesen schattigen Stellen im Garten meist auch keine Sommerblumen gepflanzt werden, können die Zwiebeln nach der Blüte in Ruhe ausreifen und werden nicht durch Grabarbeiten zerstört.

Gepflanzt werden Schneeglöckchen direkt nach der Blüte. Man lässt die Blätter an den Zwiebeln und setzt sie wenige Zentimeter unter der Erde an den endgültigen Standort. Bis die eingesetzten Zwiebeln eine ansehnliche Blüte entwickeln, können einige Jahre vergehen. Wer die nötige Geduld hat, wird in den folgenden Jahren reichlich belohnt!

### Krokus

Krokusse gibt es als frühlings- und herbstblühende Arten. Je nach Blütezeit kommen die Knollen im Spätsommer oder im Herbst in den Boden. Sie können das ganze Jahr über in der Erde bleiben. Krokusse sind anspruchslos und gedeihen auch auf kargen Böden. Bei bedecktem Himmel und während der Nacht bleiben die Blütenkelche geschlossen. Bei Sonnenschein öffnet sich die Blüte weit und zeigt die Staubgefäße.

Wenn er einzeln steht, kann Krokus seine Wirkung nicht richtig entfalten. Man setzt ihn in Gruppen, über den ganzen Garten verteilt oder nur an bestimmten Plätzen. Krokusse bilden rasch Horste, die das Frühlingsbeet mit einem wahren Farbenrausch überziehen. Es gibt eine große Zahl von Arten im Handel, von Riesenkrokussen bis zu bescheideneren, eher „wilden“ Arten. Sie erfreuen uns mit Blüten von Weiß

*Die gelb leuchtenden Narzissen sind anspruchslos, sie gedeihen fast überall.*

und Gelb bis zu Lila und intensivem Blau und lassen sich auch in Kübeln oder Pflanzschalen, im Blumenkasten auf dem Fensterbrett oder im Topf ziehen.

Krokusse bieten die erste Nahrung für Hummeln und Bienen und passen gut zu Schneeglöckchen, da sie ebenfalls zu Beginn des Frühjahrs blühen. Einmal gesetzte Krokusse blühen unermüdlich jedes Jahr. Die einzige Voraussetzung ist, dass die Blätter nicht zu früh abgemäht werden. Im naturnahen Garten kann man mit dem ersten Rasenschnitt ein wenig warten oder rund um Krokushorste herummähen. Im Zierrasen schneidet man entweder das Gras rund um die Horste vorsichtig mit einem Handrasenmäher ab und lässt die Krokusblätter stehen. Oder man verzichtet auf die bunten Tupfen im Zierrasen und setzt den Krokus lieber unter Sträucher, Bäume oder an andere Stellen, die nicht mit dem Rasenmäher bearbeitet werden.

### Herbstzeitlosen

Herbstzeitlosen wirken am besten, wenn man sie in Gruppen pflanzt. Containerpflanzen können das ganze Jahr über gesetzt werden. Sprosse hingegen kommen erst im Sommer in den Boden. Will man Herbstzeitlosen vermehren, so nimmt man die Mutterbrutknollen im Sommer aus der Erde. Die kleinen Brutknollen werden abgenommen, angetrocknet und an einer sonnigen Stelle im Garten in sandige Erde gesetzt. Nach ca. zwei Jahren bringen die Brutknollen Blüten.

### Narzissen

Ihr Gartenboden hat Staunässe und nichts will so recht blühen? Setzen Sie Narzissen! Die leuchtenden Osterglocken sind anspruchslos und halten auch sehr feuchte Böden gut aus. Ihre wild wachsenden Verwandten findet man auf „sauren“ Wiesen, die sie im Frühling in gelbe Farbmeere verwandeln. Im Handel sind heute verschiedene Farbschattierungen von Weiß bis Dottergelb erhältlich sowie einfache und gefüllte Arten. Durch geschickte Auswahl kann man bis in den Mai blühende Narzissen im Garten haben, da es früh und spät blühende Sorten gibt.

Ein kleiner Trick kann helfen, die Blühzeiten von Narzissen zusätzlich zu den natürlichen Unterschieden zu verändern: Wenn man Narzissen in Pflanzgefäßen zieht, kann man unterschiedliche Blütezeiten erreichen, indem man die Zwiebeln verschieden tief in die Erde einsetzt. Jene Pflanzen, die höher stehen, blühen früher.

Wie alle Zwiebelpflanzen vermehren sich Narzissen durch Bildung von Brutzwiebeln. Gepflanzt werden sie möglichst früh, am besten im Spätsommer, damit sie ge-

nug Zeit haben, um gut anzuwurzeln. Narzissen können wie Schneeglöckchen und Krokusse im Boden verwildern. Wenn man sie in Ruhe ausreifen lässt, kommen sie jedes Jahr wieder. Alle drei Jahre sollten im Garten verwilderte Narzissen geteilt werden, dann hat man jahrzehntelang Freude an den herrlichen Blüten.

**Tulpen**

Ein Börsenspezialist aus dem 17. Jahrhundert, der heute durch unsere Gärten ginge, käme aus dem Staunen nicht heraus. Die Tulpenpracht selbst der kleinsten Gärten und Terrassen könnte ihn an seinem Verstand zweifeln lassen. Denn im 17. Jahrhundert wurden Tulpenzwiebeln an der Börse um ein Vermögen gehandelt. Eine einzige Zwiebel war oft mehr wert als ein Einfamilienhaus. Manche Zwiebeln kosteten so viel wie ein Schloss. Der Grund für den enormen Wert der Pflanze war, dass sich ihre Farbschattierungen leicht verändern lassen, und zwar mit Hilfe von Viren.

Heute gehören Tulpenzwiebeln zu den preisgünstigsten Blumen und blühen noch dazu bereits in der ersten Saison nach dem Einsetzen. Dabei unterscheidet man im Wesentlichen zwei Gruppen: die aus den jahrhundertelangen Züchtungen hervorgegangenen edlen Gartentulpen und die einfacheren botanischen Tulpen, die erst in den letzten Jahrzehnten aus Wildarten gezüchtet wurden. Vor allem in der Pflege unterscheiden sie sich. Botanische Tulpen können zum Verwildern in der Erde bleiben, Gartentulpen benötigen hingegen eine relativ aufwändige Pflege (siehe Tipp).

Alle Tulpenarten gedeihen in kalkigen und durchlässigen Böden besser als an sauren und staunassen Standorten. Letztere sollte man daher vor dem Setzen gut durchlüften und Böden, die wenig Kalk enthalten, mit Düngekalk verbessern. Bei schweren Tonböden helfen Pflanzkörbe, in die als unterste Lage eine Kiesschicht eingelegt wird. Das erleichtert den Wasserabfluss und verhindert, dass die Zwiebeln faulen. Zusätzlich mischt man der Erde reichlich Sand bei und umgibt den Pflanzkorb zusätzlich mit einer Sandschicht. Üblicherweise werden Tulpenzwiebeln in eine Tiefe von 15 Zentimetern gelegt. In extrem leichten, sandigen Böden ist es besser, tiefer zu pflanzen, besonders bei höheren Sorten.

## Der Selbermacher-Tipp

**Verwilderte Gartentulpen** verlieren nicht nur ihre spezielle Färbung, sie vermehren sich auch stark durch Teilung und Brutzwiebeln. Dadurch stehen sie zu dicht und behindern einander in Wachstum und Blüte. Außerdem werden sie anfälliger für Krankheiten wie das so genannte Tulpenfeuer.

Kaum etwas bringt die Vielfalt der Natur so gut zum Ausdruck wie blühende Pflanzen. Und mit kaum etwas lässt sich im Garten so flexibel und abwechslungsreich gestalten wie mit Blühpflanzen.

Tulpen lieben Sonne. Will man die bunte Pracht auch an schattigeren Plätzen kultivieren, so sollte man spezielle Sorten auswählen, die auch Halbschatten vertragen, wie die Tulipa sylvestris.

Um langfristig Freude an Gartentulpen zu haben, sind einige Pflegemaßnahmen notwendig. So müssen Tulpenzwiebeln im Sommer aus der Erde genommen werden. Um später die einzelnen Sorten wieder unterscheiden zu können, ist es dabei hilfreich, nach Farben und Sorten zu ordnen und die Zwiebeln entsprechend zu kennzeichnen. Bis die Zwiebel ausgereift ist, lässt man die Blätter noch dran. Wenn sie vollständig vertrocknet sind, schneidet man sie ab. Dann trennt man die Zwiebel von Erde, lockeren Schalen, verdorrten Wurzeln und kleinen Brutzwiebeln. Die so gereinigten Zwiebeln lagert man an einem kühlen und trockenen Ort. Im Herbst können sie dann wieder in den Garten gesetzt werden. Wichtig dabei ist, sie an einer anderen Stelle als im Jahr zuvor einzusetzen.

Die abgetrennten kleinen Brutzwiebeln kommen nach der Lagerung in ein Spezialbeet zur weiteren Kultivierung. Die Erde dieses Beetes sollte nährstoffreich und gut durchlässig sein. Die größeren Brutzwiebeln sind schon nach einem Jahr blühfähig, die kleineren brauchen länger.

Wenn man geschickt verschiedene Sorten kombiniert, kann man monatelang Freude an Tulpen haben. Von den kleineren, bereits im März blühenden botanischen Tulpen über die im April blühenden Papageientulpen bis hin zu den langstieligen, lilienblütigen Tulpen, die erst Ende Mai ihre Blütenpracht entfalten, bringen sie farbige Abwechslung in den Garten.

## Kaiserkronen

Die Kaiserkrone (Fritillaria imperialis) ist die größte Frühlingszwiebel. Diese wunderschöne Pflanze, die ihrem majestätischen Namen alle Ehre macht, kann jahrelang am selben Platz bleiben, sie wird immer wieder reichlich blühen. Voraussetzung ist lediglich ein nicht zu schattiger Standort und nicht zu saure Böden. Ist der Untergrund zu sauer, muss man ihn daher mit Düngekalk anreichern. Da Kaiserkronen bis zu einem Meter hoch werden, benötigen sie einen windgeschützten Platz. Besonders reizvolle Kombinationen ergeben ihre prächtigen gelben und orangefarbenen Blüten mit spät blühenden Tulpen.

Kaiserkronen sind bekannt dafür, dass ihr Geruch nicht jedermanns Sache ist. Bei den unter der Erde gelegenen Teilen kann man auch von „stinken“ sprechen. Deshalb sind Kaiserkronen eine ideale biologische Abwehr gegen Wühlmäuse. Die langen oberirdischen Stängel hingegen sind recht empfindlich und benötigen ihrerseits Schutzmaßnahmen. Sie halten Katzenkämpfen oder spielenden Hunden nicht Stand. Hat man

### Der Selbermacher-Tipp

Die Zwiebeln von Kaiserkronen leicht schief zu setzen, gibt den hoch wachsenden Pflanzen **mehr Standfestigkeit.**

*Hyazinthen kann man im Winter in kühlen Räumen zum Blühen bringen.*

eigene Haustiere oder queren nachts fremde Tiere den Garten, so ist es hilfreich, Kaiserkronen durch Zweige oder Ähnliches zu schützen, wenn man in den Genuss der prächtigen Blüten kommen und nicht nur abgeknickte Stängel vorfinden will.

### Hyazinthen

Der betörende Duft von Hyazinthen und ihre herrlichen Farben versetzen den Garten im Frühling in Feststimmung. Hyazinthen benötigen kalkigen, gut durchlässigen Boden und einen warmen Platz an der Sonne. Am wohlsten fühlen sie sich nahe der Hausmauer oder an anderen geschützten Stellen.

Gepflanzt wird im Herbst, üblicherweise in ca. 15 Zentimeter Tiefe. In sandigen Böden geht man etwas tiefer, in schweren Böden etwas weniger weit. Klein blühende Hyazinthensorten wie Traubenhyazinthen stellen keine besonderen Ansprüche an den Boden. Sie brauchen im Sommer auch nicht ausgegraben zu werden, sondern können verwildern. Groß blühende Sorten hingegen müssen nach dem Abtrocknen der Blätter aus der Erde genommen und bis zum Herbst kühl und trocken gelagert werden.

Hyazinthen eignen sich sehr gut auch als Schnittblumen. Des starken Geruchs wegen sollte man sie allerdings nicht in Sträuße binden, die in Kranken-, Kinder- oder Schlafzimmern aufgestellt werden. Sehr beliebt ist auch, Hyazinthen im Winter zum Blühen zu bringen und als dekorativen Zimmerschmuck zu verwenden. Im Handel gibt es speziell dafür präparierte Zwiebeln, mit Zwiebeln aus dem eigenen Garten gelingt es nicht immer.

Um beispielsweise zu Weihnachten blühende Hyazinthen verschenken zu können, beginnt man Anfang Oktober, denn bis zur Blüte dauert es mehr als zwei Monate. Die Zwiebeln werden in Töpfe mit Erde gesetzt, die Spitze des Triebes sollte herausschauen. Wichtig für die Zwiebeln ist guter Erdkontakt. Die Töpfe stellt man kühl und dunkel, zum Beispiel in einen kalten Keller oder in einen Kühlschrank, der auf ca. 9 °C eingestellt ist. In hellen Kellern sorgt man mit einer Abdeckung aus Pappe oder Papier für Lichtschutz. Wenn die Triebe handbreit hoch sind, können die Hyazinthen wärmer gestellt werden (12–15 °C). Wenn die Blütenknospe vollständig sichtbar und aus der Zwiebel herausgewachsen ist, entfernt man die Lichtabdeckung. Aber Achtung: Die zarten Blüten vertragen keine grelle Sonne!

Besonders attraktiv sehen Hyazinthen aus, wenn sie in Gläsern zum Blühen gebracht werden. Dafür verwendet man mit kalkfreiem Wasser gefüllte Spezialgefäße, so genannte Hyazinthengläser. Die obenaufgesetzte Zwiebel darf nicht ins Wasser reichen. Das Glas stellt man bei 9 °C dunkel und kühl. Sobald der Trieb ca. acht Zentimeter Höhe erreicht hat, kann man die Pflanze wärmer stellen. Die Lichtabdeckung darf erst weggenommen werden, wenn die Blüte ausgebildet ist.

## DIE STARS UNTER DEN SOMMER- UND HERBSTBLÜHERN: LILIEN, GLADIOLEN UND DAHLIEN

Es gibt eine ganze Reihe Knollen- und Zwiebelpflanzen, die im Frühjahr gesetzt werden und bereits im selben Jahr blühen. Fast alle dieser Sorten sind frostempfindlich, man muss daher abwarten, bis auch die späten Fröste vorüber sind, bevor diese Sommer- und Herbstblüher eingesetzt werden. Lilien, Dahlien und Gladiolen zählen zu den bekanntesten und prächtigsten Vertreterinnen dieser Blumenarten.

### Lilien

Lilien gibt es in mehr als hundert verschiedenen Arten. Sie blühen im Hochsommer und einige Sorten verströmen einen betörenden Duft.

Was Standort und Pflege betrifft, können Lilien ein wenig heikel sein. Sie benötigen einen sonnigen bis halbschattigen Standort und durchlässigen Boden, der darüber hinaus besonders nährstoffreich sein sollte. Vor dem Einpflanzen muss man spatentief umgraben und den Boden zusätzlich mit Kompost oder Lauberde lockern. Hat man schweren, verdichteten Boden, so hilft es, Sand oder anderes Lockerungsmaterial einzuarbeiten. Dazu füllt man das Pflanzloch mit reichlich Sand, in den die Zwiebel vollständig eingebettet wird. Nur so kann verhindert werden, dass sie durch stauende Nässe zu faulen beginnt.

Einfacher ist das Kultivieren von Lilien in Pflanzkübeln und Terrassentrögen, da die passende Zusammenstellung des Substrates je nach Pflanze variieren kann. Das ist einer der Gründe, warum viele Gärtner Lilien auch dann in Trögen ziehen, wenn reichlich Gartenboden zur Verfügung steht. Blumentöpfe mit den prächtigen, hoch wachsenden Pflanzen machen sich wunderbar in hinteren Reihen eines Blumenbeetes oder, noch besser, in lichten Gehölzen. Nur im Winter muss man für Frostschutz sorgen, damit die Wurzeln in den Pflanzgefäßen nicht erfrieren.

Lilien tolerieren halbschattige Lagen. Insbesondere der „Fuß" der Pflanze mag es schattig. Die Blüte hingegen verlangt nach Sonne. Zwischen niedrigen Koniferen und anderen Kleingehölzen setzen Lilien attraktive Akzente. Sie können viele Jahre am selben Standort bleiben und müssen nicht im Haus überwintern.

Lilien lassen sich sehr gut vermehren. Eine einfache und schnelle Vermehrungsart ist das Zerschneiden der Zwiebeln. Dazu wird eine gut ausgebildete Zwiebel von oben nach unten entzweigeschnitten. Die beiden Zwiebelhälften müssen anschließend desinfiziert werden. Dafür kann man Holzkohlenstaub verwenden (zum Beispiel von Grillkohle), in den man die Schnittflächen taucht. Nachdem die Schnittflächen angetrocknet sind, setzt man die beiden Zwiebelteile in den Boden ein – und hat damit aus einer Lilie zwei gemacht.

Eine andere Vermehrungsmethode besteht in der Nutzung der Brutzwiebeln. Denn wie viele andere Zwiebelpflanzen erzeugt auch die Lilie solche kleinen Zwiebelneubildungen. Einige Lilienarten bilden sie nicht unterirdisch, sondern in den Blattachseln des oberirdischen Triebes. Das ist sehr praktisch, lassen sich die kleinen Zwiebelchen doch leicht von der blühenden Pflanze abpflücken.

Mit diesen oberirdischen Brutzwiebeln können Lilien auch „wandern“. Nach der Blüte trocknet der Stängel ab, die Blume fällt um und die Brutzwiebeln finden am Boden einen neuen Standort. Mit dieser Methode sorgt die Natur dafür, dass bestimmte Pflanzen nicht nur durch Samen ihren Lebensraum erweitern können und nicht immer am selben Platz „festgewachsen“ sind.

Weniger heikel als andere Lilien und pflegeleichter sind Taglilien. Es gibt sie in den verschiedensten Farben. Ihre prächtigen Blüten öffnen sich meist nur für einen Tag, es bilden sich jedoch ständig neue aus. Wenn Taglilien einmal angewachsen sind, sind sie sehr problemlose Gartenbewohner. Allenfalls gilt es, ihre Ausbreitungsfreude einzudämmen. Denn sie bilden schnell Horste, die ganze Rabatten überwuchern können. Taglilien vertragen auch schattige Lagen. In diesem Fall werden sie jedoch sehr hoch und tragen weniger Blüten. Taglilien kann man durch Teilung des Wurzelstocks im Herbst oder Frühjahr recht einfach vermehren.

### Gladiolen

Gladiolen lieben es sonnig und verlangen einen schwach sauren, gut durchlässigen Boden. Schattige und nasse Standorte hingegen sind diesen prachtvollen Sommerblühern, deren Heimat Südafrika ist, äußerst unangenehm.

Ab Ende April kann man die Knollen in gut gelockerten Boden legen. Da große Gladiolen 15 bis 20 Zentimeter tief in die Erde kommen, machen ihnen auch Aprilfröste nichts aus. Schwere, nasse Böden muss man gut umstechen und mit Kompost oder Lauberde lockern. Zu leichte sandige und kalkige Böden werden mit Kompost aufgebessert. Gladiolen darf man nicht jedes Jahr ins selbe Beet legen, denn sie scheiden Wirkstoffe aus, die in der folgenden Saison die Entwicklung der eigenen Pflanzenart behindern.

Bevor die Knollen eingesetzt werden, sollte man sie einige Tage an die frische Luft gewöhnen. Das empfiehlt sich besonders dann, wenn sie den Winter in einem dumpfen Keller verbracht haben. Zu diesem Zeitpunkt ist auch eine gute Gelegenheit, die Knollen genau zu inspizieren. Dazu wird die äußere, braune Schale, die Schäden verdecken kann, abgerieben. Angefaulte Stellen kann man vorsichtig ausschneiden und anschließend abtrocknen lassen. Erst danach kommen die Knollen in die Erde.

Große Gladiolen pflanzt man ca. 15 bis 20, kleine nur fünf bis zehn Zentimeter tief. Besonders attraktiv wirken Gladiolen, wenn sie zwischen hohen Ziergräsern ste-

### Der Selbermacher-Tipp

Gladiolen sind **windempfindlich** und **knicken leicht.** Wenn man in einem größeren Gladiolenbeet verhindern will, dass die Blumen kreuz und quer wachsen oder umfallen, hilft es, sie etwas tiefer zu pflanzen. Zusätzlich kann man über das frisch bepflanzte Beet ein Gitter spannen, das die Pflanzen stützt. Dafür eignen sich grobmaschige Kaninchengitter, die der Handel preiswert anbietet. Auch Wildgitter können verwendet werden. In Abständen von eineinhalb Metern schlägt man seitlich des Beetes Stützpfähle mit ca. 50 Zentimeter Höhe ein. Auf diese Pfähle wird das Gitter gespannt. Die Pflanzen können hindurchwachsen und sind so gegen Windbruch geschützt.

hen. Solche Gräser harmonieren mit den langstieligen Blumen und geben ihnen zusätzlichen Halt. In Reih und Glied nebeneinander gesetzt kommen Gladiolen hingegen nicht so gut zur Geltung.

Nach der Blüte werden die Rispen abgeschnitten. Die Knollen mit den verbleibenden Blättern lässt man zunächst noch in der Erde, damit die Pflanze einziehen kann. Im Herbst nimmt man die Gladiolen dann aus der Erde und schneidet die vertrockneten Blätter ab. Solange noch keine Fröste zu erwarten sind, können die Knollen weiter an einem trockenen Ort im Garten ausreifen. Bevor sie über den Winter in den Keller kommen, werden sie wieder sorgfältig gereinigt und angefaulte Stellen weggeschnitten.

**Dahlien**

Wenn die Blumenpracht des Sommers schon vorbei ist, dann tauchen Dahlien den Herbstgarten in ein prächtiges Feuerwerk an Farben. Und was immer Ihre ganz persönlichen Lieblingsfarben sind: Bei Dahlien werden Sie sicher fündig, denn diese wunderschönen Blumen gibt es in mehreren hundert verschiedenen Arten mit unterschiedlichsten Farben.

Gesetzt werden Dahlien im Frühling, allerdings erst nach den Eisheiligen. Zwei Möglichkeiten stehen dabei zur Wahl: gekaufte Pflanzen oder überwinterte Knollen aus dem eigenen Garten. Ein Tipp: Wer in Containern gekaufte Dahlien einkürzt, wird einen buschigeren Wuchs erreichen. Dazu knipst man die Triebspitze ab, sobald zwei Blattpaare ordentlich ausgereift sind. Will man besonders große Dahlienblüten erzielen, muss man später die Nebenknospen der Blüten regelmäßig entfernen.

Damit Dahlien gut gedeihen, muss der Boden gut umgegraben und unkrautfrei sein. Was den Standort betrifft, so mögen Dahlien es bevorzugt sonnig. Ein wenig Halbschatten darf dabei sein; dann ist jedoch mitzubedenken, dass die Blumen an solchen Standplätzen höher wachsen, da sie nach der Sonne streben. Einige Arten sind sehr wuchsfreudig. Deshalb müssen bei der Standortfrage auch die Windverhältnisse und andere mögliche Störfaktoren einbezogen werden. Je höher Dahlien werden, desto leichter können sie von Wind und Wetter – und Tieren – beschädigt werden.

Deshalb ist ein halbwegs windgeschützter Platz zwischen niedrigen Gehölzen oder am Gartenzaun und im Windschatten der Hausmauer das Beste für die prachtvollen

Herbstblüher. Wenig geeignet sind hingegen Plätze unter großen Bäumen. Bäume rauben den sonnenhungrigen Blumen neben dem Licht auch Nährstoffe. Und die brauchen Dahlien in großer Menge. Daher ist es auch wichtig, sie regelmäßig zu düngen. Doch Achtung: Wer langfristig Freude an Dahlien haben und sie über Jahre immer wieder neu einpflanzen will, darf während der Wachstumsphase nicht mit Stickstoff düngen. Sonst schießt die Pflanze zwar in die Höhe und bildet auch reichlich Blattwerk. Doch Substanz und Lagerfähigkeit der Knollen leiden erheblich.

Dahlien stammen aus Mexiko, sind an warmes Klima angepasst und daher extrem frostempfindlich. Mit der ersten kalten Nacht im Spätherbst ist ihre Blütenpracht zu Ende. Dann schneidet man die Stängel und Blätter bis auf fünf Zentimeter über der Erde ab. Die Knollen sollten noch in der Erde bleiben, um ausreifen zu können. Erst kurz vor den schweren Frösten gräbt man sie aus und streift die an den Knollen haftende Erde vorsichtig ab. Anschließend lässt man die Knollen frostfrei, aber luftig abtrocknen. Mit Blick auf die nächste Gartensaison ist es dabei hilfreich, zu kennzeichnen, in welchen Farben sie blühen.

Überwintern lassen sich Dahlien am besten in Schachteln oder Kisten, mit Sand abgedeckt, in einem dunklen Raum, idealerweise bei ca. 5 bis 8 °C. In jedem Fall muss der Raum frostfrei sein.

# Kleines ABC der beliebtesten Sommer- und Herbstblüher

- **Aaronstab** (Arum) *Standort:* sonnig bis halbschattig; *Pflanztiefe:* ca. 8–9 Zentimeter. *Pflanzzeit:* Herbst. Werden ca. 50 Zentimeter hoch. Können verwildern.
- **Anemonen** *Standort:* sonnig bis halbschattig; *Pflanztiefe:* je nach Sorte 5–25 Zentimeter. *Pflanzzeit:* Frühjahr; Knollen vor dem Einpflanzen einen Tag ins Wasser legen. Können im Winter im Boden bleiben.
- **Begonien** *Standort:* sonnig bis schattig; *Pflanztiefe:* ca. 5–10 Zentimeter; *Pflanzzeit:* Frühjahr; *Wuchshöhe:* 15–30 Zentimeter. Müssen im Innenbereich überwintert werden. Begonien sind sehr beliebte Balkonpflanzen. Großblumige Knollenbegonien stützt man mit einem kleinen Stab, da die Blüten recht schwer werden und abbrechen können, vor allem an windigen Standorten.
- **Canna** *Standort:* sonnig; *Pflanztiefe:* 10 Zentimeter. *Pflanzzeit:* Frühling. Werden je nach Art 50–140 Zentimeter hoch. Müssen im Innenbereich überwintert werden. Dafür lässt man die Erde an der Knolle und lagert die Klumpen bei etwa 10 °C in einem feuchten Raum (Keller). Die Blumen können ab Februar vorgetrieben werden, dürfen aber erst nach den Spätfrösten im Mai ausgepflanzt werden.
- **Freesien** *Standort:* sonnig bis halbschattig; *Pflanztiefe:* 5 Zentimeter. *Pflanzzeit:* Frühling. Werden 15–40 Zentimeter hoch. Müssen im Innenbereich bei Zimmertemperatur überwintert werden.
- **Hyazinthen** *Standort:* für Perl-, Trauben-, Schopf- und Waldhyazinthen (Muscari, Scila campanulata): sonnig bis halbschattig. Traubenhyazinthen gedeihen auch in vollem Schatten. *Pflanztiefe:* je nach Sorte 5–10 Zentimeter. *Pflanzzeit:* Herbst. Werden 15–20 Zentimeter hoch. Kleinwüchsige Hyazinthenarten kann man verwildern lassen.
- **Iris** *Standort:* sonnig bis halbschattig; *Pflanztiefe:* 10 Zentimeter. *Pflanzzeit:* unterschiedlich, für alle Sorten im Herbst möglich, für einige im Frühjahr, genauere Angaben findet man beim Kauf auf der Produktinformation. Werden ca. 10 Zentimeter hoch. Kann man verwildern lassen.
- **Lauch** (Allium) *Standort:* sonnig, toleriert auch Halbschatten bis lichten Schatten; *Pflanztiefe:* zwischen 5 und 15 Zentimeter, abhängig von der Größe der Knolle und der zu erwartenden Höhe der Pflanze. *Pflanzzeit:* Frühjahr. Werden je nach Art von 20 Zentimeter bis zu einem Meter (Riesenlauch) hoch. Benötigen fallweise Winterschutz. Kann man verwildern lassen.
- **Milchsterne** (Ornithogalum) *Standort:* sonnig; *Pflanztiefe:* 10 Zentimeter. *Pflanzzeit:* unterschiedlich, genauere Angaben findet man beim Kauf auf der Produktinformation. Werden je nach Art 20–40 Zentimeter hoch. Die kleinen Sorten kann man verwildern lassen. Ornithogalum thyrsoides wird im Frühjahr gepflanzt und muss über den Winter ins Haus genommen werden.

- **Montbretien** *Standort:* sonnig; *Pflanztiefe:* 6–8 Zentimeter. *Pflanzzeit:* Frühling, Knollen sollten vorher einige Stunden in Wasser liegen. Werden 25–60 Zentimeter hoch. Entweder – zum Beispiel mit Laub – für ausreichenden Winterschutz sorgen oder im Innenbereich überwintern und im Mai einpflanzen.
- **Ranunkeln** (Ranunculus) *Standort:* sonnig bis halbschattig; *Pflanztiefe:* 4 Zentimeter. *Pflanzzeit:* unterschiedlich, manchmal sowohl im Herbst als auch im Frühjahr möglich; genauere Angaben findet man beim Kauf auf der Produktinformation. Vor dem Pflanzen einen Tag lang wässern. Werden 50–60 Zentimeter hoch. Die meisten Ranunkelsorten werden im Innenbereich überwintert.
- **Schachbrettblumen** (Fritillaria meleagris) *Standort:* sonnig bis schattig; *Pflanztiefe:* 15 Zentimeter. Pflanzzeit: Herbst. Werden 20–25 Zentimeter hoch. Kann man verwildern lassen.

# Mehrjährige Blütenpracht: das Staudenbeet

Vor allem in England, begünstigt durch das milde Klima des Golfstroms und reichliche Niederschläge, sind Staudenbeete sehr beliebt. Stauden sind mehrjährig und blühen meist von Juni bis September. Durch entsprechend geschickte Mischung kann man die Blütezeit sehr lang halten und harmonisch aufeinander abgestimmte Farbzusammenstellungen wählen.

Reine Staudenbeete werden nicht mit Sommerblumen oder wintergrünen Pflanzen gemischt. Im Spätherbst trocknen die oberirdischen Teile der Pflanze ein, während der unterirdische Teil überwintert. Stauden kann man mehrere Jahre am selben Standort lassen. Nach etwa vier Jahren empfiehlt es sich, sie durch Teilung zu verjüngen und umzusetzen.

Ein frei angelegtes Staudenbeet sollte mindestens 6 Meter lang und 1,8 Meter breit sein, damit es voll zur Wirkung kommt. In einem kleinen Garten kann man schmale Staudenbeete entlang von Wegen anlegen. Das hat den Vorteil, dass sie sich gut von beiden Seiten bearbeiten lassen. Sehr eindrucksvoll wirken Stauden auch entlang von Treppen in Hanggärten. In jedem Fall sollte bei der Gestaltung eines Staudenbeets bedacht werden,

## Der Selbermacher-Tipp

Ein Vorteil von **reinen Staudenrabatten** ist, dass man im Bepflanzungsplan genau notieren kann, was wo wächst. So verhindert man, was in Mischbeeten schon mal passieren kann: dass beim Jäten kleine keimende Sommerpflänzchen ausgerupft oder Zwiebeln und Knollen von Frühjahrsblühern zerhackt werden.

dass kantige Übergänge vom Beet zum Weg oder zur Wiese nicht zu Stauden passen. Einen weichen Linienverlauf erreicht man beispielsweise durch Polsterstauden oder geschwungene Beetformen.

Stauden pflanzt man in Gruppen, meist in ungerader Anzahl. Hoch wachsende Stauden wie der majestätische Rittersporn benötigen Stützen und müssen hochgebunden werden. Stauden wollen in einen gut umgegrabenen und unkrautfreien Boden gepflanzt werden. In den gut bearbeiteten Boden kommt reichlich Kompost, um die Erde locker und durchlässig zu machen. Dann lässt man das Beet einige Wochen ruhen, damit sich der Boden setzen kann. Bevor mit dem Einpflanzen begonnen wird, kann man zusätzlich Dünger in die Erde einarbeiten.

Die beste Pflanzzeit ist nach der jeweiligen Blüte. Wer sich im Jahr nach der Neupflanzung bereits ein Staudenbeet wie in einem englischen Schlosspark erwartet, muss sich allerdings in Geduld üben: Stauden benötigen etwa zwei, drei Jahre, bis sie ihre volle Pracht entfalten. Das ist einer der Gründe, warum es so beliebt ist, Stauden mit Sträuchern, Koniferen und Sommerblumen zu mischen.

## STAUDENBEETE RICHTIG PFLEGEN

Das A und O der Staudenpflege heißt jäten: Damit Stauden ihre Pracht richtig entfalten können, gilt es, lästige Unkräuter von ihnen fernzuhalten. Außerdem entfernt man während des Sommers verwelkte Blüten, um die Blühfreudigkeit zu fördern. Denn Pflanzen blühen ja, um Samen zu bilden und damit ihre Art zu erhalten. Unterbricht man den Kreislauf der Natur, indem man die verblühten Teile vor der Samenbildung abschneidet, so reagiert die Pflanze mit weiteren Blüten, um doch noch Samen bilden zu können. Manche Stauden, beispielsweise Türkenmohn, Lupinen und Rittersporn, können zurückgeschnitten werden und blühen ein zweites Mal, wenn der Herbst sonnig und warm ist.

*Regelmäßige Pflege ist wichtig, damit Stauden gut gedeihen.*

Gartennelken und Chrysanthemen müssen regelmäßig „entspitzt" werden: Man bricht oder schneidet die Spitze des Haupttriebes ab. Nach kurzer Zeit entwickeln sich in den Blattachseln neue Triebe. So erreicht man beispielsweise bei Gartennelken einen buschigeren Wuchs und große Blühfreudigkeit. Wichtig ist jedoch, nicht zu früh damit zu beginnen, da sich an der Pflanze sofort neue Seitentriebe bilden, die sehr kälteempfindlich sind. Der beste Zeitpunkt ist, wenn bereits reichlich Blattwerk vorhanden ist.

Chrysanthemen sollte man erst im Frühsommer entspitzen. Wenn man ihnen danach auch noch regelmäßig die Seitentriebe bis auf sechs bis acht entfernt und zusätzlich darauf achtet, dass pro Haupttrieb nur eine Blüte entsteht, bilden die Stauden besonders große Blüten aus.

Im Herbst werden die meisten Stauden bis zum Boden zurückgeschnitten. Empfindliche Pflanzen bekommen eventuell Reisig oder Stroh als Frostschutz. Ältere Stauden können während der winterlichen Ruhephase umgesetzt werden.

# Bunte Frühlingssträucher: Rhododendren und Azaleen

Ihr Garten ist für Blumenbeete eigentlich zu klein und der Boden eher sauer? Bunte Blütenpracht ist wunderschön, aber in Ihrem schattigen Garten wollen Blumen nicht so recht blühen? Solche Gärten sind wie geschaffen für Rhododendren und Azaleen! Die lieben es nicht zu sonnig und bedanken sich für sauren Boden, indem sie im Frühling besonders üppig blühen.

Nicht zuletzt in klein gehaltenen Stadtgärten sind Rhododendren wahre Zauberer. Besonders gut machen sie sich in Kombination mit strengeren Elementen. Ensembles mit kleinen Buchsbaum- oder Eibenhecken, Buchsbaumkugeln und Eibenzylinder, dazu Steintreppchen, Steinskulpturen oder Vasen warten nur darauf, mit Rhododendren und Azaleen ergänzt zu werden.

Hat man das Glück, einen großen Garten zu besitzen, so kann man ein geschütztes, halbschattiges Plätzchen zum Rhododendrengarten machen. Ideal sind Standorte, die ähnlich einer Waldlichtung gestaltet sind, also helle Plätze unter Gruppen von hohen Bäumen. Als Hintergrundbepflanzung eignen sich Koniferen besonders gut. Ihr dunkles, ruhiges Grün bringt im Frühjahr die leuchtenden Blüten von Rhododendren und Azaleen so richtig zur Geltung. Außerdem schützen sie vor kaltem Wind, starkem Frost und dem gefürchteten Sonnenbrand, den die immergrünen Blätter sogar im Winter bekommen können.

Der Handel bietet Rhododendren und Azaleen in den verschiedensten Farben an, sodass für jeden Geschmack etwas dabei ist. Von Weiß bis Blau und von Rosa über

## Der Selbermacher-Tipp

Manche Azaleen und Rhododendren werden mit den Jahren immer unansehnlicher. Sie blühen zwar noch im Frühjahr, sind aber die restliche Zeit kein schöner Anblick. Die Blätter werden gelb und immer spärlicher, die Büsche sind vor allem in den unteren Regionen kahl und die verbliebenen Blätter hängen traurig herunter. Vielleicht ragt sogar nur noch ein einzelner tapferer Trieb in die Höhe, der auch nicht gerade sehr üppig blüht.

Und das alles, obwohl Sie fleißig gegossen, gedüngt und den Boden gelockert haben! Die Lösung des Rätsels lautet meistens ganz einfach: **zu viel Kalk!** Durch das Grundwasser von unten oder von den Seiten kann kalkiges Wasser eindringen. Zusätzlichen Kalk kann Leitungswasser bringen, mit dem gegossen wird.

Als Gegenmaßnahme arbeitet man rings um das Beet reichlich Rindenmulch ein. In hartnäckigen Fällen kann man mit in das Erdreich eingelegten Folien abdichten. Wer Azaleen und Rhododendren in einem Moorbeet besonders gut pflegen will, wird aus diesem Grund auch nur mit Regenwasser gießen, um den Pflanzen kalkhaltiges Leitungswasser zu ersparen.

*Die Blütenpracht von Rhododendren und Azaleen verwandelt den Garten in ein Farbenmeer.*

Purpurrot und Lila zu Orange reicht die Farbpalette dieser Frühlingsblüher. Farblich aufeinander abgestimmte Rhododendren- und Azaleenbeete sehen wunderschön aus! Ein Bepflanzungsplan, der auf die unterschiedlichen Farbtöne Rücksicht nimmt, kann dabei sehr hilfreich sein.

Auch in Sachen Blütenformen und Laub kann man aus unterschiedlichen Varianten wählen. Es gibt holländische Rhododendrensorten mit großen und japanische Azaleen mit kleinen Blüten. Einige Rhododendren und Azaleen haben immergrüne Blätter, andere werfen die Blätter im Winter ab und wieder andere verfärben ihr Laub im Herbst.

Was die Pflege betrifft, so sind Azaleen und Rhododendren nicht besonders anspruchsvoll. Sie sind kaum krankheitsanfällig und können viele Jahre am selben Standort bleiben. Sie müssen nicht regelmäßig geschnitten werden. Man darf sie nur nicht zu tief setzen, da sie sonst unter Sauerstoffmangel leiden. Wenn die Pflanzen verblüht sind, schneidet man die Blütenstände weg oder bricht sie aus, um für die nachwachsenden Knospen bessere Bedingungen zum Durchtreiben zu schaffen. Dabei heißt es gut aufpassen, dass nicht versehentlich mit den alten Blütenständen auch neue Knospen entfernt werden.

Frisch gekaufte Rhododendren und Azaleen stellt man vor dem Einpflanzen mit dem Ballen eine gute Stunde in Wasser. Wenn sie eingepflanzt sind, kommt eine Mulchschicht aus Rindenschnitzeln auf das Beet. Das verhindert nicht nur das Aufkommen von Unkraut, es hilft auch bei der „Bodengare“. Sie verschafft den Pflanzen krümelige Bodenstruktur, gleichbleibende Feuchtigkeit und leicht saure Bodenbedingungen.

## DER TRICK MIT DEM MOORBEET

Wer keinen sauren Gartenboden hat, muss nicht auf Rhododendren und Azaleen verzichten. Sie gedeihen auch sehr gut in Kübeln. Oder man legt ein so genanntes Moorbeet an. Dazu wird der Umriss des Beetes zunächst abgesteckt. Dann gräbt man die Erde zwei Spaten tief ab. Das ausgehobene Erdreich verwendet man an anderer Stelle im Garten oder gibt es auf den Kompost. In die ausgehobene Grube kommt zunächst eine Schicht aus Rindenabfällen, vermodertem Holz, Sägespänen oder altem Reisig. Das bildet einen Filter gegen Kalk und macht den Boden gut durchlässig.

Darauf legt man eine feste Folie, in die man zuvor kleine Wasserabzugslöcher bohrt. In dieses „Bett" kommt nun die Azaleen- oder Rhododendrenerde. Im Handel gibt es dieses Substrat auch als „Moorbeeterde". In solche Beete kann man Rhododendren und Azaleen auch dann einsetzen, wenn der eigene Boden kalkig und wenig humusreich ist.

## Über die Wirkungen von Farben

Farben sind die wahren Joker der Gartengestaltung. Wie ein Modeschöpfer die vorteilhaftesten Töne für seine Kreationen wählt, so kann man mit Farben Gärten beleben und aufwerten. Geschickt platzierte Blumenbeete ergeben zusammen mit als Hingucker gesetzten Farbtupfern und dem von Blättern und Rasenflächen gebildeten Hintergrund das „Kleid" Ihres Gartens. Das Schöne daran: Die bunte Farbenpracht verändert sich im Laufe der Jahreszeiten und der Gestaltungsprozess kann immer weiter fortgesetzt werden.

Je nach persönlichen Vorlieben lassen sich auf diese Weise unterschiedlichste Stimmungen in den Garten zaubern, von verträumt-romantisch über freundlich und ansprechend bis zu kräftigen, theatralischen Tönen. So erhält jeder Garten einen persönlichen Charakter. Und wer die Kunst, einen Garten in bunte Farben zu tauchen, richtig beherrscht, kann je nach Jahreszeit ganz unterschiedliche Effekte erzielen. Der Garten bleibt immer derselbe und wirkt doch ganz anders.

Als Anregung haben wir für Sie im Folgenden ein kleines „Farbleitsystem" zusammengestellt: Wie wirken welche Farben und wie lassen sie sich kombinieren? Welche Stimmungen kann man mit Blau erzeugen, welche mit Orange? Welche Farben machen sich gut im vollen Sonnenlicht, welche kommen an einem schattigen Plätzchen besonders zur Geltung?

### Der Selbermacher-Tipp

Für Berufstätige, die ihre Blumenpracht erst **in den Abendstunden** genießen können, empfehlen sich **Pastelltöne:** Während im Dämmerlicht die intensiven Blau- und Rotnuancen zunehmend verschwinden, beginnen Pastelltöne an Intensität zu gewinnen. In der „blauen Stunde" verzaubern rosa und helllila Blüten den Garten, denn sie reflektieren noch lange das schwindende Tageslicht. Um in Pastelltönen angelegten Beeten die notwendige Spannung zu verleihen, damit sie auch tagsüber im hellen Sonnenlicht gut zur Geltung kommen, pflanzt man einige im Ton passende kräftigere Rot- oder Rosatöne dazu. Ein paar weiße Blüten bringen zusätzliches Licht und Frische.

## Farben

Wenn man in der Kombination von Farben noch wenig Übung hat, ist es hilfreich, zunächst nur mit zwei Farben zu experimentieren. Dadurch ist die Auswahl an Pflanzen begrenzt und die Gefahr geringer, in eine Zusammenstellung zu investieren, die dann nicht wirklich gelungen ist. So kann man zum Beispiel für den Anfang in Rosa- und Weißtönen arbeiten und dabei wertvolle Erfahrungen sammeln, die sich auf andere Farbzusammenstellungen übertragen lassen.

Um sich die Wirkung der Farben besser vorstellen zu können, hilft es auch, kleine Farbskizzen anzufertigen, auf Papier oder mit dem Computer, je nach Wunsch.

*Rot wirkt im Garten am besten, wenn Pflanzen in verschiedenen Rottönen miteinander kombiniert werden.*

## ROT

Kräftiges Rot ist ein Sonnenpartner. Es wirkt am besten an hellen, sonnenbeschienenen Plätzen. Im Schatten – und auch in der Dämmerung – hingegen kommt es nicht recht zur Geltung. Optimal ist es, verschiedene Rottöne zu kombinieren. Nuancen von zartem Rosa bis Purpur verstärken sich gegenseitig vorteilhaft. Allein stehend kann die Farbe hingegen grell und aufdringlich wirken.
Ein besonderer Tipp, wenn Sie einen weitläufigen Garten optisch verkleinern wollen, ist dunkles Rot: Dunkelrote Sträucher und Stauden lassen den Garten kleiner aussehen. Sanfte Rosatöne wiederum sind Klassiker der Farbgestaltung mit Pflanzen, sie sollten in keinem Garten fehlen. Mit ihnen lassen sich sanfte und verträumt-romantische Stimmungen erzeugen.

- Sehr gut macht sich die Kombination von **Grün und Rot.** Das dunkle Grün kleinwüchsiger Koniferen beispielsweise wirkt neben kräftigem Rot angenehm beruhigend. Aber auch zarte Rot- und Rosanuancen profitieren von Grün.
- **Rot und Gelb** werden oft und gerne kombiniert, obwohl sie keine ganz einfache Zusammenstellung sind. Am besten sieht es aus, wenn viel Grün mit im Spiel ist.

Idealerweise verwendet man in unseren Breiten zarte Rosatöne oder Zitronengelb, das kommt den Stimmungen eines nicht durchgehend sonnigen Himmels entgegen.

- Will man **Rot mit Blau** kombinieren, empfiehlt es sich, einen hohen Anteil eher dezenter Rottöne zu wählen, dann kann das versöhnliche und romantische Blau die lebhaften und aggressiven Rottöne besänftigen.
- **Rot mit Weiß** wirkt sehr festlich, kann aber auch als pathetisch empfunden werden. Wenn man den feierlichen Eindruck verstärken möchte, kann man zusätzlich reichlich silbriges Blattwerk setzen. Will man hingegen den pathetischen Eindruck mildern, dann bringt hellgrünes Blattwerk Frische und Jugendlichkeit ins Beet.

## WEISS

Weiß lässt den Garten hell, edel und groß erscheinen. Es bringt leuchtende Farbpunkte auch in dunkle, schattige Gartenwinkel. Praktisch, dass einige weiß blühende Pflanzen mit wenig Licht auskommen und saure Böden tolerieren. Dazu gehören weiße Astilben, cremigweißer Geißbart, Fingerhut, Storchenschnabel, weiße Hosta (Funkie) und einige weiße Arten der Hortensie wie die Kletterhortensie.

Besonders in der Dämmerung, wenn andere Farben kaum noch wahrgenommen werden, kommt Weiß zur Geltung. In größeren Mengen allein gesetzt, kann es kühl wirken, vielleicht sogar als langweilig empfunden werden. Es ist jedoch ein wahrer Teamplayer und lässt sich sehr gut mit allen anderen Farben kombinieren.

- Mit Recht ist die Kombination von **Weiß und Rosa** sehr beliebt: Im Dämmerlicht leuchten beide Farben, sie lassen kleine Gärten geräumiger erscheinen. Die Auswahl an Pflanzen in diesen Farben ist groß und damit auch die Möglichkeit, verschiedene Nuancen ins Beet zu bringen. Vorteilhaft ist es, wenn die Farben gut durchmischt sind. Grundsätzlich benötigt man weniger Rosa als Weiß. Je kräftiger der Rosaton, desto mehr Unruhe kommt ins Beet; dann muss mit Grün und zusätzlichem Weiß ausgeglichen werden.
- **Weiß mit Blau** wirkt frisch und angenehm kühl. In Mittelmeerländern streicht man die Gartenmöbel oft blau, damit sie im Zusammenspiel mit Weiß, zum Beispiel einem weißen Tischtuch, einen kühlen, großzügigen Eindruck erzeugen.
- **Weiß und Gelb** bringen den Garten zum Leuchten. Ähnlich wie die Kombination von Weiß und Silber wirkt diese Zusammenstellung äußerst raffiniert. Grau- und silberblättrige Pflanzen verstärken diesen Eindruck. Das Beet wirkt zugleich ele-

gant und sonnig. Besonders gut kommt diese Farbkombination in der Dämmerung zur Geltung. Im Hochsommer wirken solche Beete und Pflanzschalen kühlend und erfrischend, besonders dann, wenn Weiß überwiegt und die Gelbtöne nicht zu kräftig sind.

- Die Kombination von **Weiß und Grau** (Silber) wurde vor allem durch die englische Schriftstellerin Vita Sackville-West bekannt. Sie legte in ihren Schlossgärten „Sissinghurst“ im Jahr 1950 einen Garten mit ausschließlich weiß blühenden Pflanzen an, der weltberühmt wurde. Über verschiedene Farbnuancen kann man diese Farbkombination bis zur Farbe Blau führen. Wichtig ist, miteinzuplanen, dass die meisten silber- und graufarbigen Pflanzen volle Sonne benötigen, um ihre Wirkung zu entfalten.
- Es gibt die verschiedensten **silberblättrigen** Sorten. Viele haben dank einer speziellen Haarschicht eine samtige Oberfläche. Einige besonders attraktive silberfarbene Büsche, zum Beispiel Eukalyptus, sind nicht winterhart und werden im Innenbereich überwintert. Wollziest, Gartennelke, Gazanie und Senecio hingegen können im Garten überwintern.

## GELB

Gelb bringt Sonnenschein noch in die schattigsten Winkel und wirkt auch auf unser Gemüt aufhellend: Ein Beet oder eine Pflanzschale, die nur mit gelb blühenden Pflanzen bestückt ist, macht uns optimistisch, das bestätigen Psychologen. Gelb ist auch die Farbe, die sich in den meisten Gärten als erste zeigt. Bereits im Winter blüht die Zaubernuss, Narzissen und Forsythien folgen zu Frühlingsbeginn.

Über die verschiedenen Arten von Sonnenblumen im Sommer bis zu den Chrysanthemen im Herbst: Auf Gelb muss man im Garten nie verzichten. Man kann es auch gut mit allen anderen Farben kombinieren. Es vertieft die Wirkung anderer Farben.

- **Gelb mit Rot und Orange** wirkt lebhaft, anregend, warm und sommerlich. Selbst an kühlen Abenden scheinen von solchen Beeten noch Reste der Mittagshitze aufzusteigen. Besonders gut geeignet dafür sind kräftige, ins Orange gehende Gelbtöne. Zartes Hellgelb hingegen strahlt Kühle aus.
- **Gelb und Grau** (Silber) vermittelt Eleganz. Diese Kombination ist allerdings nur in vollsonnigen Lagen möglich. In kleinen, schattigen Gärten, wo man die wenigen Sonnenplätze für das Kräuterbeet benötigt, lässt sich Gelb gut mit den silb-

rig-grauen Blättern von Salbei, Rosmarin, Thymian und Lavendel kombinieren.

- **Gelb und Blau** gehört zu den schönsten und wirkungsvollsten Farbzusammenstellungen. Viele blau blühende Pflanzen kommen erst in Kombination mit Gelb zur vollen Entfaltung. Mit dieser Mischung kann man auch in kleinen Gärten Tiefenwirkung erzeugen.

## BLAU

Blau darf in keinem Garten fehlen! Es ist romantisch, beruhigt, erzeugt Tiefe, neutralisiert und verbindet die einzelnen Farben. Blau löst im Grün des Gartens die Konturen auf und schafft so die wichtigen Übergänge von Pflanze zu Pflanze.

Blau blühende Pflanzen, die hoch im Staudenbeet stehen, wie Rittersporn, vermitteln zwischen den prächtig blühenden Stauden und dem ruhigen Hintergrund (etwa einer Hecke oder Hausmauer). Auch blau blühende Kletterpflanzen spielen eine besondere Rolle bei der Gartengestaltung: Sie verwischen die Linien in der senkrechten Achse. Blaue Blüten mit grünem Blattwerk bringen unschöne Mauern und Zäune zum Verschwinden, lassen Gartenbegrenzungen ins Unendliche abdriften und vergrößern kleine Gärten optisch.

Gerade in Kombination mit anderen Farben entwickeln blau blühende Kletterpflanzen einen besonderen Reiz. Zum Beispiel wirkt eine rosa Kletterrose neben einer blauen Klematis immer besonders reizvoll. Selbst winzig kleine Blüteninseln werden durch Blau romantischer und „vollständiger". Im Frühjahr wirkt zum Beispiel ein gelber oder weißer Krokus neben Veilchen oder Traubenhyazinthen doppelt so schön.

Die Auswahl an blauen Blumen ist sehr groß, sodass man für jeden Standort geeignete Pflanzen wählen kann. Glockenblumen beispielsweise sind in unseren Gärten dankbare Vertreter dieser sehnsuchtsvollen Farbe. Sie vertragen etwas Halbschatten und wollen nicht zu viel gedüngt werden. Manche Arten sind sogar spezialisiert auf magere Böden. Am liebsten haben sie sonnige bis halbschattige Plätze, die nicht zu trocken sind. Es gibt sie in den unterschiedlichsten Wuchshöhen und sie lassen sich sehr vielseitig kombinieren.

Was die Jahreszeiten betrifft, so liegt der Schwerpunkt blau blühender Pflanzen vor allem im Frühling und Sommer. Um diese edle Farbe auch im herbstlichen Garten einsetzen zu können, bieten sich Sorten an, deren Blautöne ein wenig ins Violette gehen. Manchmal blüht der Rittersporn ein zweites Mal. Auch der Eisenhut, der sogar im Schatten gedeiht, blüht noch im Spätsommer. Karpatenglöckchen haben ebenfalls eine lange Blühdauer. Auch Katzenminze, Astern und einige Salbeisorten helfen, das begehrte Blau im Spätsommer und Herbst in den Garten zu bringen.

Blau ist in so vielen Schattierungen zu haben – von Hellblau bis Violett –, dass auch Beete und Pflanzschalen, die nur mit blau blühenden Gewächsen bestückt sind, sehr reizvoll aussehen. Da Blau wie Grün und Violett zu den kühlen Farben gehört, kann man zu bunt geratene Beete mit Blaublühern gut „abkühlen" und beruhigen.

# Gartengestaltung mit Wegen, Zäunen und Zierobjekten

Wege sind das A und O der Gartenstrukturierung. Sie gliedern die Gartenfläche in verschiedene Zonen. Gleichzeitig akzentuieren sie die unterschiedlichen Bereiche. Sie sind gleichermaßen gestalterische Elemente wie notwendige Lebensader jedes Gartens. Ein kleiner Vorgarten profitiert von der Aufteilung in mehrere Flächen, die ihn größer wirken lässt. In einen weitläufigen Garten bringen Wege die nötige Struktur und verbinden zwischen Gemüse- und Blumengarten, Sitzecke und Gartenhäuschen.

Bei der Auswahl der Formen, Materialien und Oberflächen steht eine Vielzahl von Möglichkeiten zur Verfügung. Grundsätzlich gilt es zu entscheiden, ob die Wege optische Hauptakteure im Garten sein sollen oder eher dezent im Hintergrund wirken. In jedem Fall sollten sie zur Gesamtanlage des Gartens passen und auch zu ihrer jeweiligen direkten Umgebung. Ein heller Kiesweg beispielsweise setzt starke Akzente und kann mit streng gehaltenen immergrünen Pflanzen bereits ein kleines Gartenensemble bilden. In einer naturnahen Wiese wiederum folgt das Auge gern der Spur von Trittsteinen im tiefen Gras.

Einen Weg gibt es in jedem Garten: jenen, der direkt zum Haus führt. Er ist sozusagen die Hauptstraße des Gartens. Hier braucht es eine klare, direkte Verbindung, ohne Umwege. Das heißt natürlich nicht, dass Gartentor, Weg und Haustür in rechtem Winkel zueinander stehen müssen. Je nach Gartenanlage kann die passendste Lösung auch eine elegant geschwungene oder schräg verlaufende Wegführung sein.

*Optisch ansprechend gestaltete Wege strukturieren den Garten und wirken als Blickfang.*

Wichtig ist in jedem Fall eine gewisse Offenheit und Großzügigkeit. Niemand möchte auf einem Weg zum Haus gehen, der so schmal ist, dass man Angst hat, rechts und links anzustreifen. Dasselbe gilt für die Lichtverhältnisse. Geheimnisvolle Stimmungen zu erzeugen, ist ein wichtiges Element der Gartengestaltung. Doch zum Haus gelangt man lieber auf einem hellen, übersichtlichen Weg als durch einen überwucherten Bogengang.

Dafür darf seitlich des Weges einiges an gestalterischen Elementen aufgeboten werden. Denn Besucher blicken automatisch nach links und rechts, wenn sie durch eine Tür gehen. Deshalb ist der Eingangsbereich in den Garten ein wichtiger Gestaltungsraum. Kübelpflanzen können hier sehr effektvoll wirken, vor allem wenn es sich um außergewöhnliche Gewächse wie etwa Palmen handelt. Auch in Form geschnittene Pflanzen wie Margeriten- und Fuchsienbäumchen, Buchs- und Ligusterkugeln, Eibenpyramiden und Lorbeersträucher ziehen den Blick an.

**Der Selbermacher-Tipp**

Besonders ansprechend wirkt es, wenn Wege auf ein bewusst gesetztes **gestalterisches Element** zulaufen. Das kann je nach Charakter des Gartens beispielsweise ein Brunnen sein, ein Blumengestell oder auch ein bewachsener Stein.

# Das Schaufenster nach außen: Gartenzäune und Mauern

Zäune gibt es in enormer Vielfalt, was Material, Form, Farbe und Funktionalität betrifft. Anhand ihrer wichtigsten Grundeigenschaften lassen sie sich leicht in verschiedene Kategorien einteilen, vom klassischen Staketenzaun über Metallstäbe als Schutz vor neugierigen Wildtieren bis zum Sichtschutz gewährenden Weidengeflecht, um nur einige wenige zu nennen. Und nicht nur, wenn neben Sicht- auch Schallschutz gefragt ist, bieten sich Mauern an. Sie können zusätzlich auch Zier- und Sicherheitsfunktionen erfüllen. Auch Materialbeständigkeit und Pflegeleichtigkeit spielen eine

*Besonders gut wirkt es, wenn am Ende eines Weges ein „Ziel" sichtbar ist. Das kann ein Sitzplatz sein, eine Skulptur oder, wie hier, ein Brunnen.*

große Rolle bei der Wahl des passenden Zaunes. Je nach persönlichen Wünschen und Anforderungen lässt sich für den eigenen Wunschgarten das Richtige auswählen.

Egal für welche Variante man sich entscheidet, ist es hilfreich, die Gartenbegrenzung von vornherein als gestalterisches Element in die Gartenplanung miteinzubeziehen. Denn Zäune und Mauern repräsentieren nicht nur die physischen Grenzen des Grundbesitzes. Sie definieren auch das Schaufenster nach außen, in dem sich Garten und Gartenbesitz zeigen. Was und wie viel – oder wenig – sollen Außenstehende vom Garten zu sehen bekommen? Sollen Vorübergehende und Nachbarn Teil haben an der Blütenpracht eines wohl gepflegten Vorgartens? Oder ist Sichtschutz gefragt, für ruhige Stunden in einer verträumten Sitzecke oder am Pool?

Von der Gartenseite aus betrachtet, ist der Zaun das stärkste formgebende Element des Gartens. Seine Innenseite attraktiv zu gestalten, lohnt in jedem Fall. Farblich abgestimmte Bepflanzung kommt vor diesem Hintergrund besonders gut zur Geltung und zieht eine auch optisch ansprechende Grenzlinie. Und ein ungeliebter, aber vielleicht nicht so leicht zu ersetzender Zaun kann durch passende Begrünung zum attraktiven Blickfang werden.

Je nach Zaun oder Mauer bieten sich verschiedene Gestaltungsmöglichkeiten an. Bei niedrigen Varianten werden eher kleine Blühpflanzen der Grenze Ihres Grundstücks eine charmante, freundliche Ausstrahlung geben. Integrierte Rankelemente laden dazu ein, einen Zaun in die Bepflanzung miteinzubeziehen, indem man Klematis und Co. an ihm emporwachsen lässt. Alte Metallzäune mit ihrer Patina bieten einen wunderbaren Hintergrund für rankende und immergrüne Pflanzen. Vor glatten, höheren Fronten erfreuen in abgestufter Höhe angelegte, farblich harmonierende Beete das Auge.

Ganz besondere Gestaltungsmöglichkeiten bietet das Gartentor. Als zentraler Punkt der Verbindung von innen und außen ist es eine Visitenkarte für Haus und Garten. Das Tor betont die Eintrittssituation und lenkt den Blick auf den Weg zum Haus hin. Ob man einen romantischen Rosenbogen zur prachtvollen Eintrittspforte in den Garten macht oder das Tor als einzigen freien Bereich eines durchgehend bepflanzten Zaunes gestaltet, ist dabei ganz der persönlichen Phantasie überlassen.

*Eine üppig bepflanzte Mauer ist immer ein echter Hingucker.*

# Gärten richtig beleuchten

Geschickt platzierte Lichtakzente betonen die Schönheit des Gartens auch am Abend und in der Nacht. Von der funktionalen Beleuchtung an der Hauswand bis zur feierlichen, temporär installierten Beleuchtung für ein Sommerfest reicht die Palette. Zur Verfügung stehen unterschiedliche Techniken und Funktionskombinationen wie solarbetriebene Leuchten oder Bewegungsmelder mit Beleuchtungsautomatismus in vielfältigen Designvarianten. Wie bei der Inneneinrichtung ist es wichtig, darauf zu achten, dass die Beleuchtungskörper sich harmonisch in das Gesamtkonzept einfügen.

Doch Achtung, Lichtquellen wirken im Freien viel stärker als im Inneren des Hauses. Man wird schneller geblendet und was innen als gemäßigt hell empfunden wird, kann draußen sehr unangenehm sein. Es empfiehlt sich daher, mit mehreren kleinen Lichtquellen zu arbeiten und nur für die Grundbeleuchtung kräftigeres Licht zu installieren. Diese Grundbeleuchtung schaltet man aus, wenn eine gemütliche Atmosphäre erzeugt werden soll.

Darüber hinaus gilt es zu unterscheiden zwischen Lichtquellen, die einen Sitzplatz, Wege oder Stufen ausleuchten sollen, und rein dekorativem Licht. Die Lichtquelle beim Sitzplatz beispielsweise sollte so angebracht sein, dass der Lichtkegel den Bereich des Tisches gut ausleuchtet, das Leuchtmittel selbst aber so weit entfernt ist, dass nachtaktive Insekten nicht zur Plage werden.

Welche Beleuchtungskörper man wählt, ist eine Frage des persönlichen Geschmacks. Als Orientierungshilfe haben wir im Folgenden eine kleine Übersicht über die verschiedenen Möglichkeiten und ihre Besonderheiten zusammengestellt.

- **Wandlampen** sind die beste Wahl, wenn es darum geht, rund ums Haus eine allgemeine Beleuchtung zu installieren. Sie erhellen meist auch Hauseingang und Treppenstufen.
- **Stehleuchten** eignen sich gut dafür, beim Sitzplatz Tisch und Sitzgruppe auszuleuchten.
- Um längere Wege zu beleuchten, die vielleicht auch durch zusätzliche Treppen, kleine Brücken oder Stege verbunden sind, ist eine Wegbeleuchtung notwendig. **Wegleuchten** beleuchten nur den Weg und belassen den Rest des Gartens im Dunkeln. Man verwendet dafür Beleuchtungskörper, die den Lichtstrahl zum Boden senden, meist auch nur in Kniehöhe angebracht werden und sich harmonisch ins Gartenbild einfügen, damit sie tagsüber nicht auffallen. Sehr beliebt sind Wegleuchten, die mit Sonnenenergie arbeiten und nicht verkabelt werden müssen.
- **Dekorationsbeleuchtung** setzt effektvolle Akzente im Garten. Gedämpfte oder farbige (am besten grüne) Lichtstrahlen werden vom Boden auf besondere Gartenattraktionen gerichtet, beispielsweise eine Baumkrone, das Geäst eines schönen Zierstrauchs oder auch ein Biotop. Wenn man eine attraktive Pflanze vor einer Wand anleuchtet, dann macht es sich besonders gut, die Lampe so aufzustellen, dass auch die Schattenwirkung zur Geltung kommen kann.
- **Lichterketten** können an Wänden oder im Geäst von Bäumen angebracht werden. Selbst im Gestänge von Sonnenschirmen kommen sie gut zur Geltung und sind eine festliche Beleuchtung, die sich leicht wieder wegräumen lässt.
- Als **Beleuchtung für Schwimmbad und Gartenteich** empfehlen sich Niederspannungslampen. Sie können sowohl unter als auch über Wasser montiert werden und man kann sie auch auf dem Wasser schwimmen lassen.

## Der Selbermacher-Tipp

Für Netzspannungskabel im Garten ist eine **Verlegetiefe** von mindestens 60 Zentimetern die Norm, in zu geringer Tiefe verlegte Kabel können eine Gefahrenquelle sein. Am sichersten ist es, die Kabel unter Beton zu legen. Für Verlegearbeiten im Erdreich muss ein Erdkabel benutzt werden. Die Gehäuse der Lampen müssen gut abgedichtet sein und alle elektrischen Anschlüsse durch einen Schutzschalter abgesichert werden. Niederspannungskabel können auch über der Erde verlegt werden.

## KERZEN UND FACKELN

Natürliche Beleuchtung durch Kerzen und Fackeln ist eine beliebte Alternative zu elektrischem Licht, um Sitzecke und Garten in gemütliches und dezentes Licht zu tauchen. Sie haben darüber hinaus den Vorteil, dass sie Insekten fernhalten können und sich leicht von einer Stelle zur anderen transportieren lassen.

Doch auch um aus sicherer Entfernung das interessante Leben von Nachtfaltern und anderen nachtaktiven Insekten zu studieren, sind Kerzen gut geeignet. Dafür kann man in entsprechendem Abstand vom Sitzplatz eine Kombination von Pflanzen und Licht zusammenstellen, um die Nachtschwärmer anzulocken. Geeignet sind vor allem duftende Sträucher wie Oleander, Geißblatt und Buddleia. Die Lichtquelle sollte möglichst ruhig sein, zum Beispiel ein durch Glas geschütztes Windlicht.

- **Tee- und Partylichter** brennen vergleichsweise ruhig und können in verschiedenen Behältern in großer Zahl aufgestellt werden. Einzeln verbreiten sie nur sanftes Licht, man arrangiert sie daher meist in Gruppen. Einige Partylichter enthalten spezielle Duftstoffe, um Insekten abzuwehren.
- In **Windlichtern** schützt ein Glasbehälter die Kerzen vor Wind und lässt sie angenehm ruhig brennen. Es gibt sie in vielen Größen und Formen, je nach Größe der Kerze leuchten sie unterschiedlich hell.
- **Gartenfackeln** sind preiswert und lassen sich im Garten leicht verteilen, indem man sie in die Erde steckt. Man kann damit Wege beleuchten und effektvolle Akzente setzen. Besonders bei Gartenfesten sind bunte Fackeln beliebt. Zu beachten ist dabei, dass Fackeln ziemlich heiß und für kleine Kinder gefährlich werden können. Hilfreich ist es auch, beim Aufstellen der Fackeln die Windrichtung zu beachten. Dann weiß man, in welche Richtung die Flamme „leckt“ und kann entsprechend dafür sorgen, dass keine Äste und Zweige in Mitleidenschaft gezogen werden.

*Kerzen und Windlichter sind die perfekte Beleuchtung für einen lauen Sommerabend.*

# Der Trick mit dem Blickfang

Zum Abschluss dieses Kapitels sei noch ein grundlegender Trick der Gartengestaltung verraten. Egal ob Ihr Garten groß oder klein ist, und egal wie Sie ihn gestalten wollen – das Setzen einzelner optischer Schwerpunkte tut jedem Garten gut. Sie lenken den Blick des Betrachters und führen ihn durch den Garten.

Bei kleinen Gärten empfiehlt sich ein zentraler Blickfang, um von der Beengtheit des Raumes abzulenken. Wichtige Punkte sind die Mitte des Gartens oder einer Rasenfläche, auch das Ende eines Weges kann man optisch akzentuieren. Das Auge des Betrachters wird von einem solchen Blickfang durch die gesamte Länge des Gartens gezogen und der Garten erscheint größer, als er ist. Zu beachten ist dabei, dass nicht zu viele Schwerpunkte gesetzt werden, sonst „stehlen sie einander die Show“.

In großen Gärten benötigt man wiederum Schwerpunkte, um die Struktur des Gartens verständlich zu machen und die Aufmerksamkeit von einem Gartenteil zum anderen zu lenken und überzuleiten.

Ein solcher Blickfang lässt sich wunderbar mit Pflanzen gestalten. Richtig platzierte Pflanzen können dem Auge quasi vorgeben, was es sehen soll. Sie führen von einer Gartenattraktion zur nächsten. Der Trick dabei ist der richtige Kontrast. Die Pflanze soll sich gut von ihrer Umgebung abheben, aber trotzdem in das Gesamtkonzept passen. Diese Kontrastwirkung kann man durch Farben, Materialien, Wuchshöhen oder Formschnitt erreichen.

So wirkt zum Beispiel eine einfache blühende Polsterstaude auf einem gepflasterten Weg stärker als in der bunt bepflanzten Mischrabatte. Ein roter Ahorn macht sich vor der dunkelgrünen Kulisse einer Koniferengruppe besser als vor einem mit roten Ziegeln gedeckten Garagendach. Bunt bepflanzte Beete, vor allem in Orange und grellem Rot und Weiß, ziehen den Blick eher an als blaue, dunkelgrüne und graue. Eine einzelne, hoch gewachsene Thuja wird man sofort wahrnehmen, die Thujenhecke tritt dagegen in den Hintergrund.

Im Blumenbeet können besondere Effekte erzielt werden, wenn beispielsweise Sommerblüher in Gruppen wachsen. So wird zum Beispiel eine einzelne Tagetes (Studentenblume) trotz des kräftigen Gelbs ihrer Blüte nicht als Blickfang dienen können. Doch eine Gruppe von sieben bis neun Pflanzen zieht das Auge unwiderstehlich an. Bei blauen Blüten, etwa Glockenblumen, benötigt man für denselben Effekt noch ein paar mehr Pflanzen. Hilfreich bei der Gestaltung solcher Blickfänge sind Rankgerüste und -bögen sowie Blumengestelle für Kübelpflanzen. Mit Bögen lassen sich prunkvolle Durchgänge schaffen, die die dahinterliegenden Gartenbereiche akzentuieren. Ähnliche Effekte kann man mit Säulen erzielen, einem Klassiker der dekorativen Gartengestaltung. Toll sehen auch sogenannte Rasensessel aus. Sie bestehen aus Pappgestellen, die man fertig kaufen kann und mit Erde füllt. Darauf kommt Grassamen. Dann muss man nur noch warten, bis dem Sessel ein grüner Bezug gewachsen ist.

Viele Gartenbesitzer nutzen den Garten auch als kleines „Freilichtmuseum“ für Fund-, Erinnerungs- und Lieblingsstücke. Das können Terrakotta-Gefäße mit einer interessanten Oberflächenstruktur sein, knorrige Wurzelstöcke, deren Ausdruckskraft kaum eine von Menschenhand geschaffene Skulptur erreicht, oder auch eine Sammlung leuchtender Rosenkugeln. Der Phantasie sind dabei keine Grenzen gesetzt, was zählt, sind die persönlichen Vorlieben. Beliebt ist auch die Kombination gestalterischer und funktionaler Aspekte, wie sie zum Beispiel die Verwendung alter Ziegelklinker als attraktiver Wegbelag oder Beeteinfassung bietet.

*Besondere Gestaltungselemente bringen eine persönliche Note in den Garten.*

## KLEIN, ABER HINGUCKER: RASENKANTEN, POLSTERSTAUDEN

Besondere Akzente kann man auch mit Kleinigkeiten schaffen, wie den Übergängen von Beeten und Wegen zum Rasen. Sie lassen sich auf vielfältige Weise gestalten. Wer gerade Kanten und klare Linien liebt, wird im Frühjahr die Rasenkanten stechen. Denn Rasenmäher sind bei den Übergängen zu ungenau. Gerade dort wächst dann das Unkraut besonders gut und gerne. Während des Gartenjahres sollte man die Kanten regelmäßig mit der Rasenschere nachschneiden. Zu Saisonbeginn müssen sie dann mit einer Stichschaufel oder noch besser mit einem halbkreisförmigen Rasenstecher in Ordnung gebracht werden.

Hilfreich als Rasenbegrenzung und reizvoll als optisches Gestaltungselement im Garten sind im Handel fertig erhältliche Mähkanten und -winkel. Sie bieten eine einfach zu handhabende, effektive Begrenzung und werden in verschiedenen Formen und Materialien angeboten. Von flachen Begrenzungselementen, über die man mit dem Rasenmäher hinwegfahren kann, bis zu rechten Winkeln, die maximalen Schutz der voneinander getrennten Bereiche bieten, kann man aus verschiedensten Varianten wählen.

Wer seinen Garten naturnah anlegen will, vielleicht auch keine geraden Kanten möchte, wie sie in einen eher formal gestalteten Garten passen, dem bieten sich als Alternative Materialien wie selbst gesammelte Steine oder altes, in passende Stücke zerteiltes Holz an. Oder man greift zu lebenden Begrenzungselementen: Als hübsche, natürliche Möglichkeit, um Übergänge vom Rasen zu Bäumen, Wegen, Sitzplätzen etc. fließend zu gestalten, empfehlen sich so genannte Polsterstauden. Diese genügsamen, blühfreudigen Pflanzen lockern den Übergang vom Rasen zu anderen Gartenelementen auf. Sie geben dem Beet einen abgerundeten Saum, mildern die geraden Kanten von befestigten Wegen und erfreuen obendrein durch reichliche Blüte.

### Der Selbermacher-Tipp

Immer wieder hilfreich ist es, Freunde einzuladen, den Garten mit **kritischen, aber unvoreingenommenen Blicken zu betrachten.** Denn man gewöhnt sich nur allzu schnell an eine hässliche Feuermauer oder den übrig gebliebenen Bauschutt im Vorgarten. Das Auge übergeht diese unerfreulichen Dinge nach einiger Zeit, blendet sie sozusagen aus. Für Besucher sind sie aber sehr wohl sichtbar und lenken unter Umständen vom schönsten Staudenbeet ab.

# 3. Obst, Gemüse und Beeren selbst anbauen

# Gemüseanbau leicht gemacht

Eigenhändig gesetzte Gemüsepflänzchen zu stattlichen Pflanzen heranwachsen zu sehen, ist eine wunderbare Erfahrung. Ganz zu schweigen vom Genuss frisch geernteter Tomaten, Gurken und Co. Da weiß man, was auf den Tisch kommt, und das in nicht zu überbietender Frische! Außerdem schmeckt selbst angebautes Obst und Gemüse auch einfach besser. Kein Wunder, dass sich Gemüse-Eigenanbau in den letzten Jahren zu einem richtigen Trend entwickelt hat.

Platz dafür gibt es im kleinsten Garten. Je nach zur Verfügung stehendem Raum kann man einen eigenen Gemüsegarten anlegen oder ein Gemüsebeet in den Blumengarten integrieren. Ein echter Geheimtipp ist auch der Gemüseanbau auf windgeschützten Terrassen im Stadtgebiet: Nicht nur die beliebten Cocktailtomaten lieben sonnige Standorte mit Fernblick und sehen dabei selbst sehr attraktiv aus.

## Darauf kommt's an beim Gemüseanbau

Am besten für den Gemüseanbau ist leicht saure, lockere, lehmige Erde mit viel Humus. Sie kann Feuchtigkeit speichern, ohne dass es zu stauender Nässe kommt. Sandige Böden sind ebenfalls gut für Gemüseanbau geeignet. Da sie sich im Frühjahr schnell erwärmen, gedeiht Frühgemüse recht gut. Allerdings versickern Nährstoffe in sandigen Böden schnell gemeinsam mit dem Wasser, man muss mehr als üblich düngen. Wenn bei der Bodenvorbereitung viel Kompost eingearbeitet wird, kann der Boden die Feuchtigkeit besser speichern.

*Selbst gezogenes Obst und Gemüse schmeckt einfach besser.*

Tonboden bereitet man fürs Gemüsebeet vor, indem mit Sand vermischter Kompost in das Erdreich eingearbeitet wird. Dieses Gemisch lockert und entwässert schweren Boden. Saure Böden bessert man durch Kalkzufuhr auf. In Moorboden muss zusätzlich rund um das Gemüsebeet mithilfe kleiner Rinnen ein Wasserabfluss angelegt werden. Außerdem kommt Volldünger in die Erde, da Moorboden meist zu wenig Phosphate und Kalium enthält. Gemüsepflanzen brauchen beides, sonst gedeihen sie nicht.

Gemüse liebt Sonne! Es verträgt zwar etwas Schatten, doch dann schießen die Pflanzen in die Höhe, weil sie das Licht suchen. Das Gemüse wird nicht so knackig und kompakt, wie man gerne hätte. „Schattengemüse" ist auch weniger lagerfähig, da das Pflanzengewebe wegen des Lichtmangels nicht so widerstandsfähig ist wie bei „Sonnengemüse". In Gärten, die nur den halben Tag Sonne haben, sollte man Gemüse sehr früh ernten und bald verwenden.

Wichtig ist auch der Windschutz. Der für das Pflanzenwachstum notwendige Tau bildet sich nur, wenn es nicht zu windig ist. Als Windschutz empfehlen sich kleine Hecken oder Ziermauern, die nur niedrige Schatten werfen.

In unmittelbarer Nähe größerer Bäume gedeiht kein Gemüsebeet. Die Verdunstungsfläche eines Laubbaumes ist so groß, dass dem Boden zu viel Wasser entzogen wird. Dazu kommt, dass manche Bäume Ausscheidungen haben, die alle gärtnerischen Bemühungen um darunter wachsende Pflanzen zunichtemachen (siehe auch Seite 46/47).

Das Gemüsebeet muss von allen Seiten gut bearbeitet werden können. Sind ein Zaun oder eine Mauer im Weg, sollte das Beet nicht breiter als eineinhalb Meter sein. In einem Gemüsegarten mit mehreren Beeten empfiehlt es sich, einen Hauptweg mit festem Belag anzulegen. Seitenwege können variabel sein, man kann sie einfach feststampfen oder mit Brettern verlegen. So lassen sich die Beete von Jahr zu Jahr ändern, denn solche provisorischen Wege können bei Bedarf umgestochen und anders genutzt werden.

*Ein gut zugängliches Gemüsebeet erleichtert die Arbeit.*

Sehr wichtig ist auch ein Wasseranschluss. Ist keiner vorhanden, lohnt es sich, gleich bei der Gartenplanung Rohrleitungen zu verlegen. Spätere Grabarbeiten richten viel Schaden im Garten an und kommen teurer.

Der Boden im Gemüsebeet muss im Herbst gut umgestochen werden. Vertrocknete und erfrorene Pflanzen werden entfernt, Unkraut wird mit Wurzeln beseitigt.

Beim Pflanzen ist darauf zu achten, dass alle Pflänzchen genug Platz haben, um sich zu entfalten. Sie geraten leicht unter Druck, versuchen einander zu überragen, und es entsteht der gleiche Effekt wie bei Gemüse in zu schattigen Lagen. Solche Gemüse sind auch krankheitsanfälliger.

Wenig lagerfähiges Gemüse wie Kopfsalat und Radieschen baut man „in Sätzen an": Man sät nicht in größeren Mengen, sondern regelmäßig in kleineren. So ist immer wieder gerade so viel erntereif, wie man für den Eigenbedarf braucht. Mit solchen Nachsaaten kann man den Erntesegen auch auf einen möglichst langen Zeitraum ausdehnen.

Küchenkräuter pflanzt man am besten entlang des Weges und möglichst am Anfang des Gemüsegartens. Dann muss man bei schlechtem Wetter nicht weit gehen, um würziges Küchengrün zu ernten.

Der Nährstoffbedarf von Gemüse ist unterschiedlich; ein Zuviel kann die Pflanzen „verbrennen“. Auch auf den Wasserbedarf der angebauten Gemüsesorten ist zu achten. Regelmäßiges Jäten und laufendes Belüften des Bodens durch Harken sichern den Ernteertrag.

Tomaten, Gurken und Kürbisse lieben besonders nährstoffreiche Böden. Daher eignen sie sich sehr gut zum „Verstecken“ des Komposthaufens und werden direkt dort gepflanzt. Gurken und Kürbisse bilden mit ihren großen Blättern auch gleich den nötigen Schatten für den Kompost.

*Regelmäßiges Lockern des Bodens sorgt für den nötigen Sauerstoffnachschub.*

# Der Trick mit dem Fruchtwechsel

Gemüse stellen sehr unterschiedliche Ansprüche. Es gibt Arten, die frisch gedüngten, nährstoffreichen Boden brauchen. Andere gedeihen besser, wenn bereits im Jahr zuvor gedüngt wurde. Deshalb unterteilt man die Anbaufläche in verschiedene Bereiche, in denen jedes Jahr unterschiedliche Gemüse gezogen werden. Man baut, wie es heißt, „in Trachten“ an. So lässt sich auch ein Überhandnehmen von auf bestimmte Gemüsearten spezialisierten Krankheiten und Schädlingen verhindern. Am besten teilt man den Gemüsegarten in vier Abschnitte. Dieser Anbauplan lässt sich auch auf kleinstem Raum einhalten, sogar auf Balkon und Terrasse.

- **Erste Tracht:** Hier ist die Erde frisch gedüngt. In abwechselnden Reihen können Bohnen, Lauch (Porree), Blattsalat, Erbsen, Spinat, Gurken, Zucchini, Kürbisse und Chicorée gesetzt werden. Gepflanzt wird im Frühling, je nach Sorte teils erst nach den Spätfrösten.
- **Zweite Tracht:** Der Boden wurde im Vorjahr als erste Tracht genutzt. Er wird nur mit wenig mineralischem Dünger angereichert, dann ist er reif für Wurzelgemüse wie Karotten, Sellerie, rote Rüben, aber auch Kartoffeln. Zwischen den Gemüsereihen finden Zwiebeln Platz. Sie gedeihen überall, vertragen sich aber mit Rüben besonders gut. Gesät und gepflanzt wird im späteren Frühjahr oder Frühsommer.
- **Dritte Tracht:** Der Boden wurde im Vorjahr als zweite Tracht genutzt und bekommt jetzt kurz vor dem Neuanbau eine Mineraldüngergabe. Dieser Teil des Gartens ist für Kohlgemüse reserviert. Üblicherweise wird im Frühsommer gepflanzt und erst im Herbst geerntet.

- **Dauerhafte Standorte:** Es gibt Gemüsearten, die nicht in Trachten angebaut werden, sondern einen bleibenden Standort haben, der auf ihre speziellen Bedürfnisse abgestimmt ist. Einen festen Platz im Garten benötigen beispielsweise Rhabarber und Kren (Meerrettich). Sie werden nicht in Beeten mit Fruchtwechsel angebaut, da sie mehrjährig sind, langsamer wachsen und das bei einer Fruchtfolge notwendige Umsetzen den Ertrag verringern würde.

  Einige andere Gemüse können ebenfalls mehrere Jahre am gleichen Standort gezogen werden, wenn der Boden reichlich gedüngt wird und der Standort schön sonnig ist. Dazu gehören Tomaten und Paprika.

## Querbeet: Gemüsesorten im Überblick

### BOHNEN

**Buschbohnen** werden nur etwa 30 Zentimeter hoch und finden selbst in kleinsten Gärten Platz. Nach den letzten Frösten legt man jeweils sechs Bohnenkerne in fünf Zentimeter tiefe Pflanzlöcher. Der Abstand zwischen den einzelnen Pflanzstellen muss mehr als einen halben Meter betragen. Bis in den Sommer kann alle drei Wochen eine Folgesaat ausgesät werden. Bei einer Höhe von zehn Zentimetern vereinzelt man. Die ersten Exemplare sind nach ca. acht Wochen reif. Alle drei Tage kann man Schoten abknipsen. Sie sollen bereits eine Länge von ungefähr zehn Zentimetern haben. Wenn nicht fleißig geerntet wird, lässt der Ertrag nach.

**Stangenbohnen** wachsen bis zu drei Meter hoch und sind wegen ihrer teils prächtigen Blüte auch als Sichtschutz und zur Begrünung von Zäunen beliebt. Im Stadtgebiet ergeben sie blühende Vorhänge für Loggien, Balkone und Fenster mit wenig schöner Aussicht. Im Gemüsegarten zieht man sie an Stäben, die in Form von Indianerzelten oben zusammengebunden sind. Man kann sie kreisförmig oder in Saatreihen anbauen. Sie reifen später als Buschbohnen und bieten sich als ideale Nachfolger im Gemüsebeet an. Mit einer Länge von 15 bis 25 Zentimetern sind die Schoten erntereif.

Ausgepflanzt wird im späteren Frühjahr, wenn Frostgefahr und längere Kälteperioden endgültig vorüber sind. Denn die Pflänzchen sind sehr kälteempfindlich. Vorgezogene Pflanzen härtet man in kälteren Gegenden langsam ab, bevor sie ins Freie kommen. Alternativ kann man bereits abgehärtete Pflanzen kaufen.

Damit man nicht mit einer Leiter für Pflege und Ernte ausrücken muss, werden die obersten Triebspitzen entfernt, sobald die Bohnen die erwünschte Höhe erreicht haben. Das fördert den Seitenaustrieb und die Blütenbildung und damit auch eine entsprechende Ernte. Wenn man sie kurz hält und bereits

### Der Selbermacher-Tipp

Das in Bohnen enthaltene Phasin kann gesundheitsschädlich wirken. Also während der Ernte lieber **nicht vom knackigen rohen Gemüse naschen!**

*Selbst gezogene Pflänzchen heranwachsen zu sehen, entschädigt für alle Mühen.*

bei einer Höhe von 30 bis 40 Zentimetern die Triebspitzen abknipst, kann man hochwüchsige Sorten auch ohne Stangen ziehen. Dadurch werden sie buschiger und lassen sich leichter bearbeiten und abernten.

**Puffbohnen,** auch dicke Bohnen genannt, können bereits Anfang März gesät werden. In kälteren Regionen muss man vorkultivieren oder abgehärtete Pflänzchen verwenden. Nach acht Wochen kann geerntet werden. Laufende Nachsaaten bieten sich an. Man sät in Doppelreihen, die im Abstand von ungefähr 50 Zentimetern laufen. Mit ca. 25 Zentimeter Abstand kommen je zwei bis drei Bohnenkerne in eine Saatmulde. Bei einer Höhe von ca. 15 Zentimetern vereinzelt man die Pflänzchen und errichtet einen kleinen Erdwall um sie, damit sie besser stehen. Höher wachsende Sorten müssen gestützt werden, am besten mit rund um das Beet gespannten Schnüren, die an Stangen befestigt sind. Alternativ lässt sich Maschendrahtzaun verwenden.

Sobald die ersten Schoten ein bis zwei Zentimeter lang sind, zwickt man die jungen Triebspitzen ab. Das verhindert Schädlingsbefall und fördert den Ertrag. Puffbohnen eignen sich als Gründüngung: Ihre Wurzeln binden Stickstoff, der den Boden verbessert. Die Wurzeln abgeernteter Pflanzenstöcke arbeitet man in die Erde des Gemüsebeetes ein. Die restlichen Pflanzenteile verbessern den Kompost.

## ERBSEN

Frisch geerntete Erbsen sind eine kleine Delikatesse! Die verschiedenen Sorten werden in frühe, mittlere und späte eingeteilt, je nachdem, zu welchem Zeitpunkt gesät wird. Frühe, kälteunempfindliche Sorten sind weniger anfällig für einige der gefürchteten Erbsenschädlinge. Je früher die Pflänzchen erscheinen, desto weniger können ihnen Schädlinge anhaben – weil sie ihrerseits noch nicht aktiv sind. Erbsen vertragen offene und leicht windige Standorte, auch das hilft gegen lästige Gäste im Erbsenbeet.

Hoch wachsende Sorten bringen mehr Ertrag als niedrig wachsende. Alle Erbsen benötigen Reisig, Kunststoffnetze oder Maschendraht als Stützen, an denen die Triebe emporklettern können. Am Boden entlangwachsende Triebe fallen schnell Schnecken zum Opfer.

## GURKEN

Freilandgurken sind kälteempfindlich, man sät sie von Mai bis Juni und erntet im Hochsommer. Die Reihen liegen ca. einen Meter auseinander. In ca. 20 Zentimeter Entfernung kommen drei bis vier Kerne in den Boden.

Gurken können auch in Töpfen auf dem Fensterbrett oder im Gewächshaus vorgekeimt oder abgehärtet gekauft werden. Bei Gefahr von Spätfrösten deckt man die Pflanzen mit Folien ab. Sobald sich sechs Blätter gebildet haben, werden die Triebspitzen abgezwickt, damit sich mehr Seitentriebe bilden. Die Spitzen dieser Seitentriebe werden, wenn sich keine Fruchtansätze bilden, ebenfalls abgeknipst. Sobald sich Früchte entwickeln, legt man Stroh unter, um sie vor Bodenfeuchtigkeit zu schützen.

## KAROTTEN (MÖHREN)

Karotten werden in zweiwöchigen Intervallen von März bis Juli gesät. Der Abstand von Reihe zu Reihe sollte 20 bis 25 Zentimeter betragen. Es gibt Früh- und Spätsorten, kurze, mittlere und lange Formen. Frühsorten reifen nach zehn bis zwölf Wochen, Spätsorten brauchen etwas länger. Lange Karotten gedeihen besser in lockeren, durchlässigen Böden, bei schweren Böden empfehlen sich kurze Sorten. Sie werden ab Frühsommer erntereif. Mittellange und lange/späte Sorten werden ab dem Frühherbst geerntet, Lagerkarotten im Spätherbst.

Erntereife Karotten zieht man vorsichtig aus dem Boden. Da sie leicht brechen, ist es bei harten und steinigen Böden besser, sie mit einer Grabgabel aus dem Boden herauszuheben.

### Der Selbermacher-Tipp

Dem Karottenschädling Nr. 1, der so genannten **Möhrenfliege,** kann man ein Schnippchen schlagen, indem man Karottenbeete nur gegen Abend oder bei trübem Wetter bearbeitet. Die Fliege ist bei Sonnenschein aktiv und der Geruch von abgerissenen Karottenblättern zieht sie magisch an. Kleinere Beete lassen sich auch mit einem Insektennetz schützen.

## KOHLGEMÜSE

Kohlgemüse bietet große Sortenvielfalt und ist auch für Gartenneulinge gut geeignet. Ab April kann man junge, abgehärtete Pflanzen ins Gemüsebeet setzen. Für die weiteren Ernten eignen sich auch selbst gezogene Pflänzchen. Wichtig ist ein windgeschützter und sonniger Platz mit gut durchlässigem Boden. Wird Kohl an Stellen gepflanzt, an denen im Jahr zuvor Erbsen oder Bohnen wuchsen, braucht nicht gedüngt zu werden.

Bis zur Ernte vergehen acht bis zehn, bei späteren Saaten ca. 15 Wochen. Wenn sie sich fest anfühlen, schneidet man die Köpfe. Manche Arten, zum Beispiel Wirsing, vertragen Frost recht gut und gewinnen nach den ersten, leichten Frösten noch an Geschmack.

Bei selbst angebautem Gemüse weiß man, was auf den Tisch kommt, und das in nicht zu überbietender Frische!

## KOHLSPROSSEN (ROSENKOHL)

Rosenkohl ist sehr pflegeleicht. Gekaufte Pflänzchen kommen noch im Mai ins Gemüsebeet, mit 50 Zentimeter Abstand zueinander. Pflanzt man später als Ende Mai, bleiben die Knospen klein und man wird weniger Freude daran haben. Geerntet werden kann bis in den Winter. Die kleinen Köpfchen gewinnen durch Kälte, auch erste Fröste, an Aroma.

## KARFIOL (BLUMENKOHL)

Karfiol kommt von April bis Juni ins Saatbeet; gekaufte Pflänzchen setzt man mit 40–50 Zentimetern Abstand direkt ins Gemüsebeet. Damit Karfiol sich nicht durch Sonnenbestrahlung grün färbt, müssen die Deckblätter rechtzeitig geknickt und über die Blüte gelegt werden. Außerdem will die Pflanze gut gegossen werden. Bei schönem Wetter vergehen ca. acht Wochen bis zur ersten Ernte.

## KOHLRABI

Kohlrabi gelingt fast immer, vor allem wenn man die frühen Pflänzchen abgehärtet kauft. Alle zwei Wochen kann ausgepflanzt werden, im Abstand von ca. 20 Zentimetern. Nach sechs bis acht Wochen ist Kohlrabi erntereif. Achtung, Kohlrabi mag keine frisch gedüngte Erde. Am besten setzt man ihn als zweite oder dritte Tracht. Zu viel Dünger lässt Kohlrabi leichter holzig werden.

## LAUCH (PORREE)

Lauch ist ein dankbares, auch für Gartenanfänger gut geeignetes Gemüse. Er leidet kaum bis gar nicht unter Schädlingsbefall und ist winterhart. Ende Mai, Anfang Juni kommen die Pflanzen ins Gemüsebeet. Der Abstand von Pflanze zu Pflanze sollte ca. 15 Zentimeter betragen. Nach vier Wochen bleicht man die Stangen, indem man Erde anhäufelt. Auch in der folgenden Wachstumsphase wird weiter angehäuft, das bringt helle, starke Lauchstangen. Bis zur Ernte dauert es bei Frühlingspflanzung zehn bis zwölf Wochen, bei Herbstpflanzung etwas länger. Will man Lauch über den Winter ernten, muss man im Spätsommer aufhören zu düngen.

*Damit der Lauch in Ruhe wachsen und gedeihen kann, wird fleißg gejätet.*

## RADIESCHEN

Radieschen sät man in gesäuberten, gerechten und festgeklopften Boden, nicht tiefer als einen Zentimeter. Säen kann man je nach Sorte von März bis September alle zwei Wochen direkt ins Gemüsebeet. Der Abstand der Reihen zueinander beträgt 15 Zentimeter. Radieschen eignen sich als Vor-, Nach- und Zwischenkultur und vertragen sich mit fast allen anderen Gemüsearten. Durchschnittlich nach vier bis sechs Wochen sind die ersten Exemplare erntereif.

## SALAT

Salat kann direkt aufs Gemüsebeet gesät werden. Wenn man im Frühbeet oder am Fenster Salatpflänzchen heranzieht, kann man schon früh ernten. Abgehärtete Pflanzen sind ab März erhältlich. Gegebenenfalls müssen sie vor Frösten geschützt werden. Dazu eignen sich selbst gebaute kleine Folientunnel, die tagsüber entfernt werden. Beim Setzen beträgt die Entfernung der Pflanzen sowie der Reihen zueinander jeweils ca. 25 Zentimeter.

Pflücksalate, wie etwa Eichblatt, die keine Köpfe bilden, kann man auch in halbschattigen Lagen kultivieren. Allerdings werden sie dann etwas weicher und noch weniger lagerfähig.

### Der Selbermacher-Tipp

**Wer keinen Gemüsegarten hat,** kann Salatpflänzchen im Blumenbeet unterbringen, ja sogar als Topfpflanzen kultivieren. Auch zwischen Rosensträuchern gedeihen Salatköpfe, wenn das Unkraut regelmäßig entfernt wird.

## SELLERIE

Sellerie kann ab April ins Saatbeet. Nach vier bis fünf Wochen setzt man die Pflanzen ins Gemüsebeet. Gekaufte Pflanzen kommen mit 40 Zentimeter Abstand nicht zu tief in gut vorbereiteten und durchlüfteten Boden. Sie müssen flach gepflanzt werden. Die Knolle muss sich teilweise in und teilweise oberhalb der Erde entwickeln. Nach ca. 20 Wochen sind die Knollen erntereif. Sellerie wächst noch im Oktober und sollte nicht zu früh geerntet werden, wenn man schöne, große und gut lagerfähige Exemplare haben will.

*Radieschen kann man fast die ganze Gartensaison über ziehen, Aussaaten sind von März bis September möglich.*

## SPINAT

Spinat wird direkt auf das Gemüsebeet gesät. Es gibt Sommer- und Winterspinat: Wenn man geschickt anbaut, ist immer frischer Spinat zu ernten. Besonders Sommerspinat wächst sehr schnell. Am besten sät man ihn im Spätwinter und Frühling, im Frühling kann zweimal gesät werden. Der Abstand von Reihe zu Reihe sollte 20 Zentimeter betragen. Wenn die ersten Pflänzchen erscheinen, wird vereinzelt, sodass nur alle sieben Zentimeter eine Pflanze bleibt. Dann können sich auch die Wurzeln gut entwickeln. Bereits Ende April ist der erste Spinat erntereif.

Die Aussaat von Winterspinat läuft von der zweiten Julihälfte bis Mitte September. Man kann Winterspinat laufend ernten, bis ins Frühjahr. Bis er erntereif ist, vergehen zehn bis zwölf Wochen. Alle Spinatsorten sind gut als Zwischen- und Nachkultur geeignet.

## TOMATEN

Tomaten lieben Wärme und nährstoffreichen Boden. Am besten gedeihen sie an einer windgeschützten, warmen Stelle, zum Beispiel an der Südseite einer Mauer. Wenn man ausreichend düngt und wässert, kann man sie auch in Blumentöpfen ziehen. Im Gemüsebeet setzt man Tomaten in Abständen von 40 Zentimetern relativ tief ein, damit sie nicht so leicht umfallen und ausreichend Wurzeln bilden. Setzt man sie leicht schief, so bilden sie seitlich zusätzliche Wurzeln und können sich noch besser mit Nährstoffen versorgen. Alle 25 Zentimeter wird der Haupttrieb mit Bast oder Bindfaden an einem Pflanzstock fixiert. Stabtomaten bindet man an einen eineinhalb Meter hohen Stab, der im Abstand von 20 Zentimetern zur Pflanze steht.

Bei schlechtem Wetter schützt man Tomaten mit Folienhauben, manchmal genügt auch ein kleiner Plastiksack. Tomaten wollen gut gegossen werden und alle zwei Wochen etwas Dünger. Wichtig ist auch das so genannte Ausgeizen: In den Blattachseln entstehende Seitentriebe müssen regelmäßig ausgebrochen und ältere Triebe ausgeschnitten werden. Zusätzlich wird die Spitze des Haupttriebes immer wieder gekürzt, sobald die Pflanze sechs Tomatentrauben entwickelt hat.

Zwerg- und Buschtomaten müssen nicht ausgegeizt werden. Es empfiehlt sich jedoch, sie auf Folien zu ziehen. Das verhindert, dass herabhängende Früchte durch Kontakt mit dem Gartenboden feucht werden und verderben. Da Tomaten warmen Boden benötigen, sind schwarze Folien besser geeignet als weiße oder durchsichtige.

Gemüse
&
Rosengarten

# Von Apfel bis Zwetschke: Obst selbst anbauen

Ein Baum voll mit leuchtend roten Kirschen, die zum Naschen einladen, frisch gepflückte, sonnengewärmte Äpfel und Birnen – selbst angebautes Obst lässt das Herz jedes Gärtners höher schlagen. Die ersten Blüten im Frühling werden aufmerksam beobachtet: Wie viele werden es dieses Jahr sein? Kommen Spätfröste und schädigen die zarten Grundlagen des zukünftigen Erntesegens? Oder sind Wind und Wetter freundlich gestimmt und man darf sich über zahlreiche Fruchtstände freuen? Und wie werden sich die kleinen Früchtchen entwickeln? Gedeihen sie gut, werden sie schön gleichmäßig und groß? Ganz zu schweigen von der Freude, wenn die Früchte reif sind und voller Stolz geerntet werden kann, was man über Wochen und Monate hat wachsen sehen.

## Der richtige Obstbaum am richtigen Platz

Beim Anbau von Obst spielen Mikroklima und andere regionale Einflüsse eine große Rolle. Deshalb lohnt es sich, vor dem Obstbaumkauf Nachbarn nach ihren Erfahrungen zu fragen. Zusätzlich heißt es Boden, Lage, Grundwasser und Windschutz zu berücksichtigen. Ein Südhang ist beispielsweise gut geeignet für Pfirsiche, Kirschen und Weichseln, für Äpfel und Birnen hingegen meist zu trocken. Denn die brauchen viel Wasser. Auf Nordhängen in höheren Lagen wiederum empfehlen sich spezielle Obstsorten, die mit diesen Bedingungen gut zurechtkommen. Und in Gegenden mit starken Temperaturschwankungen zwischen Tag und Nacht benötigen Obstbäume einen Kalkanstrich, damit sie keine Frostrisse bekommen.

Auch die Erntezeit ist bei der Wahl der passenden Obstbäume mitzubedenken: Wer gern im Spätsommer und Herbst verreist, für den sind Apfel- und Zwetschkenbäume weniger geeignet. Wenn die Ernte am Baum verdirbt, entwickeln sich Pilze, deren Sporen sich rasch verbreiten und Obst im eigenen und in Nachbargärten schädigen. Das ist der Grund, warum man von Gartenbauvereinen angehalten wird, reifes Obst zu ernten und Fallobst zu entfernen.

Grundsätzlich sollte man Obstbäume nicht dort pflanzen, wo kurz zuvor dieselbe Art stand. Wenn zu wenig Platz ist, um mit dem neuen Obstbaum auf eine andere Stelle auszuweichen, setzt man Steinobst auf Kernobst und umgekehrt. Notfalls kann man den Boden auch „aktivieren“: Man sticht die Humusschicht gut um und reichert sie mit Nährstoffen an. So kann sich der Boden in vielen Fällen erholen.

*Saftige Birnen wollen vorsichtig von Hand geerntet werden.*

Ein Wort auch zu Altbaumbestand im Garten: Viele alte Obstsorten waren optimal an unsere Boden- und Klimaverhältnisse angepasst und resistent gegen Frost und Krankheiten. Sehr zu Unrecht sind sie aus unseren Gärten verschwunden und durch „moderne" Sorten ersetzt worden. Die sind jedoch oft nicht so widerstandsfähig gegen Klima und Schädlinge. Wer einen schönen, alten, ertragreichen Obstbaum im Garten hat, sollte sich deshalb gut überlegen, ihn zu entfernen. Lohnend ist auch eine Recherche, um welche Sorte es sich handelt: Manche alten Obstsorten schmecken erst nach einiger Zeit so richtig gut. Unsere Großeltern wussten noch, dass so manche Apfelsorte nicht im Herbst, sondern, bei entsprechender Lagerung im Keller, erst im Frühling ihr bestes Aroma entwickelt.

## Spalier- und Formobst

Für kleinere Gärten und auf Terrassen sind Spindelbüsche die ideale Baumform. Diese Veredelungen auf schwachwüchsigen Unterlagen bleiben kleiner als Hoch- und Halbstammformen. Auch Ernte und Pflegearbeiten sind leichter durchzuführen, da man nicht auf den Baum klettern muss. Als Stütze für die flach wurzelnden Pflanzen kann ein Holzpfahl oder ein verzinktes und einbetoniertes Eisenrohr dienen. Man kann auch Zäune zum Abstützen nutzen oder Hausmauern mit Spaliergerüsten. Der Boden unter Spindelbüschen sollte offen bleiben. Im Rasen platzierte Spindelbüsche benötigen eine so genannte Baumscheibe: Das ist im Kronenumfang unbewachsener, im Winter gemulchter Boden rund um den Stamm.

Spaliergerüste können quer über Beete gezogen werden. Auch als seitliche Begrenzung entlang eines Wegs oder Zauns wirken sie attraktiv. Die Gerüste dafür sollten nicht höher als zwei Meter sein. Die Triebe werden an Eisendrähten befestigt. Der erste wird 50 Zentimeter über dem Boden gespannt. Im Abstand von jeweils ungefähr 50 Zentimetern kommen weitere Drähte.

Eine warme, windgeschützte Hauswand eignet sich vor allem in kalten Lagen für Obst, das in Form einer „Palmette" herangezogen wird. Die Mauer gibt gespeicherte Wärme über Nacht langsam ab und wirkt im Idealfall wie ein Gewächshaus. Wichtig ist dabei, dass das Wasser nicht vollständig von der Hausmauer und damit von den Bäumen wegrinnt. Denn insbesondere Kernobst benötigt ausreichende Bewässerung. Gegebenenfalls muss man zusätzlich gießen.

Im Frühjahr benötigen die Bäumchen besonderen Schutz. Denn die von der Mauer reflektierte Wärme der Mittagssonne lässt ihre Säfte in Bewegung geraten, der Pflanzenkreislauf beginnt zu arbeiten. In der Nacht wird es jedoch empfindlich kalt. Gefriert der Zellsaft, führt das zu den gefürchteten Frostrissen. In Wirklichkeit ist also so mancher Frost- ein Wärmeschaden! Als Schutz eignet sich ein Kalkanstrich des Stammes. Er reflektiert Sonnenstrahlen und schützt so den Baum vor Erwärmung. Im Laufe des Frühjahrs verschwindet er durch Witterungseinflüsse von selbst.

# Die wichtigsten Obstsorten von A bis Z

## ÄPFEL

Den passenden Apfelbaum für den eigenen Garten kann man aus einer Vielzahl von Sorten wählen. Zu berücksichtigen ist dabei, dass viele Apfelsorten einen zweiten, zur gleichen Zeit blühenden Baum als Bestäuber benötigen. Äpfel brauchen auch ausreichend Wasser, daher sind sandige Böden weniger günstig als lehmige. Ist der Boden allerdings zu nass und kalt, wird der Baum anfälliger für Krankheiten.

Gepflanzt wird am besten an frostfreien Tagen im Winter. Im Frühjahr muss man dann die Verwurzelung des Bäumchens überprüfen. Denn vor allem in Hanglagen und an Böschungen kann die Veredelungsstelle während des Winters unter die Erde geraten. Auch wenn der Boden beim Einpflanzen zu locker war, kann die Pfropfstelle in einer Mulde stehen und während des Winters zugeschlämmt werden. Dann verliert die „Unterlage" ihren Einfluss, die Veredelung bildet Wurzeln. Als Folge entwickelt sich der Baum anders als geplant. Zum Beispiel kann ein Baum, der auf einer schwach wachsenden Unterlage veredelt wurde, viel größer werden als vermutet. Stellt man fest, dass die Veredelungsstelle unter der Erde liegt, muss sie deshalb unbe-

dingt wieder freigelegt werden, und zwar etwa zehn Zentimeter über der Erdoberfläche. Bei Hanglagen helfen Betonringe oder Folien.

Die zweite wichtige Pflegemaßnahme bei Apfelbäumen ist das Ausdünnen des Fruchtansatzes: Zu viele kleine Äpfel verhindern große, schöne Früchte und sind eine Belastung für den Baum. Die Äste können brechen, die Qualität von Baum und Obst lässt nach. Deshalb wird, sobald sich die Früchte im Frühjahr zeigen, der mittlere Apfel jedes Fruchtbüschels weggeschnitten. Eventuell wiederholt man diesen Vorgang im Hochsommer. Verwachsene und beschädigte Früchte entfernt man laufend. Spalier- und Zwergformen brauchen nicht so streng ausgedünnt zu werden.

## BIRNEN

Die Birnenblüte setzt relativ früh ein und ist frostanfällig. Deshalb brauchen Birnbäume ein warmes, windgeschütztes, aber trotzdem luftiges Plätzchen. Einige Birnen sind keine „Selbstbefruchter" und benötigen einen Partner, der zur selben Zeit blüht. Birnbäume, die auf einer gemeinsamen Unterlage mit verschiedenen, zeitgleich blühenden Sorten veredelt wurden, können sich selbst bestäuben. Das ist vor allem in kleinen Gärten, wo zu wenig Platz für zwei Birnbäume ist, hilfreich. Außerdem kann man auf diese Weise von einem einzigen Baum verschiedene Birnensorten ernten.

Beim Kauf wählt man am besten Pflanzen, die bereits seit drei Jahren veredelt sind. Sie haben schon einen Kronen-Grundschnitt erhalten und tragen früher Früchte. Einjährige Pflanzen sind preisgünstiger, aber der Schnitt für den Kronenaufbau verlangt Fachwissen und die Zeit bis zur ersten Ernte dauert verhältnismäßig lange.

## KIRSCHEN

Kirschen lieben kalkhaltigen und lockeren Boden. Auf saurem Boden benötigen sie besonders viel gärtnerischen Einsatz, eine kalkhaltige Vorratsdüngung, die auch tiefere Bodenschichten erreicht, und sind anfällig für Krankheiten wie zum Beispiel Gummifluss. Schwere Tonböden und kalte Böden mit stauender Nässe sind leider gänzlich ungeeignet.

Manche Kirschen brauchen einen Partnerbaum zur Befruchtung. Ist im Umkreis von etwa 70 Metern ein Kirschbaum vorhanden, kann man eine gleichzeitig blühende, passende Sorte setzen. Kirschbäume begeistern mit ihrer schönen Blüte. Sie sollten in Sichtweite des Wohnzimmerfensters gepflanzt werden, aber weit genug entfernt vom Sitzplatz, um diesen von heruntergefallenen Kirschen frei zu halten. Ideal ist meist ein Platz in der Mitte des Gartens oder im Vorgarten. Das kommt auch der beachtlichen Höhe und Ausdehnung entgegen, die

### Der Selbermacher-Tipp

Damit die köstlichen roten Früchtchen nicht von Vögeln verspeist werden, bevor man selbst zum Ernten kommt, empfiehlt es sich vor allem bei jüngeren Kirschbäumen, den Baum rechtzeitig mit einem **Vogelnetz** zu schützen.

*Wenn im Sommer Marillen (Aprikosen) und Kirschen reifen, ist immer für köstlichen Nachschub in der Küche gesorgt.*

Kirschbäume erreichen. Steht nicht viel Raum zur Verfügung, kann man auf kleinere Arten zurückgreifen. Weichselbäume (Sauerkirschen) bleiben allgemein kleiner und tragen meist am einjährigen Holz. Sie müssen nach der Ernte (August bis September) geschnitten werden.

## MARILLEN (APRIKOSEN)

Für Marillen empfiehlt es sich, den Boden mit kalk- und phosphathaltigen Düngern anzureichern. Wird hingegen (beispielsweise der Rasen, in dem sie stehen) fleißig mit Stickstoff gedüngt und viel gegossen, wachsen sie zu schnell, es geht ihnen „zu gut". Sie bilden reichlich Äste, aber keine Blüten und Fruchtstände. Notfalls kann man zu rasch gewachsene Triebe zurückschneiden und hoffen, dass sich im folgenden Jahr Blüten bilden.

Marillen sind außerdem anfällig für den Monilia-Pilz, der auf liegen gebliebenem Fallobst entsteht. Deshalb muss dieses sorgfältig entfernt werden.

## PFIRSICHE

Pfirsichbäume halten sich nur in klimatisch begünstigten Gegenden. Nasse, kalte Böden sind für Pfirsiche ungeeignet. Sie benötigen das wärmste und windsicherste Plätzchen im Garten. Doch wenn die Bedingungen stimmen, entschädigt der Baum mit seinen herrlichen Blüten und Früchten tausendfach für alle Mühen!

Ein Zeichen für einen falsch gewählten Standort ist der gefürchtete Gummifluss. Diese Stoffwechselerkrankung kann auch durch unbehandelte Schnittverletzungen ausgelöst werden. Oft sieht man sie Pfirsichbäumen auf den ersten Blick nicht an. Manchmal jedoch tropft der Ausfluss regelrecht herunter. Mit Schädlingsbekämpfungsmitteln zu arbeiten, hilft nicht, nur eine Verbesserung und Aktivierung des Bodens kann manchmal den Baum retten.

Einen traurigen Anblick bieten auch von der Kräuselkrankheit befallene Pfirsichbäume. Bereits während der Blüte beginnen die zunächst reichlichen Blätter zu verschrumpeln und sich einzukräuseln. Die Früchte fallen noch im Ansatz ab und der Baum wird kahl. Wer im Garten nicht mit Chemie arbeiten will, muss vor allem darauf achten, dass in der Nähe eines Pfirsichbaumes kein Wacholder steht. Denn Wacholder sind oft Zwischenwirte für die Überträger der Kräuselkrankheit. Manchmal bleibt nichts anderes übrig, als entweder den Wacholder oder den Pfirsich aus dem Garten zu entfernen. Befallene Zweige müssen abgeschnitten und verbrannt werden. Sie dürfen nicht auf den Kompost! Wer genau arbeitet und die Kräuselkrankheit früh erkennt, kann die Gefahr durch radikalen Rückschnitt eindämmen.

## ZWETSCHKEN UND PFLAUMEN

Zwetschken und ihre Verwandten, die Pflaumen, Mirabellen und Ringlotten (Renekloden), wachsen nicht auf schwachwüchsigen Unterlagen. Deshalb erreichen sie immer eine gewisse Größe und Ausdehnung. Normalen Gartenboden verträgt die Zwetschke recht gut, sie will es aber feucht und leicht lehmig. Ein warmer Platz an der geschützten Südseite des Hauses ist ihr am liebsten, allerdings nicht so nahe am Haus, dass sie zu wenig Wasser abbekommt! Sandige und sehr trockene Böden sind nicht geeignet.

Zwetschken benötigen Kalk, der bei sauren Böden extra zugeführt werden muss. Bleibt der Ertrag aus, darf man sich nicht zu viel von einem Baumschnitt erwarten. Zwetschken sind ein wenig störrisch und lassen sich nicht so leicht beeinflussen, auch wenn der Schnitt fachgerecht durchgeführt wurde.

# Süße Früchtchen: Beeren aus dem eigenen Garten

Sonnenwarme Erdbeeren direkt von der Staude zu naschen ist ein Luxus, den man sich mit minimalem Aufwand gönnen kann. Denn die verführerischen roten Früchte lassen sich im kleinsten Garten oder auch auf dem Balkon anbauen. Das sieht hübsch aus und bringt die köstlichen Geschmacks- und Vitaminlieferanten erntefrisch auf den Tisch – sofern sie nicht bereits auf dem Weg dorthin verspeist wurden …

Manche Beerensorten bekommt man heute fast ganzjährig im Supermarkt, im Winter oft aus Südamerika importiert. Da Beeren von Natur aus wenig transport- und lagerfähig sind, sind dafür viel Chemie und ein immenser Energieaufwand notwendig. Das und die einseitige Züchtung auf Vermarktbarkeit schmeckt man auch: Das Aroma solcher Früchte ist nicht zu vergleichen mit dem Genuss, den selbst kultivierte Beeren bieten!

## Beerenpflege: richtig schneiden

*Damit Beeren genug Sonne bekommen, müssen die Sträucher regelmäßig ausgelichtet werden.*

Damit Sie an Beerensträuchern lange Freude haben, ist ein regelmäßiger Schnitt notwendig. Vor allem bei Hecken fällt die Ernte infolge des Lichtmangels mager aus, wenn sie zu dicht werden. Am belaubten Trieb lässt sich am besten feststellen, was entfernt gehört und was stehen bleiben kann. Mehr als zwei Meter lange Triebe kürzt man während des Sommers so weit ein, dass sie nicht über das Spalier oder die Stütze hinauswachsen. Nicht rankende Brombeeren werden nach der Ernte bis zum Boden heruntergeschnitten. In den Blattachseln entstehen Geiztriebe, die während des Sommers laufend bis auf ein Blatt zurückgeschnitten werden. Bei rankenden Brombeeren und bei Himbeeren sollten nach der Ernte jene Triebe, die getragen haben, bis zum Boden geschnitten werden. Junge, neue Brombeerranken lässt man stehen, sie tragen im folgenden Jahr Früchte.

Frisch gepflanzten Ribisel-(Johannisbeer-)Hecken schneidet man bis auf den kräftigsten alle Triebe dicht über der Verzweigung ab. Bei Ribiselbüschen kürzt man alle Triebe so, dass ungefähr vier Knospen pro Trieb übrig bleiben. Anschließend kürzt man Hecken jeden Winter die Seitentriebe. Bei Buschkulturen schneidet man im ersten Winter alle Triebe gleichmäßig auf die Hälfte zurück und in den folgenden Jahren die Leitäste bis zur Hälfte, die Seitentriebe tiefer. Zusätzlich sind gegen Ende des Sommers sowohl bei Hecken als auch bei Buschribiseln die Seitenzweige so zu kürzen, dass nur wenige Blätter über den Fruchtständen übrig bleiben. Außerdem müssen Sträucher etwa alle drei Jahre verjüngt werden. Dazu wird das alte Holz, das mittlerweile „Knöpfe" und „Knoten" gebildet hat, herausgeschnitten.

Stachelbeeren lässt man nach dem Einpflanzen ca. fünf längere Triebe stehen, ohne zu kürzen, die anderen werden wie bei Ribiseln eingekürzt. Im Herbst wird altes Holz jeweils knapp über einem kräftigen, frischen Austrieb zurückgeschnitten. Ist auf einem alten Holz kein Austrieb mehr vorhanden, so wird der Ast bis auf den Boden hinunter weggeschnitten.

## Die Hitliste der beliebtesten Beerenarten

### BROMBEEREN

Brombeeren zieht man an Spalieren, geeignet sind auch Ziergitter, Pergolen und Hängeampeln. Wild wachsende Arten kommen ohne Drähte und Pfosten aus. Wer aber je in einem Brombeergestrüpp ernten wollte, wird weder die Dornen vergessen noch das frustrierende Erlebnis, dass die größten und reifesten Früchte in unerreichbarer Höhe blieben. In eng parzellierten Kleingärten sollte man Brombeeren nicht am Zaun pflanzen. Die kräftigen Wurzeln halten sich nicht an Benimmregeln und wuchern mit ihren stacheligen Trieben gern in nachbarliche Beete, aus denen sie kaum noch zu entfernen sind.

Brombeeren befruchten sich selbst, sie brauchen keinen zweiten Strauch. Die beste Pflanzzeit ist das Frühjahr, man kann aber auch im Herbst pflanzen. Die Brombeere liebt säuerlichen Boden; schweren verträgt sie nicht so gut. Die Böden müssen daher vor der Pflanzung reichlich mit Kompost angereichert werden. Eventuell muss auch neutralisierendes Torf-Ersatzmaterial eingearbeitet werden.

*Verführerischen Brombeeren und saftigen Erdbeeren aus dem eigenen Garten kann niemand widerstehen.*

Das Pflanzloch soll den Wurzeln ausreichend Platz bieten. Der Abstand von Pflanze zu Pflanze beträgt bei nicht rankenden Brombeeren drei Meter, bei rankenden Arten vier bis fünf Meter. Nach dem Pflanzen wird die Erde gut angedrückt, die Ranken werden ca. 25 Zentimeter über dem Boden abgeschnitten. Jungtriebe bindet man an Drähten hoch. Diese beginnen einen Meter über dem Boden, die nächsten Drähte folgen mit je ca. 50 Zentimeter Abstand, jedoch nicht höher als für die Ernte praktisch ist. Wenn man die Ranken ein Jahr in die eine und im nächsten Jahr in die entgegengesetzte Richtung zieht, vermeidet man, dass sich Krankheiten ausbreiten. Brombeeren reifen ab Ende August. Wenn sie blauschwarz sind, haben sie den vollen Geschmack entwickelt.

## ERDBEEREN

Erdbeeren sind wahre Lieblingsbeeren – und wunderbar für den Eigenanbau geeignet. Anspruchslos wie sie sind, lassen sie sich auf jedem Boden, auch im kleinsten Garten oder Balkon kultivieren. Es sollten nur nicht länger als drei Jahre an derselben Stelle Erdbeeren wachsen.

### Der Selbermacher-Tipp

Erdbeeren sind **durstige** Pflanzen. Doch wenn ihre zarten Blüten zu nass werden, bindet das Blütenstaub und verhindert die Befruchtung. Am besten legt man den Schlauch auf den Boden. Die köstlichen Beeren wiederum schimmeln leicht, wenn sie zu lange feucht bleiben. Deshalb gießt man am besten morgens, dann trocknet das Wasser auf den Beeren tagsüber. Auch Stroh als Unterlage hilft gegen Schimmel.

Die verführerischen Sommerfrüchte gibt es in zahlreichen verschiedenen Sorten, es lohnt, immer wieder einmal neue auszuprobieren. Grundsätzlich unterscheidet man dabei zwischen groß- und kleinfruchtigen sowie zwischen einmal und öfter tragenden Sorten. Großfruchtige Gartenerdbeeren kann man in Töpfen oder als bewurzelte Pflanzen in Büscheln kaufen. Einmal tragende Gartenerdbeeren werden im Frühling oder nicht zu spät nach der Ernte gesetzt. Sie sind winterhart und tragen im folgenden Jahr. Ihr Vorteil: schönere Früchte und weniger Krankheiten. Der Nachteil: höhere Kosten, da jedes Jahr neue Pflanzen gekauft werden müssen.

Mehrmals tragende Erdbeeren pflanzt man ab Mitte Herbst. Früchte gibt es erstmals im darauf folgenden Jahr, wenn man die ersten Blüten wegzupft. Auch wenn sie erst im Frühling gepflanzt werden, kann man noch im selben Jahr mit Früchten rechnen. Monatserdbeeren kauft man oder zieht sie aus Samen. Sie bilden keine Ausläufer und müssen deshalb jährlich neu gesetzt werden. Ausgesät wird im Herbst in Töpfen, die im Glashaus oder im frostsicheren Frühbeet überwintern. Zu Frühlingsbeginn gesäte Pflänzchen werden unter Glas gegen Frost geschützt. Ab Mai kommen sie ins Freie. Sie tragen den ganzen Sommer und Herbst bis zu den ersten Frösten.

## HEIDELBEEREN

Zuchtheidelbeeren wollen sauren Boden und einige Stunden Sonnenschein pro Tag. Anders als die wilden Sorten kann man sie nicht unter Nadelbäumen pflanzen. Zur besseren Befruchtung empfiehlt es sich, mindestens zwei Sträucher zu pflanzen. Da Leitungswasser kalkhaltig ist, sollte man Heidelbeeren mit Regenwasser bewässern. Auch der Dünger muss kalkfrei sein. Winterfrost schadet den Heidelbeeren nicht, im Gegenteil, sie benötigen ihn, um zu „fruchten".

## HIMBEEREN

Himbeeren sind wie Brombeeren ursprünglich Waldbewohner und lieben daher leicht sauren Boden. Sie vertragen ein wenig Halbschatten, wenn sie einige Stunden am Tag volle Sonne bekommen. Wichtig sind auch genügend Feuchtigkeit und ein nicht zu verdichteter Boden. Damit sie nicht im Gartenboden wuchern, gebieten Begrenzungen im Boden ihnen Einhalt. Das kann Dachpappe, dicke Plastikfolie o. Ä. sein.

Es gibt Früh- und Spätformen. Frühhimbeeren bilden längere Ranken, sie tragen an den Vorjahresranken und werden im Spätsommer reif. Späthimbeeren kann man erst im Herbst ernten, denn sie bilden ihre Früchte am diesjährigen Holz. Gepflanzt wird im Herbst oder Winter in bereits einige Monate zuvor gut vorbereiteten Boden. Mehrere Ruten pflanzt man mit 50 Zentimeter Abstand. Anschließend wird die Erde gut festgetreten und gegossen, die Ruten werden auf 30 Zentimeter zurückgeschnitten. Im späten Frühjahr kann gedüngt werden.

Bei Himbeeren an einem Drahtzaun oder Spalier werden die Ranken alle 80 Zentimeter festgebunden. Nach der Ernte, wenn die Frühsorten Ranken bilden, die im Folgejahr tragen werden, befestigt man die schönsten und kräftigsten jungen Ranken am Spalier oder Zaun. Gegen Winterende müssen eventuelle Frostschäden an den Ruten weggeschnitten werden.

Himbeeren gedeihen am besten, wenn man sie regelmäßig mit Abfällen mulcht, die beim Rasenmähen entstehen. So haben sie es schön feucht und warm. Das danken sie mit reichlicher Ernte, die sich sichern lässt, indem man rechtzeitig ein Vogelnetz über die Sträucher spannt.

## RIBISELN (JOHANNISBEEREN)

Rote und weiße Ribiseln gedeihen auf halbschattigen Standorten mit neutralem bis leicht saurem Boden. Am besten pflanzt man sie im Herbst, bei frostfreier Witterung auch noch im Winter. Sie sind als Hecken und in Reihenpflanzung beliebt und können auch gut als einzelne Büsche gesetzt werden.

Bei Hecken- und Reihenpflanzung sollte der Abstand ca. 40 Zentimeter betragen. Hecken benötigen eine Stütze, beispielsweise einen Zaun, an dem sie festgebunden werden können, oder einen Stützpfahl für jede einzelne Pflanze. Das fördert den geraden Wuchs und hält die Hecke schmal. Zusätzlichen Halt geben um die Hecke gespannte Drähte.

## SCHWARZE RIBISELN (SCHWARZE JOHANNISBEEREN)

Schwarze Johannisbeeren sind winterfest, allzu exponierte Standorte sollte man allerdings vermeiden. Dafür vertragen sie ein wenig Halbschatten. Man setzt sie am besten im Herbst oder an frostfreien Wintertagen. Nach dem Einsetzen kürzt man die Triebe so, dass nur etwa zwei Knospen pro Trieb übrig bleiben. Das bewirkt, dass der frisch gesetzte Strauch im ersten Jahr keine Früchte trägt. Denn wenn er zunächst ein Jahr lang kräftig wachsen kann, wird im Folgejahr die Ernte umso reichhaltiger ausfallen.

Geerntet wird erst, wenn die Beeren eine durch und durch tiefschwarze Färbung erreicht haben. Besonders süß und wohlschmeckend werden sie, wenn man ihnen noch eine Woche zur zusätzlichen Reifung gönnt.

Alle Ribiselarten lassen sich leicht durch Steckhölzer vermehren. Dazu schneidet man im Herbst gut verholzte einjährige Triebe aus dem Busch oder der Hecke. Sie sollten etwa 25 bis 30 Zentimeter lang sein. Um sie wurzeln zu lassen, gibt es zwei Möglichkeiten: Entweder werden die Steckhölzer in Sand eingeschlagen und in einem kühlen Keller so lange gelagert, bis sich der Wundverschluss, aus dem die Wurzeln entstehen, gebildet hat. Im Frühling kann man diese Steckhölzer dann in gelockerten Gartenboden stecken. Oder man steckt sie sofort in den Gartenboden, und zwar so tief, dass nur eine Knospe herausragt. Wenn die Stecklinge bewurzelt sind,

kann man sie im nächsten Spätherbst an den endgültigen Standort versetzen. Dazu muss der Trieb, der sich mittlerweile gebildet hat, auf drei Augen zurückgeschnitten werden; die Wurzeln werden um ein Drittel eingekürzt.

## STACHELBEEREN

Stachelbeeren benötigen einen vollsonnigen Standort, um ihr köstliches Fruchtaroma voll zu entfalten. Wichtig ist, dass das Beet gemulcht wird, um Feuchtigkeit zu binden. Sehr attraktiv sind Stachelbeeren auch als Beerenhochstämme. Sie sehen dekorativ aus und sind leicht zu pflegen. Alles, was sie brauchen, ist ein Stützpfahl oder besser noch mehrere Pfähle, die oben mit Brettern verbunden sind und die Krone zusätzlich stützen, damit sie auch bei starkem Wind nicht bricht.

Im Gemüsegarten machen sich unter Beerenhochstämmen Unterpflanzungen mit Rhabarber sehr gut, da Rhabarber an einem fixen Standort angebaut werden kann. Einkalkulieren sollte man allerdings, dass Hochstämmchen eine kürzere Lebensdauer haben als Sträucher.

# 4. Besondere Gestaltungsideen

# Der Generationen-Garten

Im folgenden Kapitel möchten wir Ihnen einige Beispiele für Gärten geben, bei deren Gestaltung jeweils eine bestimmte Grundidee im Vordergrund stand. Sie finden hier die beliebtesten Klassiker der Gartengestaltung wie Steingärten und asiatische Gärten, aber auch Anregungen, wie man einen „Generationen-Garten“ anlegt: einen Garten, in dem sich Alt und Jung gleichermaßen wohlfühlen.

Einen Garten anzulegen ist eine langfristige Investition in die Zukunft. Bäumchen, die heute als kleine Reiser gepflanzt werden, können in 20 Jahren die Basis für ein Baumhaus bilden oder einer Sitzecke Schatten spenden. Mit dem Garten verändern sich auch die Ansprüche der Gartenbesitzer. Heute planen viele Familien ihren Garten schon, bevor sie wirklich Familie sind. Wenn dann Kinder kommen, rücken plötzlich ganz andere Aspekte der Gartennutzung in den Vordergrund. War am Anfang vielleicht ein Ziergarten mit Staudenbeeten der Stolz eines jungen Paares, so kann später ein gut geschützter Schattenplatz für den Kinderwagen interessant werden, noch bevor der Nachwuchs Freude an Sandkasten, Platz zum Toben, Verstecken und Ballspielen oder Bäumen zum Klettern zeigt. Dazu kommen Planschbecken, Spielhaus, Baumhaus und noch viel mehr auf die Wunschliste. Gleichzeitig können für die Eltern eine gemütliche Sitzecke zum Entspannen und ein Essplatz interessant sein, vielleicht auch eine Möglichkeit, Freunde zum Grillen und Feiern im Garten einzuladen.

Wenn die Kinder älter werden, haben Sandkasten und Co recht schnell ausgedient. Dafür bietet der Garten den Kindern Möglichkeiten, anderen

Interessen nachzugehen. Das kann ein vor fremden Blicken geschütztes Plätzchen zum Träumen, Lesen und Tratschen mit Freunden sein oder für den gärtnerisch interessierten Nachwuchs ein eigener Gartenbereich zum Selbstgestalten.

## DER KINDERGERECHTE GARTEN

Das grundlegend Faszinierende an der Gartengestaltung ist für alle Generationen das Gleiche: sich ein eigenes kleines Reich gestalten, einen Raum für sich selbst. Errichtet nach den persönlichen Vorstellungen – eben der ganz persönliche Traumgarten. Ein kindergerechter Garten bietet Raum zur Verwirklichung von Kinderträumen. Wichtig ist, die verschiedenen Bereiche in ihrer Größe realistisch zu planen, klar voneinander abzutrennen und gut aufeinander abzustimmen. Ein Rosenbeet nahe beim Ballspielplatz bereitet niemandem Freude. Liguster, Kirschlorbeer, Mispel, Erika und Katzenminze hingegen sind Beispiele für robuste Pflanzen, die sich von Verletzungen recht schnell erholen können.

Der kindergerechte Garten ist Spiel- und Sportplatz, Kreativitätsworkshop, Lernlabor und Chill-out-Zone in einem. Er fordert die Aktivität heraus, fördert die Phantasie und bietet Rückzugsräume. Das alles in einem sicheren, auf die Bedürfnisse von Kindern abgestimmten Bereich und ohne, dass einengende Beaufsichtigung notwendig ist. Ganz nebenbei machen die Kinder wichtige Erfahrungen beim Beobachten von Pflanzen und Tieren. Der Laubhaufen, in dem ein Igel überwintert, ist ein

*Radieschen begeistern den gärtnernden Nachwuchs, weil sie schnell sichtbare Erfolge bringen.*

wahrer Klassiker kindgerechter Attraktionen im Garten. Mit wenig Aufwand lässt sich aus einfachen Holzplatten auch ein kleines Häuschen für den stacheligen Gartengast bauen.

Dazu kommt der Stolz, selbst zu gärtnern – wie die Erwachsenen. Die ersten selbstgezogenen Pflänzchen vergisst man so schnell nicht. Ideal auch für kleinere Kinder sind pflegeleichte, schnell wachsende Setzlinge, am besten kurz vor der Blüte. Gut geeignet für den Gärtnernachwuchs sind auch schnell keimende Gemüse wie Bohnen, Erbsen und Salat. Ihr Heranwachsen zu beobachten hat für Kinder mindestens die gleiche Faszination wie für Erwachsene.

*Setzlinge sind ideal für Kinder, die die Pflänzchen gern beim Heranwachsen beobachten.*

All das lässt sich auch in einem kleinen Garten und mit mehr oder weniger Budget verwirklichen. Entscheidend ist nicht der finanzielle oder räumliche Aufwand, sondern die Grundidee, im Garten eigene „Kinderbereiche" zu errichten. Fragen Sie Ihre Sprösslinge nach ihren Wunschvorstellungen und überprüfen Sie dann, was realistisch umsetzbar ist. Eine Weide beispielsweise oder ein kleines Bambusdickicht bilden einen idealen Platz zum Höhlenbauen; ähnliche Effekte lassen sich unter den hängenden Ästen einer Trauerbirke erzielen. Eine Schaukel ist immer eine Attraktion und bleibt jahrelang beliebt. Wenn Sie den Spielwert erhöhen wollen, wählen Sie eine Konstruktion mit kombinierten Klettermöglichkeiten. Steht sehr wenig Raum zur Verfügung, dafür aber geeigneter Altbaumbestand, so lässt sich ein Schaukelbrett auch in passende Zweige einhängen. Spalierobst wiederum kann man so niedrig züchten, dass die Früchte in „Kinderhöhe" hängen. Einen der beliebtesten Klassiker schließlich, Spielhäuser, gibt es in schier unendlicher Vielfalt zu kaufen. Wer Wert auf Individualität legt und handwerklich geschickt ist, kann auch selbst ein solches Häuschen errichten.

Vor allem bei sehr kleinen Kindern ist auch der Schutz vor Gefahren ein wichtiges Thema im kindgerechten Garten. Bei der Ausstattung von Spielorten und -geräten ist auf solide Ausführung zu achten, die auch mal Nutzungsweisen aushält, die nicht im Sinne der Designer waren. Weiche Untergründe, beispielsweise aus Rindenmulch, mildern Stürze und sind ideal unter Sportgeräten. Im Gartenteich ist ein Schutzgitter wichtig, denn für Kinder sind auch sehr niedrige Gewässer potentiell gefährlich. Auch Pflanzen können Gefahrenquellen darstellen. Solange die Kinder noch in dem Alter sind, in dem sie alles in den Mund stecken, gehören keine Giftpflanzen in den Garten. Einige recht beliebte Gartenpflanzen sind giftig, aber auch manche Unkräuter. Hier ein Überblick über die verbreitetsten Arten: Eibe, Oleander, Seidelbast, Goldregen, Schierling, Tollkirsche, Wolfsmilch, Riesenbärenklau, Prunkwinde, Herbstzeitlose, Maiglöckchen, Bilsenkraut, Hahnenfuß, Fingerhut, Akelei. Im Zweifelsfall beim Pflanzenkauf nachfragen!

## GÄRTEN, DIE „MITWACHSEN“

Spätestens bei einem Besuch der Großeltern stellt sich irgendwann auch die Frage nach dem altersgerechten Garten. Sind Wege und Trittsteine eben und trittfest, auch wenn Tau darauf liegt? Ist der Terrassenbelag bei feuchter Witterung rutschig? Sind Höhenunterschiede zu überwinden, gibt es Stufen im Garten? Mit zunehmendem Alter kann auch das Ziehen von Obst und Gemüse zu einer wachsenden Belastung werden. Was früher körperliche Betätigung an der frischen Luft war, wird auf Dauer einfach zu anstrengend.

Geschickt angelegte Gärten tragen in sich Benutzungsangebote für alle Generationen und können „mitwachsen“. Viele Gartenbereiche lassen sich gut veränderten Wünschen und Bedürfnissen ihrer Benutzer anpassen. Wo ein Sandkasten war, kann ein Spargelbeet entstehen – dort stören Sandreste im Erdreich nicht, im Gegenteil. Das Plätzchen, das so gut für das Spielhaus geeignet war, könnte der passende Ort werden, um den lang gehegten Traum eines kleinen Brunnens zu verwirklichen, der bislang keinen Platz fand. Idealerweise hat sich dort im Lauf der Jahre auch die Bepflanzung so entwickelt, dass sie gut zu den neuen Nutzungsideen passt.

Das klappt am besten, wenn bei jeder gärtnerischen Entscheidung ein voraussichtlicher Zeithorizont mitgedacht wird: Manche Elemente haben kurzfristige Aufgaben und können im Lauf der Zeit sehr flexibel verändert werden. In diese Kategorie fallen beispielsweise Beete mit einjährigen Sommerblumen. Sträucher und Bäume werden den Garten viel länger prägen und dabei stetig verändern. Das betrifft den optischen Eindruck ebenso wie praktische Fragen, beispielsweise die Verteilung von Licht und Schatten im Garten. Auch ein Teich oder eine Pergola wollen mehr als eine Gartensaison erleben. Langfristig sollte aber auch bei grundlegenden Strukturelementen wie Wegen und fix installierten Sitzplätzen gedacht werden.

Manche Bereiche lassen sich im Lauf der Zeit durch Modifikationen anpassen. Möbel für die Terrasse können auf unterschiedlichste Bedürfnisse abgestimmt werden. Von Kindermöbeln, die dem Nachwuchs auch hier seinen ganz persönlichen Platz geben, bis zu Liegen mit höherer Liegehöhe, die Personen mit Rückenproblemen das Aufstehen erleichtern. Hochbeete wiederum sind eine wunderbare Hilfe für Menschen, denen das Bücken beim Gärtnern schwerfällt. Noch dazu bieten sie die Möglichkeit, die Bepflanzung unabhängig von der Bodenbeschaffenheit des Gartens zu gestalten. Und wenn der Platz reicht, kann an der Stelle, an der einst die Kinder im Planschbecken tobten, ein

### Der Selbermacher-Tipp

Hilfreich bei der Gestaltung eines **für verschiedene Generationen geeigneten Gartens** ist es, sich bei Freunden umzuschauen, deren Lebenssituation der eigenen einen Schritt voraus ist: Wer hat bereits Kinder, wer hat einen Garten altersgerecht umgerüstet, was passiert im Garten, wenn aus Eltern Großeltern werden? Das gibt eine erste Vorstellung davon, wie mögliche Veränderungen im eigenen Garten aussehen könnten.

Pool errichtet werden. Die Hecke davor hat sich zwischenzeitlich idealerweise zu einem attraktiven, undurchdringlichen Sichtschutz entwickelt und ermöglicht jetzt ungestörte Sonnenstunden am kühlen Nass.

## Asiatische Gärten

Asiatische Gärten strahlen eine ganz besondere Harmonie und Ruhe aus. Man spürt, dass hier Gartenkünstler am Werk sind, die ihre Inspiration aus einer jahrhundertealten Tradition beziehen. Chinesische Gärtner waren die ersten, die die Natur im Kleinen nachzuahmen begannen. Denn das ist eine Grundidee der asiatischen Gärten: die wunderbare Vielfalt der Natur im eigenen Garten symbolisch darzustellen.

Eine große Rolle spielen dabei Religion, Mystik und Symbolik: Kleine Wasserläufe, über die zierliche Brücken führen, stehen für fruchtbare Flusslandschaften. Verwitterte Steine symbolisieren zerklüftete Gebirge, Meeresbuchten werden mit feinem Sand nachgebildet, in den mit einem Rechen sorgfältig Wellen gezeichnet sind. Skulpturen und andere Kunstwerke ergänzen das Ensemble. Eine besondere Bedeutung genießen auch Pavillons. Vom Reiz, den diese eleganten Bauwerke schon lange auch auf Europäer ausüben, zeugen chinesische Pavillons in berühmten Parkanlagen wie Sanssouci.

Die Bepflanzung, in der auch den Pflanzen symbolische Bedeutung zukommt, bildet den perfekt abgestimmten Hintergrund für Gestaltungselemente wie Steine und Wasser. Dabei können asiatische Gärtner schon seit Urzeiten auf großen natürlichen Artenreichtum zurückgreifen. In Europa mussten im Gegensatz dazu nach der letzten Eiszeit viele Arten erst wieder importiert werden. Kein Wunder, dass wir uns von Asien in Sachen Gartenkunst einiges abschauen können!

Ob man einen asiatischen Garten anlegen will oder nur bestimmte Gestaltungselemente übernimmt: Die Auseinandersetzung mit der asiatischen Kunst der Gartengestaltung lohnt in jedem Fall. Mittlerweile gibt es auch im deutschsprachigen Raum einige asiatische Schaugärten, beispielsweise den Setagayapark in Wien oder den Japanischen und den Chinesischen Garten in Berlin Marzahn, in denen man die Faszination dieser alten Gartentradition erleben kann. Auch Gartenmessen bieten dazu gute Gelegenheiten.

## DIE GRUNDPRINZIPIEN: AKTIV UND PASSIV

Asiatische Gärten sind grundlegend durch das Wechselspiel von Spannung und Harmonie im Verhältnis von aktiven und passiven Elementen bestimmt. Beide Elemente kommen immer gemeinsam vor. Das aktive Element symbolisieren beispielsweise aufrecht stehende Steine und sprudelndes Wasser. Das passive Element stellen liegende Steine, Sand oder ruhendes Wasser dar. Große Steine stehen dabei absichtlich nicht ganz aufrecht, sondern sind zu einem Drittel eingegraben, da sie so harmonischer wirken.

Auch die mit Kies und Trittsteinen gestalteten Wege im japanischen Garten sind nach dem Prinzip der Wechselwirkung von aktiv und passiv angelegt. Ursprünglich waren sie Pfade zum Teehaus, oft führen sie über Wasser oder Sand. Sie regen den

*Asiatische Gärten bestechen durch ihre ganz besondere, ruhige Ausstrahlung.*

Benutzer dazu an, den Schritt zu verlangsamen. So hat man automatisch Zeit, den Garten zu betrachten oder sich auf die Teezeremonie vorzubereiten. Trittsteine für einen solchen Weg sollen nicht gleich groß sein, aber gut zusammenpassen. Sie liegen im Abstand von 45 Zentimetern. Größere Steine kommen an Stellen, wo die Betrachter stehen bleiben sollen, kleinere laden zum Weitergehen ein. Man legt sie so tief in Sand und Kies, dass sie nur etwa fünf Zentimeter herausragen. Dadurch wird ein natürlicher, aber trotzdem formaler Eindruck geschaffen. Ober- und Unterseite der Steine sollen so eben wie möglich sein. Als Material eignet sich von Holz über Natursteine bis Beton- und Ziegelplatten fast alles.

Werden Trittsteine über Wasser gelegt, so müssen sie gut im Teichboden verankert werden. Je dichter die Platten über der Wasseroberfläche „schweben", umso attraktiver wirken sie. Damit sie auch bei Wind trocken bleiben und nicht durch die Wasserbewegung nass werden, empfiehlt sich ein Mindestabstand von fünf Zentimetern zwischen Wasseroberfläche und Steinen.

## DIE BEDEUTUNG DER BEPFLANZUNG

Viele Bäume und Sträucher im asiatischen Garten werden „gezähmt". Ziel dabei ist, sie so zurechtzustutzen, dass sie wie ein besonders interessanter „natürlich" gewachsener Baum aussehen. Dabei hat die Bepflanzung immer eine tiefere Bedeutung. Bambus beispielsweise gilt mit seinen außergewöhnlichen Eigenschaften wie Biegsamkeit, Festigkeit und gute Verankerung in seinem Rhizom als Symbol für die Gemeinschaft. Kiefern wiederum werden Laotse zugeordnet und als Symbol für Lebenskraft gesehen.

Japanischen Ahorn, Elfenblume, Azaleen, Japansegge und Sumpfiris pflanzt man vor allem rund ums Wasser. Moos und Farne passen gut zu Steinen und Wegen. Bambus und Schilf stehen oft im Hintergrund von Wasser oder als Solitäre an Hausmauern und Gartenzäunen, da sie anfällig für allzu heftige Winde und starke Fröste sind. Der harmonisch abgestimmte Wechsel von bodendeckenden Stauden wie Efeu und Zwergmispeln mit mittleren Stauden, Gräsern und Gehölzen wie etwa Schwertlilien, Binsen, Latschenkiefern und Rhododendren sowie höheren Sträuchern und Bäumen wie Scheinzypressen, Zedern, Tannen, Fichten, Birken und Wacholder rundet das Bild ab.

*Bambus begeistert durch seine unterschiedlichen Erscheinungsformen. Im japanischen Garten steht er als Symbol für die menschliche Gemeinschaft.*

# Steingärten

Ideal zur Anlage eines Steingartens sind abschüssige Stellen, die beim Hausbau entstehen, etwa die Rampe von der Terrasse in den Garten. Auf ebenen Flächen kann ein aufgeschütteter Hügel die Grundlage bilden. Wichtig sind ein gut durchlässiger Boden und ein sonniger Standort, da viele Steingartenpflanzen nur in voller Sonne ihre Pracht entfalten. Heute kombiniert man gern Elemente des klassischen Steingartens, wie er bis in die 1950er Jahre gepflegt wurde, mit mediterranen oder tropischen Gewächsen, einjährigen Sommerblumen, Zwerggewächsen und anderen genügsamen Stauden.

## STEINGÄRTEN ANLEGEN LEICHT GEMACHT

Alpenpflanzen sind klein genug, um dem Wind zu trotzen. Sie vertragen jedoch keine staunassen Böden. Einige Arten tolerieren auch Schatten, bei Bedarf kann man im Handel gezielt danach fragen. Eines sollte man auf keinen Fall machen: Während des Urlaubs in den Alpen Pflanzen ausgraben und daheim einsetzen. Das ist nicht nur verboten, sondern auch von wenig Erfolg gekrönt. Denn die Pflanzen sind auf alpine Lebensbedingungen eingestellt und gedeihen nicht in normalen Hausgärten.

Da Steingärten sich nicht gut jäten lassen, ist gute Bodenvorbereitung wichtig. Dafür wird der Boden zunächst umgegraben und von Unkraut befreit. Am besten geschieht das im Herbst, damit der Frost die obersten Erdschichten zerkrümeln kann. lm Frühjahr wird nochmals umgegraben und das restliche Unkraut entfernt.

Wenn dann auch das Gelände geformt ist, geht es an die Gruppierung der Steine. Zuerst legt man die großen Steine aus, dann mittlere und zuletzt die kleinen. Alle wirken am besten, wenn sie liegen, nicht, wenn sie aufgestellt sind. Und ein einzelner großer Felsbrocken, geschickt aufgelegt, wirkt viel beeindruckender als mehrere kleinere Steine.

Grundsätzlich gilt: Je schlichter und natürlicher die Bepflanzung, desto besser kommen Steine, Treppen und Mauern zur Geltung. Kriechende und Horste bildende Pflanzen sind optisch reizvoll und lassen dem Unkraut wenig Chancen. Wuchernde Pflanzen sollten jedoch nicht überhand nehmen und für andere noch Platz bleiben. Sie sorgen für eine gewisse Fülle und Höhe. Diese größeren Sträucher oder Koniferen werden zuerst gepflanzt, um sie herum gruppieren sich Stauden, Sommerblumen und Bodendecker. Für kleine Gärten eignen sich so genannte Zwergkoniferen – wie juniperus communis, die eine kleine Säule bildet – oder flach wachsende Zwerg-Scheinzypressen.

*Die harmonische Kombination von Bepflanzung und Steinelementen macht den besonderen Reiz von Steingärten aus.*

# Heidegärten

Heidegärten sind pflegeleicht und bieten das ganze Jahr ein prächtiges, abwechslungsreiches Bild. Traditionell bestehen sie aus verschiedenen Erika- und Heidekrautarten. Dazu zählen auch Rhododendren und Azaleen. Die Ruhe der meist flach wachsenden Erika und der ebenfalls niedrigen Sommerheide kann Gärten die Weite eines Moores verleihen. Damit Heidekräuter ihre Wirkung richtig entfalten können, setzt man sie zu je fünf Stück in Gruppen, am besten sehr dicht und mindestens drei verschiedenfarbige Arten.

Wer es gern abwechslungsreich hat, pflanzt höher wachsende Baumheide oder zwischendurch einige Koniferen. Abwechslung in den Heidegarten bringen auch geschickt angelegte Wege, große Steine, Eisenbahnschwellen oder Treppen. Kies- und Rasenflächen harmonieren ebenfalls sehr gut. Dass auch Holz sehr gut zu Heide passt, kann man bei der Beetumfassung nutzen: Holzschwellen zur Beetbegrenzung machen sich sehr gut.

In kleinen Gärten wirken Heidestauden besonders gut vor dem dunkelgrünen Hintergrund von Koniferen. Mit passender Unterpflanzung schafft man den Übergang von hoch wachsenden Koniferen zu flachen Heidekräutern. Dafür eigenen sich Straucharten mit buntem Laub und gefälliger Wuchsform, wie Scheinhasel oder buntblättrige Stechpalmen.

In größeren Gärten sieht es sehr gut aus, wenn mehrere Beete nebeneinander angelegt und durch kleine, schmale Wege getrennt werden. Diese Wege können Rasen-

*Wer sich für einen Heidegarten entscheidet, kann das ganze Jahr über bunte Farbenpracht genießen.*

pfade sein oder mit Kies, Rindenschnitzel, Kokosfasern oder Kakaoschalen belegt werden. Letztere riechen fein nach Schokolade und können in Vorgärten eine kleine Sensation sein.

## DIE RICHTIGE VORBEREITUNG UND PFLEGE

Heidepflanzen benötigen sonnige Standorte und sauren Boden, der gut umgegraben und mit Rindenmulch oder anderem Torfersatz verbessert wird. Unkraut und Wurzelreste im Boden sollten bereits einige Wochen vor der Neubepflanzung entfernt werden. Containerpflanzen kann man grundsätzlich ganzjährig setzen. Am besten geeignet für alle Neuanpflanzungen sind jedoch Herbst und Frühjahr. Vor dem Einsetzen stellt man die Pflanzen eine halbe Stunde in einen Eimer mit abgestandenem Wasser. Bei Containerpflanzen empfiehlt es sich, die Wurzelballen vor dem Einpflanzen etwas aufzulockern.

Heidepflanzen sollten beim Einpflanzen mit den untersten Blättern den Boden berühren. Wächst die junge Pflanze schlecht an, kann man sie wieder ausgraben und den Wurzelballen erneut lockern. Niedrige Heidegewächse werden jährlich geschnitten, immer nach der Blüte. So bleiben die Pflanzen kompakt und bilden einen attraktiven „Teppich“.

### Der Selbermacher-Tipp

Bei der Formung von Gehölzen im Heidegarten kann man sich von der **Bonsaikultur** inspirieren lassen. Die Bonsaiformung erzielt durch spezielle Schnitttechniken interessante, natürlich wirkende Baumformen. So kann zum Beispiel eine Kiefer so zurechtgeschnitten werden, dass sie im Heidegarten wie ein windgepeitschter Baum aussieht. Formschnitte wie bei einer Hecke oder wie im formalen Garten passen hingegen weniger zu Heide.

# Ziergräser, Schilf und Farne

Geschickt platzierte Gräser können Gärten einen ganz besonderen Reiz geben. Sie verleihen Beeten eine natürliche Note, lösen Übergänge zwischen Steinen, Mauern und Wegen auf und mildern starke Farbkontraste. Neben den bekannten Arten wie Pampasgras und Bambus bieten sich viele weitere Ziergräser in verschiedenen Höhen an.

- Zu den beliebtesten **halbhohen Arten** zählt der Blaustrahlhafer (Avena sempervirens). Carex, das braune Steppengras, gibt es in verschiedenen Arten, einige davon sind auch winterhart.
- Die **niedrigen Arten** sind hauptsächlich Schwingelgräser, von denen einige dichte Horste bilden oder schöne grüne Polster. Das blaue Igelborstengras wird zehn bis 15 Zentimeter hoch. Bärenfellgras macht seinem Namen alle Ehre und bildet dichte Polster auch über Wegkanten und Steine. Festuca volesiaca behält seine blaugraue Farbe bis in den Winter.
- **Hochwüchsige Arten** wie Pampasgras oder Riesenchinaschilf kann man als Solitäre setzen, sie wirken in einem blühenden Garten außerordentlich reizvoll. Wichtig ist, dass Pampasgras im Herbst nicht heruntergeschnitten werden darf. Durch die Schnittstellen kann gefrierendes Wasser in den Wurzelbereich dringen und die Pflanze schädigen. Am besten bindet man die Gräser im Spätherbst mit Bast zusammen und häufelt sie mit Laub an, das mit Dachpappe oder Holzlatten beschwert wird. Diese Laubhaufen gewähren auch Igeln den nötigen Schutz über den Winter.

*Ziergräser lockern Übergänge wie beispielsweise zwischen Weg und Hauswand optisch auf.*

Für kleine Gärten empfehlen sich niedrige Grassorten. In weitläufigeren Gartenanlagen pflanzt man Gräser in Gruppen: am besten jeweils drei zueinander passende Arten, in verschiedenen Wuchshöhen: niedrig, mittel und hoch wachsend. Das lässt das Arrangement natürlicher wirken. Bei der Wahl der passenden Gräser sind Blattwerk, Fruchtstände und Laubverfärbung interessant: Im Herbst entfalten einige Grasarten wunderschöne fedrige Büschel, andere wiederum, wie das Federborstengras (Lampenputzergras), bilden Borsten aus. Im Winter entwickeln viele Gräser besonders bei Raureif reizvolle Effekte. Deshalb empfiehlt es sich, sie nicht im Herbst abzuschneiden, sondern erst im darauf folgenden Frühjahr.

Die optimale Wirkung erreicht man, wenn mit den Gräsern kombinierte Sommerblumen und Stauden auf die Wuchshöhe abgestimmt sind. Denn niedrig wachsende Polsterstauden verschwinden leicht in hohem Chinaschilf, kleine Grasbüschel wirken am Fuße hoch wachsender Stauden etwas verloren. Ideal sind halbhohe Grassorten, sie verdecken kleine Schönheitsfehler bei Stauden und Ziersträuchern.

### Der Selbermacher-Tipp

Besonders effektvoll lassen sich **Gräser und Schilf mit Wasser,** zum Beispiel an einem kleinen Biotop, **kombinieren.** Geeignet dafür sind Schilfrohr, Chinaschilf, Binsen, Riedgräser, Federborstengras und Zyperngras.

## FARNE

Farne wirken sehr romantisch. Im 19. Jahrhundert war es große Mode, diese zarten Gewächse zu sammeln. Farn lässt sich gut kombinieren, beispielsweise mit Pfingstrosen, Efeu, Silberkerzen, Astilben, Maiglöckchen, Anemonen und Lilien. Er liebt lichten Schatten und einen schwach sauren Boden. Dünger benötigt er kaum, dafür viel Feuchtigkeit und sehr lockeren Boden. Manche Farne gedeihen auch im Schatten, sogar unter Nadelbäumen. Unter Sträuchern tun sie sich allerdings schwer. Stimmen die Bedingungen, so wächst Farn problemlos und vermehrt sich gut. Am besten setzt man ihn im Frühjahr, dann kann er sich in der warmen Jahreszeit entwickeln.

Es gibt sommergrüne Farne wie den Wurmfarn und wintergrüne Farne wie die Hirschzunge. Beide lässt man den Winter über ungeschnitten. Im Frühling kann man zurückschneiden. Auch in der Wuchshöhe gibt es Unterschiede: Vom zehn Zentimeter hohen Milzfarn bis zum mehr als einen Meter hoch wachsenden Riesenwurmfarn sind nahezu alle Größen vertreten.

# 5. Wasser im Garten

# Nicht nur für Froschkönige und Poolnixen

Die klare, ruhige Oberfläche eines von üppiger Vegetation umstandenen Teichs, die faszinierende Wirkung einer Springbrunnenfontäne, das leise Murmeln eines Quellsteines: Die Möglichkeiten, Wasser im Garten einzusetzen, sind unbegrenzt. Wasser bringt Farbe und Bewegung in den Garten, es lädt zum Träumen und Regenerieren ein und bietet optische Abwechslung für alle Gartentypen. Sein Anblick wirkt belebend und beruhigend zugleich.

Ein Feuchtbiotop wird schnell zu einem Ort der Ruhe und Entspannung im Garten. Ein Schwimmbecken verwandelt ihn in eine exklusiv für Sie und Ihre Familie geöffnete Ferienanlage mit eigenem Pool. Ohne Wasser hingegen fehlt etwas im Garten, da kann die Anlage noch so stilvoll gestaltet sein. Dabei kann das Wasser unterschiedlichste Formen annehmen: Von einem Spülstein am Wasseranschluss, der vor allem für Kinder viel zu bieten hat, über kleine Tümpel und Miniseen im Kübel bis zum Schwimmteich oder einem kleinen Wasserlauf ist alles möglich.

Wenn wir heute einen Teich anlegen oder einen Brunnen im Garten planen, können wir auf eine uralte Tradition zurückgreifen. Der Einsatz von Wasser hat in der Gartengestaltung immer schon eine wichtige Rolle gespielt. Wir in Europa kennen beispielsweise aus der Renaissance wunderbare Wassergärten mit Kanälen und Wasserspeiern. Ganz zu schweigen von den technisch ausgefeilten Wasserspiel-Gärten des Barock.

*Wasser, das Element des Lebens, darf in keinem Garten fehlen.*

Waren solche Anlagen früher nur in herrschaftlichen Parks zu bewundern, so kann heute jeder Gartenbesitzer abwechslungsreiche Wasserspiele inszenieren: von Wasserspeiern an der Wand bis zu Wasserspäßen, die mit Bewegungsmeldern funktionieren und weniger dazu dienen, Einbrecher zu verschrecken, als Gäste zu erheitern. Auch Brunnen, Quellsteine und Wasserfontänen sind in einer großen Vielfalt erhältlich. Springbrunnen verleihen dem Garten ein besonders würdevolles Flair. Sprudelsteine bieten eine wunderbar beruhigende Geräuschkulisse. Für welche Variante man sich entscheidet, ist allein eine Frage des persönlichen Geschmacks und des zur Verfügung stehenden Platzes.

Auch Low-Budget-Varianten bieten viel und kosten wenig: In der alten Babybadewanne wird ein künstlicher Minisee mit Zwergseerosen zum attraktiven Blickfang. In einem geschickt gewählten Spülstein kann der Nachwuchs im Sommer Schiffchen schwimmen lassen, Insekten beim Wassertrinken beobachten und gefahrlos all die Wasserspiele ausprobieren, die im Innenbereich zu einer kleinen Überschwemmungskatastrophe führen würden.

## Teiche gestalten leicht gemacht

Je nach Gegebenheiten im Garten und individuellen Vorlieben kann man vorgeformte Becken verwenden oder mit Teichfolie seine persönliche Wunsch-Wasserlandschaft formen. Fertigbecken sind praktisch, preiswert und einfach zu handhaben. Vor allem für kleinere Teichanlagen sind sie die ideale Lösung. Kombiniert man mehrere solcher Becken miteinander, so ergeben sich, vor allem bei Hanglage des Grundstücks, sehr reizvolle Gestaltungsmöglichkeiten. Als Materialien kommen Kunststoff und Glasfaserprodukte zum Einsatz. Kunststoff ist billiger und leichter, dafür sind Glasfaserbecken stabiler.

Mit einem vorgefertigten Becken einen Teich anzulegen, ist kinderleicht: Man steckt eine Grube ab, die ca. zehn Zentimeter tiefer und breiter als das Becken ist, und hebt das Erdreich aus. Wurzeln und Steine werden entfernt. Das Becken soll gut mit dem Erdboden abschließen und keine Hohlräume lassen. Dazu füllt man am tiefsten Teil der Grube reichlich Sand auf, damit das Becken gut „aufsitzt“. Nach dem Einsetzen des Beckens heißt es, mit der Wasserwaage nachprüfen, ob das zukünftige Biotop auch wirklich vollständig waagerecht sitzt. Abschließend kommt etwas Wasser in das Becken. Dann füllt man die Hohlräume rundherum mit Sand und schlämmt diesen gut mit Wasser ein. Außen an den Rändern wird abschließend nach Bedarf Erde aufgeschüttet.

Folienteiche lohnen sich ab einer Wasseroberfläche von fünf Quadratmetern. Sie ermöglichen, die Teichlandschaft ganz nach den individuellen Vorstellungen zu gestalten, der Phantasie sind dabei keine Grenzen gesetzt. Zunächst steckt man das Gelände ab und markiert die verschiedenen Wasserbereiche: Sumpfbereich (zehn Zentimeter tief), Flachwasserzone (30 Zenti-

Wasser bringt Bewegung und Farbe in den Garten, es lädt zum Träumen und Regenerieren ein und bietet optische Abwechslung für alle Gartentypen.

# Das kleine Teich-ABC

Ein Teich wertet jeden Garten auf. Gartenteiche verbessern das Kleinklima und schaffen wichtige Lebensräume für Tiere und Pflanzen. Da Feuchtbiotope zu den artenreichsten Lebensräumen gehören, ist auch der kleinste Tümpel eine große Bereicherung für den Naturhaushalt Ihres Gartens. Er dankt es Ihnen, indem Wasserfrösche und farbenfroh schillernde Libellen den Teich als neues Domizil wählen. Von diesen eleganten Tieren mit ihren durchsichtigen Flügeln geht eine ganz besondere Faszination aus. So wird aus dem Gartenteich schnell auch eine kleine Tierbeobachtungsstation. Damit das gelingt und Ihr Feuchtbiotop Ihnen lange Freude bereitet, ist das Beachten der folgenden Grundregeln hilfreich.

- Wasserpflanzen lieben **Sonne,** allen voran die wunderbaren Seerosen. Pro Tag mindestens sechs Stunden sollten es schon sein. Deshalb ist als Standort für das Biotop ein entsprechend sonnenverwöhntes Plätzchen zu wählen. Auch die gute Nachbarschaft ist wichtig: Laubabwerfende Sträucher und Bäume neben dem Teich erhöhen den Aufwand, den es braucht, um den Teich sauber zu halten.
- Ungefähr ein Drittel der Wasseroberfläche sollte jedoch **nicht direkt der Sonne ausgesetzt** sein, dann vermehren sich die Algen nicht so schnell. Das kann man sehr einfach mit Wasserpflanzen erreichen, die mit ihren Blättern dem Wasser Schatten machen.
- Je größer und tiefer der Teich ist, desto besser wird die **Wasserqualität.** Eine natürliche Regeneration des Wassers ist nur durch das Zusammenspiel von Wasser, Pflanzen und sonstigen Lebewesen gewährleistet. Ab fünf Quadratmetern Wasseroberfläche ist bei mindestens 80 Zentimeter Tiefe eine stabile Lebensgemeinschaft möglich. Ist dieses Zusammenspiel eingeschränkt, zum Beispiel, weil der Teich keine Flachwasserzone hat und die entsprechenden Pflanzen fehlen, kann man ihn mit Chemikalien oder Wasserpumpen und Filtern sauber halten.
- Wer Proportionen und Anmutungscharakter des Feuchtbiotops harmonisch **auf Garten und Haus abstimmt,** wird länger Freude an seiner Teichanlage haben. Zu einem Ziergarten und moderner Architektur passt ein anderer Teichtyp als in eine naturnahe Wiese.
- Ganz entscheidend bei der Teichgestaltung ist die **Uferzone.** Zum einen aus optischen Gründen: Ein natürlich wirkendes Ufer prägt den Gesamteindruck des Biotops entscheidend. Je nach Garten- und Teichtyp kann man das durch die richtige Bepflanzung und/oder durch eine Uferbefestigung erreichen. Dafür eignen sich Materialien wie Stein, Ziegel, Granit, Marmor oder Holz. Bei Folienteichen spielen zusätzlich der Schutz und das „Verstecken" der Folie eine Rolle. Und nicht zuletzt gilt es, an in der Umgebung lebende Tiere wie Vögel und Igel zu denken. Für sie ist jede Wasserstelle eine willkommene Tränke. Ist jedoch die Kante so steil oder glatt, dass der kleine Gast nicht wieder aus dem Wasser kommt, ertrinkt

er. Am Ufer arrangierte Steine, Wurzelstöcke etc. sehen sehr gut aus und schaffen für Tiere einen Übergang vom Wasser zum rettenden Land.

- Wer sein Feuchtbiotop mit **Fischen** beleben will, braucht einen Teich mit mindestens 45 Zentimeter Tiefe. Pro Quadratmeter Wasseroberfläche kann man ca. zehn Fische einsetzen, sie sollten maximal sieben Zentimeter groß werden. Damit die Fischchen gut über den Winter kommen, ist es wichtig, dass die Wasseroberfläche nicht vollständig zufriert. Denn sonst können Zersetzungsgase von abgestorbenen Pflanzenteilen nicht entweichen und vergiften die Tiere. Als Schutz bieten sich Teichheizungen an oder das Freihalten eines Stücks der Wasseroberfläche durch Strohballen (siehe Seite 271). Als Erste Hilfe im Notfall kann man mit ein wenig heißem Wasser vorsichtig ein Stück Eis zum Schmelzen bringen. Nicht auf das Eis einschlagen oder -hacken, die Druckwelle schadet den Fischen und der Teichanlage!
- Fische lieben Wasserfontänen, sie sorgen für zusätzlichen Sauerstoff im Teich. Seerosen hingegen mögen es gar nicht, mit Wasser bespritzt zu werden. Ein **Springbrunnen** im Teich sollte deshalb in entsprechendem Abstand zu Seerosen platzieren werden.
- Gönnen Sie Ihrem Teich regelmäßige **Pflege.** Algen und Wasserlinsen wollen regelmäßig abgefischt werden, ebenso in den Teich gefallenes Laub. Zusätzlich muss man manchmal Schlamm abpumpen oder ausschaufeln.
- Im **Herbst** ist die richtige Zeit, um Wasserpflanzen zu teilen; hin und wieder ist auch das Substrat auszuwechseln. Nicht winterharte Pflanzen (unter anderem Calla und manche Cyperusarten) schützt man frostsicher mit Stroh oder Ähnlichem abgedeckt in einer Teichecke oder überwintert sie im Innenbereich.

meter tief), Tiefwasserzone (60 Zentimeter und mehr), wobei das Gefälle maximal 30 Grad betragen sollte. Mit der Gewichtung der einzelnen Bereiche verleiht man dem Gewässer individuelle Schwerpunkte. Wer sein Feuchtbiotop an lauen Sommerabenden ohne „Froschgesang“ unvollständig findet, wird liebevolle Flachwasserzonen gestalten. Denn die sind der bevorzugte Aufenthaltsort der kleinen grünen Teichbewohner und anderer Tiere.

Damit die Teichränder auf einer Ebene zu liegen kommen, kontrolliert man sie mithilfe einer auf eine Dachlatte gelegten Wasserwage. Alle störenden Gegenstände wie Steine und Wurzeln werden vom Boden entfernt. Anschließend bringt man eine Sandschicht auf, auf die ein Teichvlies kommt. Dann heißt es die Folie ausbreiten. Beim Zurechtschneiden der Ränder lässt man ein Stück Folie überstehen. Darauf kommt Erde, die gut festgetreten wird. Wer den Ufersaum gut bepflanzt, kann sich über den prachtvollen Anblick von Sumpfdotterblume, Wasserschwertlilie und Co. freuen und hilft, den empfindlichen Uferbereich zu schützen. Teichfolie sollte nie ungeschützt Witterungseinflüssen ausgesetzt sein, Sonnenlicht und Kälte können sie gleichermaßen schädigen. Beim Einlassen des Wassers schließlich füllt man Folienteiche zunächst nur zu einem Drittel, sodass das Wasser die Folie straffen und glätten kann.

## EIN GRÜNES PARADIES AM WASSER: DIE PASSENDE TEICHBEPFLANZUNG

Wasserpflanzen bringen Abwechslung in jeden Garten. Man kauft sie zumeist in Körbchen, die man an die entsprechenden Stellen im Teich setzt (so genannte Gefäßbepflanzung). Diese Methode hat unter anderem den Vorteil, dass die Pflanzen sich nicht unkontrolliert vermehren können. Außerdem ermöglicht sie, unkompliziert Pflanzen aus dem Teich zu holen, beispielsweise um sie zu überwintern. Beim Einsetzen werden die Körbe, wenn notwendig, mit lehmiger Erde bis knapp unter den Rand gefüllt, mit Kies bedeckt und dann auf den Grund des Teiches gestellt. Das Erdreich sollte nicht zu nährstoffreich sein, denn Überdüngung beschleunigt das Algenwachstum.

Die wohl beliebteste Teichpflanze, die Seerose, eignet sich sehr gut für diese Bepflanzungsart. Vor dem Einpflanzen beschneidet man die Setzlinge. Beschädigte Teile von Wurzeln oder Blättern werden entfernt. Das Rhizom wird auf zehn Zentimeter zugeschnitten und kommt anschließend in den Pflanzkorb, der mit Vlies oder Jute ausgekleidet wurde. Seerosen wollen spezielle Erde; am besten ist schwerer Lehm mit Seerosendünger. Darauf wird das Rhizom waagerecht aufgelegt und mit etwa drei Zentimeter Erde bedeckt. Darauf kommen Kiesel, damit die Erde nicht weggeschwemmt wird. Beträgt die Tiefe des Teichs weniger als 75 Zentimeter, so benötigen Seerosen im Winter Frostschutz, ihr Rhizom darf nicht durchfrieren. Man kann sie über den Winter ins Haus nehmen oder in einer Teichecke mit Laub oder Stroh gegen Kälte schützen.

Eine alternative Art der Bepflanzung ist die Erdbepflanzung. Dabei kommt eine ca. 30 Zentimeter hohe lehmhaltige Erdschicht auf den Boden des Teichs. In diese Erdschicht werden die Pflanzen eingesetzt. Anschließend wird die Erde mit Kies oder Steinen bedeckt, damit das Wasser die Erde nicht auswäscht und die Wurzeln an Ort und Stelle bleiben. Diese Methode sieht natürlicher aus. Mindestens einmal jährlich dünnt man die Pflanzen aus, dann nehmen sie nicht zu viel Teichfläche in Beschlag.

Bei beiden Pflanzmethoden fängt man in der Mitte des Teichs an. Dort werden jene Pflanzen platziert, die aus größerer Tiefe an die Oberfläche wachsen (zum Beispiel Seerosen), sowie Unterwasserpflanzen und Pflanzen, die vollständig auf dem Wasser schwimmen, ohne im Boden zu wurzeln (etwa Wasserlinsen). Von dort aus arbeitet man sich dann zu niedrigeren Wasserbereichen vor, die mit kleineren Schwimmpflanzen besetzt werden (beispielsweise Seekanne). Zuletzt kommt der Teichrand dran; dort kann man Rohrkolben und andere Röhrichtpflanzen sowie Flachwasser- und Sumpfgewächse pflanzen (zum Beispiel Wasserminze).

### Der Selbermacher-Tipp

**Erst nach dem Einsetzen** der Wasserpflanzen kommt Wasser in den frisch angelegten Teich. Damit der Wasserdruck die jungen Pflänzchen nicht beschädigt oder ihre Erde auswäscht, legt man den Gartenschlauch an die Teichkante und lässt es vorsichtig rinnen.

# Klein, aber fein: Miniaturteiche, Brunnen, Quellsteine und Wasserspeier

Kein Platz für einen Gartenteich? Miniaturteiche, Brunnen, Quellsteine und Wasserspeier sind echte Hingucker! Sogar auf Balkon oder Terrasse kann man ein kleines Biotop anlegen: Als Basis für einen Miniteich eignet sich jedes größere wasserdichte Gefäß. Ob alte Holz- oder Zinnwannen, glasierte Terrakottaschalen oder bunte Emaileimer: Der „Kübelteich" funktioniert fast immer. Das Gefäß muss nur wasserdicht sein. Dann kann man sogar Zwergseerosen darin blühen lassen!

Zunächst füllt man wie im normalen Gartenteich lehmige Erde, die nicht allzu nährstoffreich sein sollte, in das Gefäß ein, setzt die Pflänzchen darauf und deckt anschließend mit Kies ab, bis alles gut eingebettet ist. Dann füllt man Wasser auf, am besten gesammeltes Regenwasser. Wenn das Gefäß klein genug ist, kann man den Miniteich im Winter mit ins Haus nehmen, um empfindliche Pflanzen zu überwintern. Hat man einen Keller zu Verfügung, kann der Wasserstand im Gefäß stark reduziert werden. Es genügt, wenn die Wurzeln der Pflanzen im Wasser stehen.

Brunnen, Quellsteine oder Wandwasserspeier sind ebenfalls sehr platzsparende Wasserattraktionen, die sich auch in kleinen Gärten oder auf der Terrasse anlegen lassen. Es gibt sie heute in großer Auswahl im Handel. Um die Qual der Wahl zu er-

*Vom Mini-Teich bis zum Brunnen: Die Einsatzformen von Wasser im Garten können unterschiedlichste Gestalt haben.*

leichtern, können die folgenden Überlegungen helfen. Damit Springbrunnen ihre bezaubernde Wirkung richtig entfalten können, brauchen sie einen geschickt gewählten Platz. Zum einen darf die Fontäne nicht über den Beckenrand hinausgehen. Zu kräftige Pumpen lassen bei Wind schnell sehr große Flächen feucht werden. In der Nähe der Terrasse kann das unangenehme Folgen haben. Darüber hinaus beeinflussen Springbrunnen das Kleinklima, sie lassen es feuchter und kühler werden. Deshalb kommen sie an einem sonnigen Ort besonders gut zur Geltung, wo das Wasser im Sonnenlicht glitzert und für eine angenehme Abkühlung sorgt. An dunklen Stellen hingegen kommt man nur in den Genuss des Glitzerns der Fontänen, wenn für entsprechende Beleuchtung gesorgt ist.

In der Nähe des Sitzplatzes und auf kleinen Terrassen machen sich vor allem Quellsteine gut. Sie beanspruchen sehr wenig Platz und brauchen kein Auffangbecken. Sie sehen sehr attraktiv aus und das leise Plätschern und Murmeln des sanft sprudelnden Wassers wirkt wunderbar beruhigend. Wasserspeier wiederum erfreuen sich vor allem in der klassischen Form von Tierköpfen großer Beliebtheit. Sie sind vergleichsweise preisgünstig und leicht anzubringen. Meist werden sie in die Hauswand eingemauert. Spielen kleine Kinder im Garten, so kann man das Auffangbecken für Wasserspeier mit Sand und Kieselsteinen füllen, um die Wassertiefe zu verringern.

Derartige kleine „Wasserspiele“ sind recht pflegeleicht. Wichtig bei ihrer Pflege ist vor allem die Pumpe. Damit sie nicht verstopft, müssen regelmäßig Pflanzenteile, Insekten, Steinchen und Ähnliches entfernt werden. Sind die Filter verschmutzt, bleiben die Pumpen ohne Wasser, der Motor läuft heiß und beschädigt die Pumpe. Vor Winterbeginn nimmt man Pumpen aus dem Teich und entleert sie. Im Frühjahr bietet sich die Gelegenheit, die Pumpsysteme vor dem Einsetzen noch einmal zu überprüfen und zu reinigen. Auch die elektrischen Zuleitungen zu Pumpen und Beleuchtung sollten regelmäßig fachmännisch kontrolliert werden.

# Naturnahes Badevergnügen: Schwimmteiche

In einer weitläufigen Gartenanlage bietet ein Schwimmteich eine naturnahe und optisch sehr attraktive Alternative zum Swimmingpool: Hier wird der Sprung ins kühle Nass wirklich zum Naturerlebnis! Und das in einem selbstreinigenden Wassersystem, ganz ohne Chlor und Co. Der Platzbedarf dafür beträgt mindestens 100 Quadratmeter. Je größer der Teich, desto besser funktioniert er. Für eine durchschnittliche Familie sind 200 Quadratmeter eine gute Wahl.

Die Funktionsweise eines Schwimmteichs ist denkbar einfach: Es gibt einen Bereich zum Schwimmen und einen für Pflanzen. Wie in jedem natürlichen Gewässer reinigen die Pflanzen das Wasser. Ihre Zone sollte mindestens ebenso groß sein wie der Schwimmbereich. Beide Zonen sind unter Wasser voneinander getrennt und unterschiedlich tief: im Schwimmbereich ca. zwei Meter, im Pflanzbereich ca. 75 Zentimeter. Die Abtrennung kann aus verschiedenen Materialien bestehen, zum Beispiel Holz oder Ziegelstein. Sie reicht je nach Größe der Anlage bis ca. 30 Zentimeter unter die Wasser-

## Der Selbermacher-Tipp

Mit Pumpen betriebene Wasserfontänen, Gegenstromanlagen etc. sind in einem Schwimmteich fehl am Platz, sie stören das natürliche Gleichgewicht. Das gilt natürlich auch für den Einsatz von Chemikalien.

*Ein Schwimmteich bietet chemiefreie Badefreuden und Ausblick auf die zum Teich gehörende Pflanzenzone.*

oberfläche. So kann das Wasser ungehindert im gesamten Biotop zirkulieren, Erde und Schlamm werden vom Schwimmbereich ferngehalten und gleichzeitig die Pflanzen vor Beschädigung geschützt.

Für die Pflege und Anlage eines Schwimmteiches gelten dieselben Grundlagen wie bei einem Gartenteich. Idealerweise sollte ein Teil der Wasseroberfläche Schatten haben, ohne direkt unter Bäumen zu liegen. Dann steigt die Wassertemperatur auch im Sommer nicht so hoch, dass das ökologische Gleichgewicht gestört wird. Für die Bepflanzung bieten sich heimische Sumpf- und Wasserpflanzen an. Ideal sind nährstoffarme Pflanzsubstrate oder Sand. Unterwasserpflanzen wie beispielsweise Wasserpest sind im Schwimmteich besonders hilfreich: Als Nahrungskonkurrenten von Algen hemmen sie deren Wachstum.

## Der Pool im eigenen Garten

Wer träumt ihn nicht, den Traum vom eigenen Pool? Morgens nach dem Aufwachen ins erfrischende Nass springen und eine Runde drehen! Oder mit dem Nachwuchs nach Lust und Laune im Wasser herumtollen. Und am Abend die Anstrengungen des Arbeitstages einfach „wegschwimmen". Die Regeln für die Poolnutzung legen Sie selbst fest, die Öffnungszeiten ebenso. Der beste Platz auf der schönen Sonnenliege ist immer für Sie reserviert.

Ein Pool bereichert jeden Garten. Er ermöglicht es, den ganzen Sommer lang maßgeschneiderten Wellness-Urlaub zu genießen. Es gibt nichts Wohltuenderes an einem heißen Sommertag, als sich an der frischen Luft im Wasser zu bewegen. Das entspannt und belebt Körper und Seele. Ganz nebenbei ist es ein sehr gesundes, ebenso schonendes wie effektives Fitnesstraining. Wer will, kann mit einer einfachen Gegenstromanlage für zusätzliche sportliche Effekte sorgen und Unterwasserdüsen lassen das Schwimmbecken zur Massagezone werden. In der Dunkelheit taucht dann Unterwasserbeleuchtung die Anlage in stimmungsvolles Licht – die sommerliche Mitternachtspoolparty ist ein garantierter Erfolg!

*Der Traum vom eigenen Pool lässt sich heute so einfach erfüllen wie noch nie. Dank moderner Materialien sind verschiedenste Gestaltungsvarianten möglich.*

Früher wurden Swimmingpools vor allem als Statussymbol gesehen und waren wenig abwechslungsreich gestaltet. Wer in bestimmten Gegenden keinen blauen Fleck im Garten hatte, gehörte nicht zur „besseren Gesellschaft“. Heute steht zum Glück die Freude am kühlen Nass im Vordergrund. Die Investitionskosten sind dabei durchaus überschaubar. Luft-/Wasser-Wärmepumpen, Solarkollektoren, die richtige Abdeckung und moderne Wärmedämmung senken die Betriebskosten ganz erheblich. So wird der Traumurlaub den ganzen Sommer über Realität!

Auch die Gestaltungsmöglichkeiten sind heute erfreulich vielfältig. Sie können Ihren Pool im Boden versenken oder aufstellen und mit Holz oder Natursteinen verkleiden. Für den Rand eingebauter Becken stehen Hölzer, Platten und Steine in unterschiedlichstem Design zu Verfügung. Angrenzenden Sonnenterrassen verleihen Holzdielen einen wunderbar warmen und noch dazu barfußfreundlichen Charakter. Wer im eigenen Garten von einer lauschigen Meeresbucht träumen will, kann auch einen kleinen Sandstrand anlegen, umrandet mit Natursteinen und passender Bepflanzung. Beim Becken selbst können Sie aus unterschiedlichen Materialien und Systemen wählen.

## Der Selbermacher-Tipp

Der **optimale Standort** für den Badespaß im eigenen Garten liegt vollsonnig, ohne Schatten größerer Bäume. So können Sie das kostenlose Poolheizungsmodell „Sonne“ voll ausnutzen und haben auch an etwas kühleren Tagen Freude am Baden. Wird es zu heiß, helfen Sonnenschirme und Sonnensegel, Liegeflächen und Pool zu beschatten.

## FÜR JEDEN GARTEN DEN RICHTIGEN POOL

- **Stahlmantelbecken** können einfach im Garten aufgestellt oder im Boden versenkt werden. Ein frei stehendes Becken ist in wenigen Stunden fertig, für im Boden versenkte Pools benötigt man ca. vier Tage. Klassische Formen sind rund, oval oder in Form einer Acht gestaltet. Stahlmantelbecken werden mit Folie ausgekleidet.
- **Massiv-Becken-Systeme** sind leicht anzulegen, günstig, langlebig und gut isoliert. Auch sie werden mit Folie ausgekleidet, die im Beschädigungsfall ausgewechselt werden kann.
- **Glasfaserverstärkter Kunststoff** (GfK) ermöglicht Pools in jeder erdenklichen Form. Sie bestehen aus einem Stück und werden bereits fertig geliefert. Sie sind recht robust, im Schadensfall muss jedoch verhältnismäßig aufwendig saniert werden.
- **Edelstahlbecken** erzeugen im Wasser die schönsten Farbreflexionen. Diese Becken machen ihrem Namen alle Ehre, sie sehen sehr edel aus. Im Zusammenspiel von Garten, Architektur und Pool lassen sich wahre Design-Kunstwerke gestalten. Dafür muss man allerdings auch tiefer in die Tasche greifen, die Kosten dieser stabilen Becken sind deutlich höher als bei anderen Poolsystemen.
- **Betonbecken** mit Polyesterbeschichtung sind meist eine Erbschaft in Gärten mit etwas älterer Poolanlage. Die Beschichtung ist nicht ganz glatt. Sie findet vor allem bei der Sanierung von Betonschwimmbecken Verwendung.

# 6. Gärtnern – ganz natürlich

# Naturnahes Gärtnern

Der Trend in unseren Gärten ist klar: Er geht zum naturnahen Gärtnern. Biologisch orientiertes Gärtnern hat sich in den vergangenen Jahren von der Spezialisten-Ecke zu einer immer beliebteren Alternative für viele Gartenbesitzer und Balkongärtner entwickelt. Das geht Hand in Hand mit dem steigenden Umweltbewusstsein und dem immer größer werdenden Interesse an biologisch hergestellten Produkten. Entsprechend boomt der Markt fürs Biogärtnern – und das ist wohl erst der Anfang. Als Konsument kann man heute auf eine Vielzahl an Produkten zurückgreifen, nach denen man vor wenigen Jahren noch vergeblich gesucht hätte: Es gibt nach biologischen Kriterien produzierte Pflanzen, Saatgut, Erden, Dünger, Pflanzenstärkungsmittel und Gartenhilfsmittel.

Das grundlegende Prinzip des naturnahen Gärtnerns ist der Lebenskreislauf der Natur. Ein naturbelassenes Biotop zeichnet sich durch sein natürliches Gleichgewicht aus, in dem alles Vergehen auch ein Werden beinhaltet: Abgemähtes Gras findet als Mulchmaterial Verwendung, Gartenabfälle werden im Kompost durch natürliche Zersetzungsprozesse zu hochwertigem biologischem Dünger. So geben sie in der nächsten Gartensaison nachfolgenden Pflanzen wertvolle Nährstoffe und der Kreislauf schließt sich. Das Ineinandergreifen dieser natürlichen Abläufe ist recht komplex, doch die Grundlagen fürs naturnahe Gärtnern lassen sich sehr einfach auf den Punkt bringen:

*Schmetterlinge lieben naturnah gestaltete Gärten mit ihren vielen Blühpflanzen und Rückzugsmöglichkeiten.*

- **Vorbeugen und biologischer Pflanzenschutz statt Pestizide:** Chemische Pflanzenschutzmittel schädigen viele Organismen im Garten, darunter auch wichtige Nützlinge. Dadurch stören sie den ökologischen Haushalt des Gartens. Außerdem belastet ihre Produktion die Umwelt. Im Naturgarten finden stattdessen Brennnesseljauche und andere biologische Pflanzenschutzmittel Anwendung. Zusätzlich beugen standortgerechte Pflanzenwahl, die richtige Bodenpflege und die Förderung von Nützlingen dem Schädlingsbefall vor.
- **Organische Düngemittel statt Kunstdünger:** Klassische mineralische Düngemittel liefern Nährstoffe in wasserlöslicher Form. Sie werden leicht ins Grundwasser gewaschen; ihre Produktion ist sehr umweltbelastend. Durch Überdüngung können sie noch dazu schwere Schäden an Pflanzen anrichten. Organische Dünger hingegen ernähren die Organismen im Boden, die ihrerseits Nährstoffe für die Pflanzen mobilisieren. Sie sind auch als einfach zu handhabende Flüssig- oder Korndünger erhältlich. Das bekannteste biologische Düngemittel und ebenfalls sehr einfach in der Handhabung ist Kompost.
- **Kein Einsatz von Torf:** Torf an sich ist nichts Schlechtes und biologisch sehr wertvoll. Doch zu seiner Gewinnung werden Moorlandschaften zerstört, die einen einzigartigen Lebensraum für Flora und Fauna darstellen. Durch die Ausbeutung zum Torfabbau sind viele Moorlandschaften bereits schwer geschädigt. Deshalb Finger weg von torfhaltigen Produkten!
- **Umweltfreundliche** Gartenhilfsmittel, Werkzeuge, Zier- und Nutzmaterialien (beispielsweise Pflanzgefäße, Lacke und Lasuren).

*Nützlinge sind wichtige Helfer im naturnahen Garten. Ein mit Stroh oder Holzwolle gefüllter, kopfüber aufgehängter Blumentopf bietet Ohrwürmern eine ideale Unterkunft.*

# So einfach ist naturnahes Gärtnern

Naturnah gärtnern klingt gut, aber Sie fragen sich, was es für Ihre gärtnerische Alltagspraxis konkret bedeuten kann? Wir haben für Sie eine Übersicht zusammengestellt, worauf beim naturnahen Gärtnern zu achten ist.

Die richtige Basis schaffen Sie mit Bioerde, torffreier Erde mit Umweltzeichen oder kostengünstig selbst hergestellter Pflanzerde: Mischen Sie einfach Gartenerde, reifen Kompost und Sand zu gleichen Teilen.

Es gibt im Handel bereits eine große Auswahl an Samen und Pflanzen in Bioqualität. Pflanzen mit zertifiziertem Biozeichen unterliegen strengen Kontrollen und stehen für hohe Qualität, sorgsamen Umgang mit Ressourcen und klimaschonende Anbauweise. Sie sind gentechnikfrei produziert und garantiert frei von Pestiziden und Düngemittelrückständen.

Mitentscheidend für ein funktionierendes ökologisches Gleichgewicht im Garten ist der richtige Umgang mit Wasser. Regenwassernutzung entlastet das Kanalnetz, spart Trinkwasser und bringt den Pflanzen kalkfreie Bewässerung: In einer Regenwassertonne – im kindergerechten Garten mit Deckel – gesammeltes Wasser eignet sich wunderbar zum Gießen! Wichtig ist auch die Oberflächengestaltung im Garten: Versiegelter Boden verliert seine natürliche Speicherfunktion, Regenwasser rinnt ab, statt auf natürliche Weise zu versickern.

Nicht alle Pflanzen wollen gleich viel Dünger. Wer über den Nährstoffbedarf der Pflanzen in seinem Garten gut Bescheid weiß, kann passend düngen: Starkzehrende Gewächse benötigen viele Nährstoffe und entsprechend viel Dünger; schwachzehrende kommen mit deutlich weniger aus. Damit Sie Ihren Garten nicht überdüngen, ist folgende Grundregel hilfreich: Eine Schaufel Kompost, ein Löffel Hornspäne oder eine Handvoll Gesteinsmehl pro Quadratmeter und Jahr sind für mittelstark zehrende Pflanzen ausreichend. Unabdingbar als Dünger im naturnahen Garten ist Kompost (siehe Seite 189–191), besondere Bedeutung kommt auch der Gründüngung zu (siehe Seite 258).

Ein kraftvoller Naturdünger sind auch aus Pflanzen gewonnene Jauchen. Sie enthalten wertvolle Bestandteile der Pflanzen und sorgen für gesundes, kräftiges Wachstum. Besonders gut eignen sie sich für den Einsatz bei starkzeh-

renden Gemüsen. Klassisch ist die Verwendung von Brennnessel-Beinwell-Jauche: Brennnesseln bringen Stickstoff, Beinwell Kalium. Die Herstellung ist sehr einfach: 1 kg frische Pflanzen in einen 10-Liter-Eimer geben, mit Wasser aufgießen. Locker zugedeckt ca. zwei Wochen vergären lassen, einmal täglich umrühren. Fertige Jauche kann im Verhältnis 1:10 verdünnt alle ein bis zwei Wochen gegossen werden. Wer nicht selbst Jauchen herstellen will, kann fertige Bioflüssigdünger oder Brennnesselpulver verwenden. Auch als Pflanzenstärkungsmittel sind pflanzliche Jauchen und Tees, beispielsweise aus Schafgarbe oder Schachtelhalm, gut geeignet. Für diese Verwendungsweise werden sie gern aufgespritzt.

Pflanzenschutz beginnt bei der Bodenpflege und der Standortwahl. Zur Bodenverbesserung ist Kompost bestens geeignet. Und die richtige Pflanze am richtigen Ort wird gut gedeihen und wenig anfällig für Krankheiten und Schädlinge sein. Treten dennoch Schädlinge auf, so kann man auf umweltfreundliche Hilfsmaßnahmen zurückgreifen. Das sind zum einen traditionelle Methoden, wie Gelbkarten und Leimringe, die unliebsamen Gartengästen Einhalt gebieten. Manche Schädlinge wie etwa Läuse lassen sich auch absammeln oder mit scharfem Wasserstrahl abspritzen. Gut geeignet zum Spritzen gegen Läuse ist auch eine Schmierseifenlösung.

Wichtig für den naturnahen Garten ist auch der Einsatz von Nützlingen. Das bekannteste Beispiel sind wohl Marienkäfer: Die charmanten Glückssymbole mit den kleinen Punkten fressen Blattläuse. Deshalb sollte ein Nützlingshaus in keinem Garten fehlen und stellt auch für Balkon und Terrasse eine wertvolle Bereicherung dar. Es bietet seltenen Wildbienen eine Nistmöglichkeit und sorgt dafür, dass Insekten einen Platz zum Überwintern finden. Solche „Insektenhotels“ kann man fertig kaufen oder mit wenig Aufwand selbst bauen: Einfach in eine oder mehrere Holzscheiben viele verschieden große Löcher bohren. Ziegelsteine, Schilf und kurze, gebündelte Zweige vervollständigen die kleine Pension, die als Abschluss einen Rahmen erhalten kann. Der ideale Platz für das bezugsfertige Nützlingsparadies ist sonnig und witterungsgeschützt.

## Der Selbermacher-Tipp

Heimische Pflanzen, gerade auch ältere Sorten, sind oft besser an Klima und Boden unserer Gärten angepasst und **widerstandsfähiger** gegenüber Krankheiten und Schädlingsbefall als Neuzüchtungen und Exoten. Fragen Sie beim Kauf gezielt nach solchen Pflanzen!

*Mit Nützlingshotels und Tränken für Vögel und Igel machen Sie Ihren Garten nützlingsfreundlich.*

Vögel sind im naturnahen Garten gern gesehene Gäste. Wenn Sie eine Vogeltränke aufstellen, bieten Sie damit auch Igeln eine willkommene Wasserstelle; Nisthilfen unterstützen die gefiederten Freunde beim Brüten und der Aufzucht der Nachkommen.

Auch mit der richtigen Beleuchtung kann man den Garten naturnaher gestalten. Nächtliches Licht irritiert die Tierwelt, frisst Energie und trägt zur Lichtverschmutzung bei. Zum Glück gibt es heute eine große Auswahl an Energiesparlampen und mit Solarstrom betriebenen Beleuchtungskörpern für den Garten. Eine gute Wahl sind energiesparende Lampen mit langwelligem, gelbem Licht (Farbton „warm white"). Sie wirken weniger anziehend auf Insekten, für die konventionelle Leuchten eine tödliche Falle sind. Geschlossene Lampenkörper verhindern zusätzlich das Eindringen von Insekten. Wichtig ist auch, die Lichtstreuung so weit wie möglich zu reduzieren. Am besten geht das mit abgeschirmten Beleuchtungskörpern, die den Lichtkegel nach unten richten. Das reduziert die Lichteinstrahlung auf Umgebung und Himmel im Vergleich beispielsweise zu einer Kugelleuchte ganz erheblich.

Bei allen im Garten eingesetzten Geräten und Materialien kann man energiesparenden und schadstoffarmen Varianten den Vorzug geben. Das bedeutet beispielsweise den Einsatz von Recyclingplastik bei der Regentonne oder von biologisch abbaubarem Bast zum Hochbinden von Pflanzen. Wählen Sie Rasenmäher mit Umweltzeichen, Hand-Spindelmäher oder lassen Sie Ihre Wiese mit der Sense mähen. Achten Sie bei Holz auf die Imprägnierungsart und wählen Sie wenn möglich widerstandsfähige heimische Hölzer, an denen Sie lange Freude haben: In den Alpenregionen gibt es 300 Jahre alte Lärchen-Bauten. Bei tropischen Hölzern ist zusätzlich auf das so genannte FSC-Siegel zu achten, das die Herkunft aus nachhaltig genutzten Beständen garantiert. Die Verwendung ausrangierter Bahnschwellen als Beeteinfassung etc. ist ökologisch bedenklich, denn ihre Imprägnierung macht sie wenig naturnah.

# Gestaltungselemente im naturnahen Garten

Eine beliebte Gestaltungsform für naturnahe Gartenanlagen sind traditionelle Bauerngärten (siehe Seite 187). Doch grundsätzlich kann jeder Garten naturnah bewirtschaftet werden. Einige Gestaltungselemente helfen dabei, indem sie mit wenig Aufwand die Artenvielfalt bei Flora und Fauna erhöhen:

- Trockensteinmauern
- Steinhaufen
- ein „wildes Eck"
- Holz- und Reisighaufen
- nicht gemähte Streifen zwischen aneinander angrenzenden Lebensräumen (Saumstandorte)
- Feuchtbiotope
- Wildblumenwiesen

*Steinmauern sind wichtige Gestaltungselemente im naturnahen Garten.*

Ökologische Nischen, wie sie beispielsweise eine Trockensteinmauer bieten, stellen Rückzugsräume für eine Vielzahl von Gartennützlingen zur Verfügung. Seltene Gartengäste wie die charmante Zauneidechse lieben warme Steine, auf denen sie ausgiebig sonnenbaden können. Derartige kleine Paradiese für unsere Gartenmitbewohner lassen sich ganz einfach gestalten, etwa mit einem Stein- oder Holzhaufen oder einem eigenen kleinen Bereich im Garten, den Sie nach dem Anlegen sich selbst überlassen. Als Markierung eignet sich ein Holunderstrauch gut. Wer will, kann auch Wildkräuter setzen, beispielsweise Eisenkraut.

Ein solches unberührtes Naturbiotop wird schnell von verschiedensten Garten-Nützlingen, wie Igel, Blindschleichen und Erdkröten, in Beschlag genommen. Sehr beliebt sind solche „wilden Ecken" auch bei Insekten und Schmetterlingen. Wer diese zarten Schönheiten in seinen Garten locken will, kann gezielt optimale Bedingungen für sie schaffen. Die Raupen des Tagpfauenauges beispielsweise leben auf Brennnesselstauden. Der prachtvolle und seltene Schwalbenschwanz liebt Dill. Und alle rot, orange, gelb, pink und violett blühenden Pflanzen üben eine besonders starke Anziehungskraft auf Schmetterlinge aus.

Gerade Schmetterlinge lieben auch Standorte, die in unseren Gärten und unserer durchorganisierten Kulturlandschaft selten geworden sind: die so genannten Säume. Das sind schmale, unberührte Lebensräume zwischen aneinander angrenzenden Bereichen. Im Garten kann man beispielsweise entlang des Zaunes einen solchen Saumstandort schaffen, neben dem Komposthaufen oder vor einem Gebüsch.

## Der Selbermacher-Tipp

**Mähen Sie** eine Blumenwiese **nicht auf einmal,** sondern in mehreren Teilen, dann bleibt Schmetterlingen und anderen Nützlingen, die dort leben, immer eine Rückzugsfläche. Das Schnittgut lässt man ca. drei Tage auf der Wiese liegen. So können die Samen herausfallen und für die nachfolgende Blütenpracht sorgen.

Feuchtbiotope (siehe Seite 164–171) zählen zu den artenreichsten Gartenbereichen und sollten schon allein aus diesem Grund in keinem naturnahen Garten fehlen. Das muss keine große Teichanlage sein. Auch wenn nur eine kleine Fläche zur Verfügung steht, die naturnah bewirtschaftet werden soll, lohnt es sich, ein „Wasser-Element" einzuplanen. Auch ein kleines Tümpelchen kann dazu führen, dass plötzlich in einer Reihenhausanlage Libellen gesichtet werden.

Ein Klassiker des naturnahen Gärtnerns sind Wildblumenwiesen (siehe Seite 38/39). Sie verwandeln den Garten in ein buntes Blütenmeer. Dabei zeichnen sie sich, im Gegensatz etwa zu einem Bauerngarten, durch Anspruchslosigkeit und einfachste Pflege aus. Sie brauchen weder Dünger noch Bewässerung. Je weitläufiger, nährstoffarmer und sonniger der Standort ist, desto farbenfroher wird die Wiese, denn das wirkt sich positiv auf die Artenvielfalt aus. Gemäht wird eine solche Wiese je nach Wüchsigkeit und Standort nur ein- bis zweimal im Jahr.

*In kaum einem anderen Gartenbereich leben so viele verschiedene Arten wie in einem Feuchtbiotop.*

*Klassische Bauerngärten werden in den letzten Jahren immer beliebter.*

# Klassiker für naturnahes Gärtnern: Bauerngärten

Bauerngärten erfreuen sich in den letzten Jahren im Zuge des wachsenden Interesses an naturnahen Gartenbewirtschaftungsformen stetig zunehmender Beliebtheit. Die Schönheit und Harmonie dieser besonderen Gartenform hat ihre Ursprünge in mittelalterlichen Klostergärten: Im Garten ihres Benediktinerklosters zog Hildegard von Bingen bereits im 12. Jahrhundert Heilpflanzen, die sie ausführlich beschrieb.

Kloster- und Bauerngärten waren ursprünglich reine Nutzgärten. Sie lieferten Obst und Gemüse sowie Kräuter und Heilpflanzen. So dienten sie dazu, die oft recht großen Gemeinschaften und Haushalte zu versorgen. Der Bauerngarten lag selten direkt beim Haus, oft war er einige hundert Meter weit weg, in fruchtbaren Senken mit gutem Boden, reichlich Feuchtigkeit und in windgeschützter Lage. Solche Grundstücke wurden von der Dorfgemeinschaft manchmal gemeinsam genutzt, jede Familie erhielt dort ihr eigenes Stückchen Garten.

Im Laufe der Jahrhunderte fanden auch Elemente der prächtigen Renaissance- und Barockgärten ihren Weg in den Bauerngarten. Kleine Hecken aus Buchsbaum wurden rund um die Kräuterbeete gepflanzt, einzelne kegelförmige Eiben oder zu großen Kugeln geformte Buchsbäume ragten plötzlich zwischen Krautköpfen und Ringelblumen hervor. Im 17. und 18. Jahrhundert hielten zunehmend Blumen Einzug in die bis dahin von Gemüse und Kräutern dominierten Anlagen. Mit der Zeit entwickelte sich in den Bauerngärten eine zauberhafte Mischung aus Nutz-, Heil- und Zierpflanzen.

## SO ENTSTEHT EIN BAUERNGARTEN

Das wesentliche Element dieses Gartentyps ist die Mischung von Nutz- und Ziergarten. Traditionell ist der Bauerngarten quadratisch angelegt, der Boden eben. Das Zentrum des Bauerngartens bildet der Weg, an dem die Blumen stehen und der vom Haus zu den Beeten führt. Solche Wege legt man an, indem man Holzpflöcke in den Boden schlägt und zwischen ihnen eine Schnur spannt. So kann man die Konturen des Weges gut erkennen und noch korrigieren, bevor der Weg befestigt ist. Das Wegekreuz und die Einteilung in vier verschiedene Gartenbereiche im Bauerngarten stammen noch aus der Zeit der Klostergärten. Jedes Gartenviertel ist mit einer Beeteinfassung gesichert, damit der Regen den fruchtbaren Boden nicht wegspült.

*Moderne Interpretationen des Bauerngartens setzen auf sanfte, geschwungene Linien und einen üppigen Blühmix.*

Am Rand stehen Obstbäume, oft in Reih und Glied, so dienen sie gleichzeitig als Windschutz. Als Einzäunung werden traditionell Staketenzäune verwendet. Sie teilen die Wucht des Windes, werfen nur wenig Schatten und hindern ungebetene Gäste aus dem Wald daran, Gemüse und Kräuter abzuknabbern. Entlang der Lattenzäune setzt man Pflanzen, die eine Stütze brauchen. Weitläufigen Bauerngärten geben auch Hecken aus Dornenbüschen einen passenden Schutzwall.

Weniger streng und formalistisch sind jene Bauerngärten, in denen Blumen und Gemüse scheinbar durcheinander wachsen. Die Hauswände sind in solchen Gärten meistens von Kletterpflanzen wie Geißblatt und Klematis begrünt. Der Hauptweg kann mit Holz oder Ziegeln befestigt werden. Die Wege zwischen den Beeten sind nicht befestigt, oft legt man nur Bretter, damit die Beete auch bei nassem Boden abgeerntet oder bearbeitet werden können. In diesen Beeten wachsen Gemüse und Blumen nebeneinander. Statt hoher Koniferen hat man Obstbäume oder, wenn Platz genug ist, auch einen Holunder. Das Gemüse wird in Trachten angebaut und die Blumen stehen oft so dicht, dass es den Eindruck erweckt, alles würde von selbst gedeihen. Das ist natürlich nicht der Fall, doch ein prächtig blühender Bauerngarten entschädigt vielfach für den Aufwand, den er verursacht.

### Der Selbermacher-Tipp

Wer mit wenig Aufwand vom Zauber eines Bauerngartens profitieren will, setzt in seinem Garten **nur einzelne Elemente** dieser alten Gartentradition, beispielsweise ein Kräuterbeet, oder plant einen kleinen Bauerngarten-Bereich als besondere Attraktion in einer größeren Gartenanlage.

# Richtig kompostieren

Kompost kommt als der umweltfreundlichsten Möglichkeit, dem Boden Nährstoffe zuzuführen und seine Struktur zu verbessern, nicht nur im naturnahen Garten eine ganz besondere Bedeutung zu. In einem Komposthaufen entsteht Humus. Das ist lebendiger Boden, der Wasser speichern, aber auch rechtzeitig abgeben kann. Er belebt die Bodenorganismen, die wiederum eine gute Bodenstruktur herstellen. Humus macht sandige Böden gehaltvoller, indem er verhindert, dass das Wasser zu schnell abrinnt und mit dem Wasser auch die Nährstoffe verschwinden. In schwere lehmige Böden eingebracht, lockert und lüftet Humus das Erdreich. Deshalb soll an dieser Stelle etwas ausführlicher auf die Kunst des Kompostierens eingegangen werden. Denn richtig Kompostieren ist so einfach, dass es in jedem Garten lohnt.

Grundsätzlich kann man zwischen zwei verschiedenen Vorgehensweisen wählen, um Kompost anzulegen: einen Komposthaufen errichten oder Kompostbehälter verwenden. Letztere sind dank ihrer einfachen Handhabbarkeit nicht nur in kleinen Gärten praktisch, wo der Platz nicht für einen Komposthaufen reicht. Der richtige Standort ist windgeschützt und leicht schattig, ein vollsonniger Ort ist ungeeignet. Größere Kompostbehälter sollten zerlegbar oder zumindest seitlich vollständig zu öffnen sein. Ideal sind, je nach Größe des Gartens, zwei bis drei Komposthaufen bzw. -behälter. Dann kann man einen stets in Betrieb halten, während der andere in der Ruhephase ist.

**Das gehört auf den Kompost:**

- Gartenabfälle wie Laub (kein Nusslaub), Grasschnitt, Reste aus dem Gemüsebeet, verwelkte Blumen, Heu, Stroh, zerkleinerte Zweige; Unkraut nur, solange es keine Samen ausgebildet hat
- Küchenabfälle wie Kaffee, Teebeutel, Eierschalen, Gemüse- und Obstreste, auch Schalen ungespritzter Zitrusfrüchte.
- Holzasche
- Papier, auch Küchenkrepp, in kleineren Mengen
- Mist von pflanzenfressenden Kleintieren

**Das gehört nicht auf den Kompost:**

- Knochen, Fleisch- und Speisereste sowie verdorbene Lebensmittel (allenfalls in die Mitte des Komposts geben, wo sie keine Tiere anlocken)
- kranke Pflanzen und Pflanzenteile (verbrennen oder als Sondermüll entsorgen!)
- Kohlenasche
- chemische Reststoffe
- Katzenklo und Co.

## KOMPOST ANLEGEN SCHRITT FÜR SCHRITT

Kompost wird schichtweise angesetzt. Die erste Lage ist ca. 30 Zentimeter hoch und kommt direkt auf die Erde. Sie enthält kleingeschnittene Gartenabfälle wie Rasenschnitt, kleingeschnittene Zweige und Ähnliches. Will man einen Kompoststarter verwenden, beispielsweise weil man in einem Behälter mit geschlossenem Boden kompostiert, in dem keine Mikroorganismen aus der Erde in den Kompost gelangen können, so streut man ihn auf diese Schicht.

*Der ideale Ort für den Komposthaufen ist windgeschützt und schattig.*

Als Nächstes kommt eine fünf bis zehn Zentimeter hohe Schicht Gartenerde, um den Komposthaufen zu „impfen", das heißt, ihm die benötigten Mikroorganismen zuzuführen. Ist der eigene Gartenboden durch Bauarbeiten oder anderes geschädigt, kann man Nachbarn, die gut funktionierende Komposthaufen haben, um diese „Impfung" bitten.

Damit hat man die Grundlage geschaffen, auf der weitere Abfallschichten angehäuft werden können. Um den

Kleinstlebewesen genügend Sauerstoff zu garantieren, streut man gelegentlich kleingeschnittenes Astwerk ein. Bei Trockenheit will der Komposthaufen immer wieder gegossen werden.

## Der Selbermacher-Tipp

**Auch für kleine Flächen** lohnt es sich, Kompost anzulegen. Dank spezieller Kompostgeräte und so genannter Schnellkomposter kann man das heutzutage auch auf Balkon und Terrasse.

Hat ein natürlich angelegter Komposthaufen eine Höhe von ca. 1,20 Meter erreicht, ist es Zeit, ihn zu schließen. Bei Kompostbehältern richtet sich dieser Zeitpunkt nach der jeweiligen Größe. Einen geschlossenen Komposthaufen deckt man mit Rasenschnitt oder Ähnlichem ab, da der Kompostierungsprozess Insekten anlockt, die Fäulnisbakterien und Pilze auf Nutzpflanzen übertragen können. Alternativ kann man Kürbis oder Gurken in die oberste Kompostschicht setzen (falls notwendig mit etwas Gartenerde verankern). Mit ihren großen Blättern decken sie den Kompost auf natürliche Weise ab. Da sie selbst sehr viele Nährstoffe benötigen, fühlen sie sich auf diesem Platz auch besonders wohl.

Nach einigen Wochen ist der Kompost auf ein Drittel der ursprünglichen Masse geschrumpft. Nun setzt man ihn um, damit die inneren Schichten nach außen und die äußeren nach innen kommen. Das fördert die Durchlüftung und gleichmäßige Durchmischung, beschleunigt den Kompostierungsprozess und zeigt, ob Mischungsverhältnis und Feuchtigkeitsgehalt passen. Ist der Kompost zu feucht, kommt es zu Fäulnis. Dagegen hilft das Einarbeiten von grobem, trockenem Material.

Nach ca. einem dreiviertel Jahr kann der Kompost verwendet werden. Reifer Kompost hat eine angenehm krümelige Struktur und riecht nach Walderde. Ideal ist es, die Masse durch ein Wurfgitter zu sieben. Grobe Reste kommen auf einen neuen Komposthaufen. Wurde Kompost zu lange gelagert, hat er nur noch wenig Substanz. Man kann ihn zum Mulchen verwenden.

# 7. Wohnen im Garten

# Vom Leben im Garten

Den begrenzten Innenraum ins Freie erweitern, das Leben nach draußen verlagern – der eigene Garten bietet die idealen Voraussetzungen, um diesen uralten Menschheitsraum zu verwirklichen. Veranden, Terrassen, Wintergärten und Vorbauten sind optimal dazu geeignet, die Vorteile des Lebens im Freien zu genießen, ohne Wind und Wetter direkt ausgesetzt zu sein. Sie eröffnen ein Leben zwischen drinnen und draußen und bieten die Annehmlichkeiten beider Lebensbereiche.

Das Bedürfnis, einen Teil der Zeit im Freien zu verbringen, findet man in so gut wie jeder menschlichen Kultur. Nicht nur für die Gastronomie ist das ein Segen. Von den berühmten Münchner Biergärten bis zu Wiener Heurigen, die ihre Gäste inmitten von Reben auf einer einfachen Terrasse bedienen: Nirgendwo lässt es sich so entspannt genießen wie im Freien. Denn Leben im Freien bietet Lebensgenuss pur!

Bevor Autos unsere Städte und Dörfer prägten, war es selbstverständlich, dass Kinder auf der Straße spielten. In Dörfern stellte die Bank vor jedem Haus eine ebenso einfache wie wichtige Erweiterung des Wohnbereichs nach draußen dar: Der Plausch mit den Nachbarn, aber auch einfach nur das Draußensitzen waren Fixpunkte im sozialen Leben.

Ähnliche Funktion kommt heute in Stadthäusern oft dem Innenhof zu. Hier lässt sich eine gemütliche Sitzgelegenheit installieren, bei der sich die Hausbewohner treffen und gemeinsam essen, plaudern oder einfach nur die Seele baumeln lassen. Eine solche Wohnanlage bietet sehr viel mehr Lebensqualität, als wenn nur eine Wohnung zur Verfügung steht.

*Die Hängematte lädt zur Siesta ein, Sitzgelegenheiten zu einem gemütlichen Lesestündchen – so wird Ihr Garten wohnlich!*

*Terrassen und andere Sitzplätze sind die wichtigsten Elemente des Wohnens im Garten.*

Bereiche, die für das Leben im Freien geschaffen werden, können Teil des Gartens sein, beispielsweise eine Sitzecke im Schutz eines großen Baumes, oder noch verbunden mit dem Haus, wie eine Veranda. Oder sie schaffen eigene Innenräume im Außen, wie ein Gartenhaus oder eine Sommerküche. Sie können dauerhaft installiert werden oder nur vorübergehend, beispielsweise ein Pavillon für eine Sommerparty.

## DER WOHNGARTEN

Durch solche Bereiche im Garten entsteht Platz für all das Alltagsleben, das sonst in geschlossenen Räumen stattfindet: Der Garten wird zum Wohngarten. Sobald das Wetter es zulässt, wird das Leben nach draußen verlagert. Vom Frühstück auf der sonnendurchfluteten Terrasse bis zum gemütlichen Grillabend, vom morgendlichen Zeitunglesen bis zum abendlichen Privatkino beim DVD-Schauen auf der Terrasse: Wohnen spielt sich jetzt im Freien ab.

Das Kernstück des Wohngartens ist oft eine Essecke, meistens ein Sitzplatz auf einer Terrasse oder Veranda. Von hier aus lässt sich der Garten überblicken, gleichzeitig ist man durch Markisen oder ein Dach vor direkter Sonneneinstrahlung geschützt. Der Platz dient auch als Treffpunkt der Familienmitglieder zum Plaudern und ist für einen Spieleabend im Freundeskreis ebenso ideal wie zum Hausaufgabenmachen für die Sprösslinge. Ist die Terrasse groß genug, bieten sich gemütliche Ecken zum Entspannen auf Liegen oder Korbmöbeln als ideale Ergänzung der Sitzgruppe an.

Vielleicht findet sich die ultimative Ruhezone aber auch schon einen Schritt weiter in den Garten hinein in Form des wohl klassischsten aller Garten„möbel“: einer Hängematte. Dort, zum Beispiel neben einem großen Baum, findet auch eine zweite Sitzgelegenheit Platz. Das könnte ein Bistrotischchen mit Klappstühlen sein, ein rustikaler Holztisch mit passenden Bänken oder ein Steinensemble. Geschützt unter den Ästen und doch ohne Dach über dem Kopf ist ein solches Arrangement genau richtig für alle, die das Leben im Freien ganz ohne Einschränkungen genießen wollen. Bietet sich kein Baum an, um in seinem Schutz einen solchen Sitzplatz anzulegen, so leistet ein Sonnensegel gute Dienste oder eine mit bunt blühenden Pflanzen berankte Pergola. Solch eine zweite Sitzgelegenheit sollte auch in einer kleinen Anlage nicht fehlen und bringt wohnliche Elemente in jeden Garten.

Neben den Ruhezonen sind Räume zum geselligen Zusammensein im Freundeskreis wichtige Punkte des Wohngartens, vor allem ein Ort zum Grillen und für Gartenfeste. Solche Plätze können auf der Terrasse angelegt werden oder direkt im Garten. Sie können fest installiert sein oder nur temporär genutzt werden. Hier kann man unbeschwert in größeren Gruppen zusammenkommen.

Räume dieser Art schaffen für die stolzen Gartenbesitzer die nötige Infrastruktur, um Gäste zu bewirten. Für diese wiederum sind sie das ideale „Basislager“, von dem aus sich der Garten bewundern und erkunden lässt. Denn schließlich geht es bei einer Einladung zur Gartenparty auch und gerade darum, sich am Garten des Gastgebers zu erfreuen.

Die ideale Verbindung aus Wohnen im Freien und Wohnen in vier Wänden schließlich schaffen Gartenhäuser. Sie bieten einen klar abgegrenzten und geschützten Bereich, der sich mitten im Garten ganz nach den persönlichen Vorstellungen komfortabel ausgestalten lässt. Kein Wunder, dass aus Sicht des Nachwuchses der wichtigste Teil des Wohngartens meist ein eigenes Gartenhäuschen für Kinder ist. Hier wird gespielt, gelesen, geträumt – und gewohnt!

## DEN GARTEN WOHNLICH EINRICHTEN

Alle Bereiche des Wohngartens lassen sich mit ebenso viel Liebe und Sorgfalt ausstatten wie eine Wohnung oder ein Haus. Passende Möbel und geschickt arrangierter Dekor füllen sie mit Leben. Damit das optimal gelingt und Ihr Garten zu einem grünen Wohnparadies wird, haben wir hier die wichtigsten Tipps zusammengestellt.

Zum einen ist da die Frage der Größenverhältnisse: Passen die Proportionen? Das betrifft sowohl die einzelnen Elemente eines Bereichs als auch die Gesamtanlage von Garten und Haus. Zu große Möbel auf einer kleinen Veranda sind unpraktisch und stören auch optisch. Eine sehr klein dimensionierte Sitzecke braucht in einem weitläufigen Garten zusätzliche optische Akzente und eine besonders geschickte Platzwahl, um nicht verloren zu wirken. So kommt beispielsweise ein zartes Bistro-Sitzensemble besser in einer von Hecken oder berankten Bögen etwas abgeschirmten Ecke mit Kiesbelag zur Geltung als im freien Raum eines großen Gartens.

Die verwendeten Materialien sollten gut aufeinander abgestimmt werden. Wenn am Haus viel Holz zum Einsatz kommt, können hölzerne Gartenmöbel ein harmonisches Gesamtensemble schaffen. Hilfreich ist es dabei, gut zusammenpassende Farben zu wählen und auch auf Oberflächenbeschaffenheit sowie Formgebung zu achten: Hat man es in Garten und Haus mit sehr glatten, geschliffenen Oberflächen zu tun, oder mit rauen, naturbelassenen? Herrschen scharf begrenzte, gerade und rechtwinklige Linien vor? Oder ergeben gebrochene Natursteine ein unregelmäßiges Muster und sorgt eine Beetumfassung aus Polsterpflanzen für fließende Kanten im Grünbereich?

Dekor und Accessoires wie Sitzkissen und Windlichter vollenden den Eindruck. Besondere Bedeutung kommt dabei allen Elementen zu, die Pflanzen in die Dekoration miteinbeziehen, wie Topfpflanzen, Blumenampeln und Blumenvasen. Wer stilsicher vorgehen will, wird auch bei diesen kleinen und meist recht günstigen Ausstattungselementen darauf achten, dass sie zum Gesamtensemble passen. Ausladende, bunt gemusterte Sitzpolster mit weichen Formen machen sich in einer rustikalen Umgebung gut. Ein strenges, modernes Design verlangt auch bei den Accessoires nach klaren Formen und Farben.

Will man dann in ein harmonisch aufeinander abgestimmtes Ensemble im Garten durch absichtlich gesetzte Kontrapunkte Spannung bringen, so ist es hilfreich, zunächst die Wirkung einzelner, mobiler Objekte zu testen. Das kann zum Beispiel eine ungewöhnlich geformte Blumenvase sein. Oder ein Windlicht in der Lieblingsfarbe, die man sich bisher im Garten nicht einzusetzen getraut hat. Oder ein auffallendes Dekorobjekt, beispielsweise eine Steinskulptur. Auf diese Weise lässt sich leicht herausfinden, an welchen Plätzen im Garten verschiedene Materialien, Farben und Formen gut wirken und wo sie nicht so passen.

*Liebevoll ausgesuchte Accessoires machen das Wohnzimmer im Grünen perfekt.*

# Das Wohnzimmer im Grünen: Veranden und Terrassen

Im Folgenden stellen wir Ihnen die wichtigsten Bereiche des Wohngartens im Überblick vor. Dabei bewegen wir uns schrittweise vom Haus weg in den Garten. Den Anfang bilden jene Übergänge zwischen Haus und Garten, die mit beidem verbunden sind: Veranden und Terrassen.

Hier, wo das Drinnen ins Draußen übergeht, liegt ein Zentrum der Garten-Wohnkultur. Veranden und Terrassen schaffen den Übergang vom begrenzten Innenraum zum Leben im Garten. Ob es im Sommer drinnen zu stickig ist, draußen zu heiß oder regnerisch, ob man sich gemütlich in eine warme Decke einkuscheln oder die frische Luft genießen will: Terrassen bieten für alle Situationen den passenden Raum. Gleichzeitig verraten sie viel über Garten- und Hausbesitzer und präsentieren das „Vorzeigezimmer" des Gartens. Oft schaffen sie den wichtigsten und meist auch den ersten Eindruck vom Garten.

*Kübelpflanzen bringen den Garten auf die Terrasse.*

Deshalb lohnt es sich, auf ihre Gestaltung besonderen Wert zu legen: Hat die Terrasse die richtige Größe, um allen Familienmitgliedern bequem Platz zu bieten? Wirkt sie einladend und phantasievoll gestaltet? Ist sie weitläufig und luftig oder eher geheimnisvoll, wie ein romantisches Versteck? Ist sie stilsicher angelegt, passen die verwendeten Materialien zueinander? Und passt sie zu Haus und Garten?

Gezielt gesetzte Kontraste können sehr reizvoll sein. Doch zu einem Bungalow im Stil der 1960er Jahre wird ein Sitzplatz mit rustikaler Biergartenatmosphäre wahrscheinlich nicht die optimale Ergänzung sein. Sitzplatz oder Terrasse, Gartenanlage und Architektur sollten einander ins beste Licht rücken.

Besonders wichtig ist auch das Zusammenspiel mit der umgebenden Vegetation. Bei einem streng angelegten Ensemble wird man hier auf klare Trennungen achten. In einem üppig blühenden naturnahen Garten dürfen vorwitzige Pflanzen auch aufs Verandageländer klettern. Will man Terrasse oder Veranda in die Bepflanzung miteinbeziehen, bieten sich neben Kübelpflanzen Bögen und Pergolen mit rankenden Pflanzen an. Sie wachsen meist sehr schnell und sehen gut aus. Auch als Sichtschutz und zur Verbesserung des Kleinklimas eignen sie sich gut.

## Der Selbermacher-Tipp

Rankende Pflanzen in Kübeln brauchen spezielle **Kultursubstrate,** normale Gartenerde reicht meist nicht aus. Lassen Sie sich beim Kauf gärtnerisch beraten, welches Erdmaterial die besten Resultate verspricht.

*Moderne Gartenmöbel bieten für jeden Geschmack das passende Design. So werden Terrassen und Veranden zum Lieblingszimmer während der Sommermonate.*

## DER BESTE PLATZ FÜR VERANDA UND TERRASSE

Bei der Platzwahl für Veranda oder Terrasse stehen praktische Überlegungen an erster Stelle: Wer je erlebt hat, wie anstrengend es für Gastgeber sein kann, wenn sie an einem schönen lauen Sommerabend Getränke und Speisen treppauf, treppab, rund ums Haus herum und wieder zurück tragen müssen, weiß, wie wichtig es ist, dass der Sitzplatz nahe dem Haus liegt. Deshalb sollten Veranden und Terrassen von Küche und Wohnzimmer aus gut zugänglich sein.

Neben der guten Zugänglichkeit spielen die Einsehbarkeit von außen sowie die Himmelsrichtung eine große Rolle. Üblicherweise wählt man für Terrasse oder Sitzecke einen Platz hinter dem Haus. Denn dort ist man besser vor neugierigen Blicken geschützt als etwa im Vorgarten. Doch mindestens ebenso kommt es auf die Lage des Grundstücks, die Sonneneinstrahlung, den Windschutz und die Nähe zum Wohnzimmer an. Liegt zum Beispiel die Südostseite vor dem Haus, so ist es wegen des besseren Klimas auf jeden Fall eine Überlegung wert, den Sitzplatz an der Vorderseite des Hauses anzulegen.

Die gewünschte Abschirmung und Vertraulichkeit kann man dann mit baulichen und/oder gärtnerischen Maßnahmen erreichen. Will man eine warme, gemütliche Atmosphäre und kompletten Sichtschutz, bietet sich beispielsweise eine Ziegelmauer an. Sollen Pflanzen miteinbezogen werden, so sind Sichtschutzelemente, an denen Kletterpflanzen emporwachsen können, eine gute Wahl. Oft genügt auch ein Gitter, an dem Pflanzen hinaufranken, oder eine kleine, schmale Hecke – ja sogar Blumenkistchen mit hochgezogenem Kunststoffnetz und Bohnenranken tun in vielen Fällen ihren Dienst.

Im verbauten Gebiet können manche Terrassen von höher gelegenen Stockwerken aus eingesehen werden. Hier lässt sich mit einem vorgezogenen Dach, einer Markise oder einer begrünten Pergola Abhilfe schaffen.

Nicht zuletzt ist die Anlage der Terrasse eine Frage des zur Verfügung stehenden Raumes. Wenn man einen Sitzplatz oder eine Terrasse neu anlegt oder umbaut, lohnt es sich, den Platzbedarf großzügig zu bemessen. Rund dreieinhalb mal dreieinhalb oder noch besser vier mal vier Meter sollten es mindestens sein. Je größer die Familie ist und je mehr Gäste eingeladen werden, desto mehr Platz muss auch die Terrasse bieten.

Der Weg zwischen Haus und Terrasse sollte breit genug sein und übersichtlich. Ausladende Pflanzen, die in den Weg hineinragen, sind hier genauso fehl am Platz wie beim Weg vom Gartentor zum Haus. Wichtig ist auch, dass der Boden gut befestigt und trittsicher ist. Das kommt Gästen mit elegantem Schuhwerk ebenso entgegen wie älteren Personen.

## FÜR JEDEN SITZPLATZ DEN RICHTIGEN UNTERGRUND

Der richtige Bodenbelag ist für alle Sitzplätze entscheidend, bietet er doch die Grundlage, auf der sich das Leben im Freien abspielt. Deshalb soll hier etwas ausführlicher auf die verschiedenen Möglichkeiten eingegangen werden, den Boden für Terrassen, Veranden und andere Sitzplätze im Freien zu gestalten. In Frage kommen dafür unterschiedliche Materialien. Die wichtigsten sind Holz, Ziegel, Pflaster- und Natursteine oder Kies.

### Holzbelag

Holz als Bodenbelag im Garten hat viele Vorteile. Es harmoniert gut mit einer natürlichen Gartenlandschaft und trocknet nach Regen schnell. In der Sonne heizt sich Holz nicht so stark auf wie etwa Beton. Daher verändert es das Kleinklima am Sitzplatz nicht so stark wie Beton, der die Sonne reflektiert. Viele Holzbeläge sind heute barfußfreundlich. Das kann gerade bei sehr hohen Temperaturen angenehm sein, wenn andere Materialien sich so stark aufheizen, dass man Gefahr läuft, Brandblasen an den Fußsohlen zu bekommen.

Wichtig ist eine dem Verwendungszweck entsprechende Imprägnierung, sonst verwittern insbesondere die preisgünstigen Fichten- und Kiefernholzplatten allzu schnell!

Holzdielen sind unkompliziert zu verlegen. Zunächst steckt man die benötigte Fläche ab. Dann wird die Erde etwa 15 bis 20 Zentimeter tief abgetragen und Sand eingefüllt. Diesen verdichtet man, sodass er tragfähig wird, und ebnet ihn gut ein. Dann wird das erste Rahmenholz platziert. Anschließend legt man als Auflagefläche einige Betonplatten, Pflaster- oder Mauersteine. Vom Rahmenholz ausgehend werden dann die

**Der Selbermacher-Tipp**

Wenn der Sitzplatz so angelegt ist, dass eine **leichte Neigung zum Garten** hin entsteht, kann Regenwasser leichter abrinnen. Schließlich will man ja bald nach einem Regenguss wieder draußen sitzen, ohne ein unfreiwilliges Fußbad zu nehmen.

Trägerhölzer verlegt. Als zusätzlichen Schutz gegen Feuchtigkeit kann man ihre Oberfläche mit Bitumenkleber einstreichen und mit Dachpappe belegen. Darauf kommen die Holzdielen. Sind alle Dielen verlegt, so begradigt man die Ränder und verkleidet sie mit Dielen.

Für größere Flächen oder Abstufungen, beispielsweise zu einem Teich, bietet der Handel auch ganze Gartendecks aus Holz an. Sie sind etwas komplizierter zu verlegen und verlangen einiges an Geschick.

### Ziegel-, Pflaster- und Natursteine

Im naturnahen Garten machen sich Ziegel, aber auch Pflastersteine und Natursteine sehr gut als Befestigung für Sitzplatz und Terrasse. Strenge Klinkerziegel wiederum passen sehr gut zu Bungalows, Terrassen und aufwendigen Architektenanlagen mit viel Glas.

Ziegel lassen sich in den verschiedensten Mustern legen. Wenn sie hart gebrannt sind, sind sie frostsicher und vor Abrieb durch Benutzung geschützt. Steine, seien es die reizvollen, aber teuren Natursteine oder Schiefer oder Granitsteine, können sowohl eng verfugt als auch mit bewachsenen Abständen verlegt werden. Es kommt auf die Eigenheit des Hauses an, auf die Art des Gartens und den Einsatzort der Steine. So werden Granitsteine für eine Hauseinfahrt anders verlegt als für einen schattigen Sitzplatz in einem kleinen Innenhof. In einem „romantischen" Garten wird man die Steine nicht so eng verlegen wie auf einem modernen Sitzplatz. Zwischen den Fugen der Steine können sich Moose und Flechten ansiedeln; oder man pflanzt kleine, genügsame Polsterstauden.

Wer einen stabilen Untergrund sucht, ohne jedoch den Boden vollständig zu versiegeln, kann sickerfähige Pflastersteine verwenden. Sie lassen Regenwasser durch feine Poren in den Untergrund ablaufen. Dadurch unterstützen sie den natürlichen Wasserkreislauf und bieten eine ökologisch sinnvolle Alternative zu konventionellen Steinen, die zu Bodenversiegelung führen. Alle Steinpflaster benötigen einen gut vorbereiteten Unterbau. Üblicherweise legt man sie auf einen verdichteten Unterbau aus

*Von Stein über Holz bis Beton bieten sich je nach Vorliebe unterschiedliche Materialien als Terrassenuntergrund an.*

Schotter und eingeebnetem Sand. Zum Fixieren eignen sich ein Gummihammer und eine über die Steine gelegte Holzlatte.

Dass alle „echten" Steinpflaster eine nicht vollständig ebene Oberfläche erzeugen, sollte man bei der Wahl der Gartenmöbel berücksichtigten. Zarte Möbel mit wenig Auflagefläche wackeln leicht auf einem solchen Untergrund. Für Personen, die Probleme mit der Trittsicherheit haben, sind solche Steine aufgrund der Unebenheiten und der dadurch entstehenden Stolpergefahr nicht die erste Wahl.

## Der Selbermacher-Tipp

Für Balkone und Terrassen, die nicht ebenerdig liegen, muss man bei der Wahl des **Bodenbelags** die Gewichtsbelastung mitbedenken: Viele Materialien weisen ein erhebliches Eigengewicht auf. Daher empfiehlt es sich in solchen Fällen, fachmännischen Rat einzuholen. Besonders wichtig ist hier auch die richtige Entwässerung.

### Betonverbund-Steine und -Platten

Betonsteine sind ein sehr beliebtes Bodenmaterial. Sie bieten den passenden Bodenbelag für Sitzplätze, bei denen bequeme Handhabbarkeit und Pflegeleichtigkeit besonders wichtig sind. Man kann sie völlig eben verlegen und sehr gut reinigen. Genau wie bei Ziegel- und Natursteinen sind Zwischenpflanzungen möglich, die den Belag optisch auflockern und die Fläche noch natürlicher wirken lassen. Betonverbundsteine gibt es heute in zahlreichen Farbschattierungen und mit unterschiedlichsten Oberflächen, sodass für individuelle Gestaltungswünsche viel Raum bleibt.

Als Untergrund dient ein Bett aus mindestens 25 Zentimeter hoch aufgeschüttetem Schotter. Darüber kommt eine feste Sandschicht. In diese werden die Betonsteine verlegt. Damit sie gut sitzen, legt man ein Brett darüber und klopft die Platten mit einem Gummihammer fest. Für gleichmäßige Fugen sorgt ein Fugenkreuz. Sind alle Platten verlegt, kann man die Fugen mit Fugenmörtel oder Sand füllen.

Optisch vorteilhaft ist es, die solcherart entstandene Terrasse oder den befestigten Sitzplatz nicht mit einer schnurgeraden Abschlusskante enden zu lassen, denn das schafft einen zu harten Kontrast zur Gartenlandschaft. Besser ist es, Betonverbundsteine so zu verlegen, dass ein fließender Übergang zum Garten oder zu den Wegen entsteht.

### Kies

Kies ist ein Klassiker der Bodengestaltung im Garten. Er mildert die kantigen Formen von baulichen Anlagen wie Holzstufen und anderen Terrassenbefestigungen. Besonders gern wird er als Übergang von Holzterrassen zum Garten verwendet. Kies ist aber auch ein sehr passender Boden-

## Der Selbermacher-Tipp

Kies ist für kleinkindgerechte Gärten **ungeeignet.** Denn kleine Kinder können einzelne Kiesel verschlucken; und beim Hinfallen drücken die Steinchen in Wunden und können Verletzungen verschlimmern.

belag für Sitzecken in einem romantischen und ein wenig altmodisch-geheimnisvollen Garten. Insbesondere in schattigen Gärten, mit dem Grün von Efeu und Farnen kombiniert, hat er seinen Reiz.

Auch in Stadtgärten ist Kies ein beliebtes Gestaltungselement. Er strahlt eine wohltuende Ruhe aus und macht sich in kleinen wie in größeren Gartenanlagen gut. Das typische Knirschen beim Gehen hat unter den Gartenbesitzern viele Anhänger. Dazu kommt, dass Kies vergleichsweise preiswert ist. Weniger gut geeignet ist Kiesbelag für Dachterrassen, da die verschiedenen Schichten zusammen ein recht hohes Gewicht ergeben.

Kies gibt es in verschiedenen Farben und Größen. In dunklen Schattenecken wirkt heller Kies besonders gut. Oder man greift gleich zu weißem Splitt, der allerdings eckige und teilweise sogar scharfe Kanten hat und daher für Gärten, die kindgerecht sein sollen, nicht in Frage kommt. Schön sind auch Kiesel in Verbindung mit großen, groben Steinen, besonders als Übergang zu Wegen oder Beeten. In Kieswege kann man die Pflanzen „hineinwachsen“ lassen, damit ein fließender Übergang vom Beet zum Weg entsteht.

Die Verarbeitung von Kies ist recht einfach. Wichtig ist, dass er nicht auf unvorbereiteten Boden aufgestreut wird. Denn Kies ist ein so genanntes „fließendes Material“. Das heißt, er verschwindet in der Erde, auf Wegen und in Beeten. Deshalb braucht Kies auch Stützkanten als Abschluss, sonst „wandert“ er schnell in andere Gartenbereiche und fehlt dort, wo man ihn eigentlich haben wollte. Als Stützkanten empfehlen sich beispielsweise Ziegelsteine, Betonkanten oder Holzpflöcke.

*Seine ruhige, klare Ausstrahlung macht Kies als Untergrund für Sitzplätze im Garten so beliebt.*

Kiesbelag benötigt einen soliden Unterbau, der ca. zehn Zentimeter tief sein sollte. Üblicherweise verwendet man dafür Schlacken oder Schotter. Darauf kommt die erste Schicht Kies, die gröberes Material sein kann und ordentlich eingestampft werden muss. Vermischt man die nächste Kiesschicht mit Tonerde, so verbessert das die Bindung. Zum Schluss kommt der so genannte Perlkies. Diese Schicht muss regelmäßig aufgefüllt werden, weil sie sich, auch bei gut haltenden Stützkanten, im Laufe der Zeit im Garten verliert.

# Garten(t)räume: Ruhezonen, Gartenhäuser, Grillplätze und Co.

Während Veranden und Terrassen direkt am Haus angebaut sind, sozusagen mit dem Rücken am Haus angewachsen, sollen im Folgenden jene Freiräumen im Garten in den Mittelpunkt rücken, die auch losgelöst vom Haus abgegrenzte Räume im Grünen schaffen können.

Zu dieser großen Gruppe von Gartengestaltungselementen gehören ganz unterschiedliche Bereiche. Viele davon finden sich im Garten oder in Anbindung an das Haus, auf Terrassen und Veranden. Das trifft beispielsweise auf Sitzgruppen und Bänke zu. Platziert man sie frei im Garten, so markieren sie eigene kleine Wohnbereiche im Grünen.

Solche Sitzgelegenheiten können ganz informell gestaltet sein, vielleicht auch nur vorübergehend in Betrieb. Zum Beispiel für ein großes Gartenfest, für das alle verfügbaren Tische zusammengestellt und unter großen Tischtüchern verborgen werden. Oder ein Stuhl, auf dem man die ersten warmen Frühlingstage im Garten genießen möchte.

Oft hat man es aber auch mit wohldurchdachten Arrangements zu tun, kleinen Sitzecken mit passendem Bodenbelag, auf dem geschickt gewählte Gartenmöbel bereit stehen. Zu Recht einer der beliebtesten Klassiker in jedem Garten ist eine gut platzierte Bank. Sie bietet Platz für mehrere Personen oder auch einmal für ein kleines Nickerchen. Bänke laden zum Lesen, Plaudern und Entspannen ein. Die Mischung aus Formellem und Zwanglosigkeit, die Sitzbänke auszeichnet, ist ideal für jeden Garten.

Auch Ruhezonen mit Hängematte, Gartenliegen oder Sonnendecks eröffnen Freiräume im Grünen. Solche „Bitte-nicht-stören-Bereiche" können ganz unterschiedlicher Natur sein. Ist eher ein ruhiges, schattiges Plätzchen gewünscht, in dem man ungestört entspannen kann? Eine Hängematte lässt sich wunderbar zwischen Bäumen aufspannen, die gleich den passenden Schutz vor direkter Sonneneinstrahlung dazuliefern. Wenn sie hingegen in einem Gestell aufgehängt wird, können auch Sonnenhungrige auf ihre Kosten kommen.

Wer lieber in nicht ganz so luftiger Höhe im Garten entspannt, kann es sich auf einer Gartenliege bequem machen. Steht sie regelmäßig im Garten, vielleicht auch neben einem Pool, so lohnt es sich, einen Platz dafür mit passendem Bodenmaterial (siehe Seite 203–206) zu belegen. Gerade hier macht es sich bezahlt, praktische ebenso wie die auf Seite 198/199 angesprochenen gestalterischen Aspekte mitzubedenken. Das Angebot an Gartenmöbeln ist heute so umfangreich wie noch nie und bietet für jeden Geschmack etwas. Man kann wählen zwischen verschiedenen Holzarten, pflegeleichtem Plastik, stylischem Metall oder modernem Synthetik-Flechtwerk. Da diese guten Stücke direkt im Garten stehen, sind sie dort ein echter Blickfang. Möbel, die in Form, Material und Farbe passend zu Haus und Garten gewählt wurden, beleben den Garten und werten ihn auf.

## ZWISCHEN HAUS UND GARTEN: GRILLEN UND FEIERN

Einige Bereiche des Wohngartens können entweder auf einer Terrasse platziert werden oder frei im Garten. Das sind meist jene Orte, die man auch im größeren Freundeskreis nutzen will. Dazu gehören Grillplätze und Räume zum Feiern. Denn eins ist klar: Ohne Grill ist kein Garten komplett. Egal, ob Kartoffeln in der Glut braten, ein mobiler Kugelgrill im Sommer zur Alternativküche für die Familie wird oder ein Spanferkel über dem Holzkohlengrill die Hauptattraktion einer Feier bietet: Essen im Freien zuzubereiten, übt eine unwiderstehliche Faszination aus. Wird die Küche oft als das Herz des Hauses bezeichnet, so ist der Grillplatz das Herz des Wohngartens.

Für das Grillvergnügen im eigenen Garten kann man zwischen zwei grundsätzlich verschiedenen Varianten wählen: gemauerten Grillplätzen und mobilen Gartengrills. Mobile Geräte haben den Vorteil, dass sie sich praktisch überall aufstellen lassen. Der Platz, auf dem sie stehen, wird automatisch zum Grillplatz.

Man kann sie in den Urlaub mitnehmen und nach Gebrauch leicht wieder verstauen. Sie lassen sich auch auf kleinerem Raum auf der Terrasse oder einem Sitzplatz im Garten einsetzen und bieten größtmögliche Flexibilität. Solche Geräte gibt es in verschiedensten Ausführungen und in allen Preisklassen, vom einfachen Mini-Griller bis zum Kugelgrill mit Temperatureinstellung, in dem sich auch ein Truthahn im Stück zubereiten lässt. Gerade Kugelgrills sind in den letzten Jahren zunehmend in Mode gekommen. Kein Wunder, denn in ihnen lässt sich sehr gleichmäßig garen. Die Glocke sorgt dafür, dass die Hitze von allen Seiten kommt.

In weitläufigeren Gärten lohnt sich ein gemauerter Grill. Der Vorteil solcher Anlagen besteht darin, dass man dort alles bereithaben kann: Plätze für Heizmaterial und Grillzubehör lassen sich ebenso einplanen wie Abstellflächen für Salate und Getränke, hübsche Beleuchtungskörper und passende Sitzgelegenheiten. So wird ein gemauerter Grillplatz zum viel bewunderten Schmuckstück des Gartens.

Will man öfter Freunde zum Grillen einladen, ist es hilfreich, rund um den Grillplatz einen befestigten Terrassenboden anzulegen. Denn eine Grillparty beansprucht in der Regel mehr Platz als andere Einladungen. Die Gäste bleiben nicht durchgehend am Tisch sitzen. Während das Grillgut vor sich hin brutzelt, nützten sie gern die Wartezeit, um am Grill über die besten Zubereitungsmethoden zu fachsimplen oder sich den Garten anzusehen.

Entscheidet man sich für einen fertigen Grill-Bausatz, so sollte man sich vergewissern, dass das schöne Modell, das im Baumarkt so gut gefällt, von der Größe her tatsächlich in den Garten oder auf die Terrasse passt. Das ist wie mit Möbeln im Einrichtungshaus: An einem anderen Ort sehen sie oft größer oder kleiner aus als zuhause. Daher ist es hilfreich, im eigenen Garten nachzumessen, um das passende Modell wählen zu können.

**Die wichtigsten Tipps für ungetrübtes Grillvergnügen**

- Ein **gemauerter Grill** bietet mehr Komfort, beansprucht aber auch mehr Raum im Garten als ein mobiles Gerät. Eine solche Investition lohnt sich vor allem, wenn regelmäßig gegrillt wird und genug Platz zur Verfügung steht.

*Geteilte Freude ist doppelte Freude: Der eigene Garten ist der denkbar beste Ort für Feiern mit Freunden.*

- Wer bei der Standortwahl auf die **Windrichtung** achtet, kann sich unangenehme Grillnebenwirkungen ersparen: Der Bratenduft sollte weder ins eigene Schlafzimmer ziehen noch den Nachbarn auf der Sonnenliege in der Nase kitzeln. Bei gemauerten Grills geht man von der häufigsten Windrichtung aus, mobile Geräte lassen sich je nach Windrichtung platzieren.
- Wichtig ist auch, dass **oberhalb des Grills kein Baum** ist. Denn der beim Grillen aufsteigende Wärmestrom kann so heiß werden, dass Äste und ganze Baumteile verdorren.
- Bei der Auswahl des passenden Geräts sollte ein guter Kompromiss für die **richtige Größe** gefunden werden: Zu große Grills werden oft nicht benützt, weil sich der Aufwand für zwei oder drei Personen nicht lohnt. Zu kleine wiederum sind bei Festen ein Problem, wenn man als Gastgeber mit der Verköstigung der hungrigen Gästeschar nicht nachkommt.

## Die schönste Dekoration für jede Feier: der eigene Garten

Ein ganz besonderer Aspekt der Gartenwohnkultur sind Gartenfeste: Eine Feier im Freien zu veranstalten ist immer eine Attraktion. Der Garten ist als Veranstaltungsraum für den Kindergeburtstag ebenso unschlagbar wie für einen gemütlichen Abend im Freundeskreis oder um der Feier beruflicher Erfolge einen würdigen Rahmen zu verleihen.

Geselligkeit lässt sich nirgendwo so entspannt genießen wie im Freien. Gartenfeiern bieten eine angenehm unkomplizierte Atmosphäre. Sie profitieren von der gleichermaßen zwanglosen und feierlichen Stimmung, die die Natur als Kulisse schafft. Denn der Garten ist die denkbar beste Dekoration für jeden festlichen Anlass. Er lädt die Gäste dazu ein, zu finden, was sie persönlich interessiert. Sei es einfach geruhsames Sitzen an der frischen Luft, sich an blühenden Arrangements erfreuen oder auf Entdeckungsreise gehen und gärtnerische Tipps und Tricks vom Gastgeber einholen.

Ist die Runde nicht allzu groß, kann man dafür auf Terrasse, Sitzecken und Grillplatz zurückgreifen. Alternativ lässt sich die Feier in den Garten hineinverlegen. Das kommt auch der Neugier der Gäste entgegen, die den Garten erkunden wollen. Schließlich ist er ja die eigentliche Attraktion des Abends.

Bei der Platzwahl für eine Feier im Grünen heißt es kreativ sein, den Garten einmal mit anderen Augen sehen. Wenn sich von der Einfahrt her ein schöner Blick auf den Garten bietet, spricht nichts dagegen, den ebe-

Der Garten ist als Veranstaltungs-
raum für den Kindergeburtstag
ebenso unschlagbar wie für
einen gemütlichen Abend im
Freundeskreis.

nen Untergrund dort zu nutzen. „Auf der grünen Wiese“ wiederum ist jede von der Größe her passende Fläche geeignet, die das Betreten nicht übelnimmt (siehe Seite 29). Unebenheiten im Boden kann man mit kleinen Hölzern oder Papier ausgleichen.

Praktisch für Gartenfeiern sind ausziehbare Tische, auch klappbare Bierbänke und Tische sind beliebt. Der Trick dabei: Mit einem etwas längeren weißen Tischtuch sieht jeder Tisch festlich aus. So lässt sich auch elegant kaschieren, wenn unterschiedliche Tische miteinander kombiniert wurden. Der beste Schmuck für die festliche Gartentafel sind bunte Blumensträuße und Dekorationen aus Naturmaterialien wie Papier, Holz oder Stroh. Auch Arrangements mit Zweigen oder Strohblumen machen sich gut. Je nach Jahreszeit ergänzen essbare Dekorationen in Form von Obst oder Beeren aus dem Garten den Tischschmuck.

*Einfaches Geschirr, bunte Accessoires: die perfekte Ausstattung für Ihre Sommerparty.*

Das feine Porzellan bleibt an diesem Abend im Küchenschrank, im Garten passt am besten einfaches, stabiles Geschirr. Für bunte Farbtupfer sorgen farbige Servietten. Am Abend schaffen Gartenfackeln und Windlichter eine gemütliche und feierliche Stimmung. Gut ergänzen lassen sie sich mit Lampions, Lichterketten oder auch Schwimmkerzen in Dekogefäßen, zum Beispiel in niedrigen Übertöpfen.

## GARTENRÄUME MIT PFLANZEN FORMEN

Pflanzen sind eine wichtige Hilfe, um im Garten Bereiche zum Wohnen im Freien abzugrenzen. Da Bäume und auch schöne Sträucher lange brauchen, bis sie sich voll entfaltet haben, kommt Lauben, Pergolen, Rankgerüsten, Spalieren und Sichtschutzbögen für diese Aufgabe eine besondere Bedeutung zu.

Mit rankenden Gewächsen begrünt, sehen sie attraktiv aus und öffnen unerwartete Ausblicke, während sie gleichzeitig unerwünschte Einblicke verhindern. So erfüllen sie gleichermaßen praktische und ästhetische Aufgaben. Sie bringen Spannung und Abwechslung ins Gartenbild und schaffen räumliche Strukturen.

Gerüste und Spaliere lassen sich frei im Garten platzieren, beispielsweise um einen Sitzplatz zu umrahmen. Man kann sie aber auch mit einer Terrasse verbinden, zum Beispiel um den Abgang von der Terrasse in den Garten besonders zu betonen. Auch Pergolen lassen sich frei stehend im Garten oder im Anschluss ans Haus errichten. Sehr attraktiv sind auch aus Pfosten oder Säulen und Rankgittern geformte Pergolengänge. Mit ihnen lassen sich wunderschöne filigrane Pflanzen„gebäude“ formen.

Sollen einzelne Gartenbereiche vollständig abgetrennt werden, sind Spaliere, schmale Trennhecken und Rankgerüste hilfreich. Spaliere und Hecken können in der

*Gartenhäuser sind wunderbare Orte der Entspannung. Häuser wie die hier abgebildeten eignen sich für weitläufige Gartenanlagen. Für kleinere Gärten sind Blockbohlenhäuser sehr beliebt.*

Höhe zusätzlich variabel gestaltet werden. Wenn kompletter Sichtschutz erwünscht ist, beispielsweise für eine Liegewiese, zieht man Hecken und Spaliere höher. Ist hingegen Weitblick gefragt, kann man sie niedriger halten.

## DIE KLEINE VILLA IM GRÜNEN: GARTENHÄUSER

Am prominentesten unter all den Möglichkeiten, kleine Freiräume im Garten zu eröffnen, sind jene Orte, die wohl die größte Anziehungskraft im Garten ausüben: Gartenhäuschen. In einiger Entfernung vom Haus gelegen sind solche kleinen „Residenzen" Rückzugsraum und Alternativhaus in einem. Sie bieten im Kleinen alles, was ein Haus kann, und versprechen dabei Freiheit von den alltäglichen Einschränkungen, die das Leben im Haus bedeutet. Dass sie diese Gegensätze verbinden können, macht ihren speziellen Reiz aus.

### Der Selbermacher-Tipp

Bei Bausätzen für Gartenhäuschen kann die **Schneelast des Daches** je nach Haustyp unterschiedlich sein. Erkundigen Sie sich vor dem Kauf, welche Regelungen bezüglich der Schneelast es in Ihrer Gemeinde gibt.

Früher hat man Gartenlauben vor allem als Orte für Träumer, Verliebte und Künstler gesehen. Davon zeugen noch heute altmodische Klischees: der Komponist, der sein Werk im Gartenhäuschen vollendet, der erste Kuss, der dort gewechselt wird. Solche Orte waren damals ganz offensichtlich besonderen Menschen oder besonderen Zeiten im Leben der Menschen vorbehalten. Heute sind Gartenhäuser zum Glück ein gut leistbarer Luxus für jeden Gartenbesitzer. Der Zauber dieser kleinen, künstlich geschaffenen Räume im Garten ist dabei ungebrochen.

Gartenhäuser bieten stille Stunden der Entspannung mit allem Komfort, den man sich wünschen kann. Klassische Formen bestehen aus einem Raum, oft mit einer Veranda, die im Kleinen die Veranda-Situation des „echten" Hauses nachbildet. Größere Gartenhäuser können mehrere Innenräume oder auch Anbauten haben, zum Beispiel zum Lagern von Holz oder für Gartengeräte.

Beliebt sind auch sehr offene, durchlässige Konstruktionen, die das Wechselspiel von drinnen und draußen fördern, den Blick nach außen lenken, wie beispielsweise Pavillons. Dort findet das Leben gleichermaßen im Drinnen wie im Draußen statt. Pavillons haben einen sehr zwanglosen Charakter. Sie schaffen helle, luftige Räume und schützen vor Sonne ebenso wie vor Regen. In ihrem Schatten lässt sich wunderbar der Garten betrachten, sie sind aber auch der ideale Schutz fürs Buffet beim nächsten Sommerfest.

Konstruktionen, die einen an drei Seiten geschlossenen Raum mit offener Front bieten, vereinen die Durchlässigkeit für Licht und Luft mit dem Komfort geschlossener Räume. In mediterranen Ländern findet man gemauerte Sommerküchen mit drei Wänden, oft auch mit integriertem Sitzplatz. Sie ermöglichen einen leichten Zugang zum Garten und vereinen die Annehmlichkeiten eines kleinen Häuschens mit jenen des Lebens im Freien.

Gemauerte Gartenhäuser sind mit viel Aufwand verbunden. Ideal, um sich den Traum von der kleinen Gartenvilla deutlich unkomplizierter zu erfüllen, sind Blockbohlenhäuser. Bausätze für solche charmanten Holzgartenhäuschen kann man „frei Garten" liefern lassen und selbst aufstellen. Das dauert nicht länger als einen Tag. Dabei lässt sich aus einer Vielzahl in Größe und Ausführung unterschiedlicher Modelle wählen. Und je nach gewünschter Stabilität gibt es Holzbohlen in unterschiedlicher Stärke.

Um das passende Gartenhaus zu finden, hilft es auch hier, das Gesamtensemble von Garten und Wohnhaus mitzudenken. Ein gut zum Garten und zum Wohnhaus passendes Gartenhäuschen lässt alle Elemente im besten Licht erscheinen. In einem strengen, formal gehaltenen Garten kann es beispielsweise betont schlicht sein. Hier könnte eine Bungalow-Form mit großer Glastür passen, vielleicht auch mit einer in zurückhaltenden Farbtönen gestalteten Außenfront. In einen ländlich inspirierten Garten hingegen passen rustikale Akzente. Hier könnte es gut wirken, ein Gartenhaus mit Veranda zu wählen, auf der üppig blühende Kübelpflanzen ihren Platz finden. Sie geben eine „optische Antwort" auf die umgebende Vegetation, die ihrerseits über die Brüstung der kleinen Veranda rankt.

# 8. Gärtnern ohne G

# arten

# Pflanzen in Kübeln, Töpfen und Co.

Nicht jeder, der einen grünen Daumen hat, hat auch einen Garten. Viele begeisterte Gärtner frönen ihrem Hobby auf Balkonen und Terrasse oder auch „nur" in den eigenen vier Wänden. Zum Glück lassen sich heute mithilfe geeigneter Pflanzgefäße und Substrate fast alle Blumen und die meisten Blattpflanzen in Kübeln kultivieren. Viele Pflanzen fühlen sich in Pflanzgefäßen wohl und können jahrelang darin gehalten werden. Dabei sind Kübelpflanzen wunderbar flexibel einsetzbar. Man kann sie im Innen- und Außenbereich auf den Boden stellen, sie zieren Fensterbretter und Blumenkästen und verwandeln Balkone in hängende Gartenlandschaften. Und auch wenn der Raum noch so beengt ist: Für eine Blumenampel ist überall Platz.

Kübelgärten bieten eine schier unendliche Vielfalt an Gestaltungsmöglichkeiten. Im Balkonkasten sind Monatserdbeeren genau das Richtige für Naschkatzen und sehen noch dazu sehr hübsch aus. Fuchsien und Rhododendren verwandeln jede Terrasse in ein leuchtendes Blütenmeer. An der Mauer der Veranda ranken Kapuzinerkresse und Klematis, während Zitrusbäumchen mediterranes Flair verbreiten. Und die kleinen Klassiker der Kübelgärtnerei auf dem Fensterbrett, Basilikum, Petersilie und Co., bringen puren Lebensgenuss in unsere Küchen.

Kübelpflanzen sind die idealen Mitbewohner für In- und Outdoor. Sie sind anspruchslos und wenn man einige wenige Grundregeln beachtet, bringen sie nur Annehmlichkeiten mit sich. Sie machen Zimmer wohnlicher, lassen sie interessanter und lebendiger wirken. Und auch aus gesundheitlichen Gründen ist es sinnvoll, gerade in vielfrequentierten Räumen wie Wohnzimmern, aber auch Büros und Geschäftsräumen Pflanzen aufzustellen. Denn viele Pflanzen filtern Schadstoffe aus der Luft und sorgen auch durch höhere Luftfeuchtigkeit für angenehmes Raumklima. Chrysanthemen und Grünlilien beispielsweise bauen das giftige Formaldehyd ab, Efeu macht Benzol den Garaus, Zyperngras und Zimmerlinden geben Feuchtigkeit an die Raumluft ab und sind als „natürliche Luftbefeuchter" geeignet.

Auch im Garten machen sich Kübelpflanzen gut. Mediterrane und tropische Kübelpflanzen bereichern im Sommer den Garten und können im Winter im Innenbereich überwintern. Dazu gehören beispielsweise Oleander und Bougainvillea, Fuchsien, Schönmalven und Gazanien, Strauchmargeriten, Enzianbaum und Engelstrompete. Winterharte Gehölze, zum Beispiel Koniferen, Zwergformen von Obstbäumen, Rosen und winterharte Zwiebelblumen, können draußen bleiben.

# Welches Pflanzgefäß für welchen Zweck?

Das Angebot an Pflanzgefäßen bietet vielfältige Auswahlmöglichkeiten. Man kann zwischen Beton- und Terrakottapflanzschalen, Holzbottichen, Steintrögen, Zinkwannen und Kupferschalen wählen. Auch aus Kunststoff gibt es Pflanzgefäße in vielen Formen und Größen.

Die verschiedenen Materialien und Formen eignen sich jeweils für unterschiedliche Zwecke und Einsatzorte besonders gut. Deshalb sollte zunächst geklärt werden, was vor Ort möglich und vorteilhaft ist: Auf einem filigranen Balkon sind Blumenkästen optimal, große und entsprechend schwere Kübelpflanzen hingegen fehl am Platz. Auf großen, soliden Terrassen können gemauerte Pflanzwannen eingeplant werden und neben der Hausmauer oder der Eingangstür machen sich Steinurnen oder große Terrakottabehälter gut.

Mit Blumenampeln lassen sich entzückende hängende Kübelgärten einrichten. Wichtig dafür ist zum einen ein Platz, wo die Pflanzen nicht stören – auch wenn sie wachsen. Windgeschützt sollte er auch sein, sonst droht Blattbruch. Oder schlimmer noch: Die Blumenampel verselbständigt sich. Da voll befüllte Blumenampeln nicht nur in frisch gewässertem Zustand ein erhebliches Gewicht aufweisen, ist auch eine solide Verankerung der Aufhängung sehr wichtig. Damit die Ampel optisch gut zur Geltung kommt, sollte sie frei hängen.

Schwere Gefäße sind standfest und können nicht so leicht umfallen. Das ist vor allem in windigeren Lagen und bei Pflanzen mit ungleichmäßiger Gewichtsverteilung vorteilhaft. Durch Erde und Wasser werden diese Gefäße jedoch so schwer, dass man sie am besten an ihrem endgültigen Ort aufstellt und dann erst mit Substrat

*In Körben kommen flache oder hängende Pflanzen gut zur Geltung, für hoch wachsende Gewächse sind schlanke Töpfe besser geeignet.*

füllt. Auf Terrassen und Balkonen müssen vor der Planung und Anschaffung größerer Pflanzkübel auch Statik und Rechtslage überprüft werden.

Beim Einkauf ist außerdem zu beachten, wie gut das gewünschte Material isoliert. Vor allem wenn Pflanzen über den Winter draußen bleiben, benötigt man Gefäße aus gut isolierendem Material, das Temperaturunterschiede ausgleichen kann. Dazu gehören Holz, Beton und Kunststoff. Bleche und Ton isolieren hingegen nicht so gut.

## Der Selbermacher-Tipp

Um das richtige Größenverhältnis von Pflanze und Gefäß zu bieten, sollte der Topf ca. **zweimal so groß und tief** sein wie der Wurzelballen.

Jedes Pflanzgefäß benötigt darüber hinaus Wasserabzugslöcher, damit die Pflanzen keine „nassen Füße“ bekommen und die Wurzeln nicht zu faulen beginnen. Die meisten Pflanzen mögen keine Staunässe, sie werden unansehnlich und verkümmern. Glasierte Keramik- und Porzellanschalen sind oft wunderschön, haben aber manchmal keinen Wasserabzug. Einen solchen nachträglich anzubringen, ist schwierig. Bei Behältern aus Holz, Kunststoff und Beton ist das eher möglich.

Behälter, die bereits einmal bepflanzt waren oder anderweitig verwendet wurden, wäscht und bürstet man mit Lauge aus und spült anschließend mit Essigwasser nach. Am Schluss spült man noch einmal mit klarem Wasser. Das verhindert, dass Krankheitskeime oder Schädlinge, die den Winter im Keller überstanden haben, die Pflanzen schädigen. Pilzsporen überleben vor allem in Holzgefäßen. Man kann die Behälter auch „ausbrennen“ oder mit einem Pilzvernichter einsprühen.

*Passend zu Farbe und Wuchsform gewählte Pflanzgefäße lassen Kübelpflanzen besonders attraktiv wirken.*

## DIE BELIEBTESTEN MATERIALIEN FÜR PFLANZGEFÄSSE

Ton- und Terrakottagefäße passen mit ihrer natürlichen Ausstrahlung in jeden Garten und es gibt sie in Designs für jeden Geschmack. Sie sind porös, bei ihnen fließt Wasser nicht nur über die Löcher im Boden ab, sondern verdunstet auch über die Gefäßwände. Das hält die Erde in ihnen trocken und kühl. Man kann diese Gefäße daher gut in die pralle Sonne stellen, muss aber stärker gießen als etwa bei Kunststoffbehältern. Frost überstehen die meisten Terrakottatöpfe nur wenige Saisonen lang. Ton nimmt Wasser auf und speichert es. Sobald es friert, kann das kristallisierte Wasser den Ton schädigen. Im Laufe der Jahre zerbröseln viele Terrakottatöpfe regelrecht. Nur bei sehr hohen Temperaturen gebrannte Terrakottatöpfe sind frostbeständig. Bei glasierten Töpfen ist darauf zu achten, ob sie vollständig mit Glasur überzogen sind oder nur teilweise: Komplett glasierte Terrakottagefäße verlieren ihre Wasserdurchlässigkeit, das Wasser verdunstet in ihnen nicht so schnell und sie halten die Erde nicht so kühl.

Plastikgefäße sind preiswert und pflegeleicht. Dass sie sich einfach reinigen lassen, ist nicht nur praktisch, es kommt auch der Hygiene in Sachen Schädlingsbekämpfung entgegen. So kann man das Risiko verringern, dass sich Krankheitserreger und Schädlinge im Pflanzgefäß festsetzen. Plastikgefäße sind darüber hinaus sehr leicht. Das ist auf Dachterrassen und anderen Plätzen mit geringer Tragkraft ebenso vorteilhaft wie für Kübel, die häufig bewegt werden müssen.

Holzbehälter gibt es in sehr strengen wie auch in rustikalen Formen. Deshalb sind sie für viele verschiedene Gartentypen gut geeignet, von streng formalen Ziergärten bis zum Bauerngarten. Nicht imprägnierte Holzbehälter streicht man mit einem umweltverträglichen Schutzmittel innen und außen an. Danach wartet man einige Tage lang, bis das Holzschutzmittel eingezogen und verdunstet ist. Will man ein schönes, altes Holzfass bepflanzen, so müssen die Metallbänder mit Rostschutzmittel eingestrichen werden. Wichtig ist auch, dass das Fass nicht austrocknet. Denn durch den Wasserverlust verliert das Holz an Volumen. Dadurch werden die Metallbänder locker, verrutschen und können abfallen.

Auch „Recycling-Blumentöpfe“ sind sehr beliebt: Viele eigentlich für andere Verwendungszwecke gedachte Gefäße lassen sich in reizvolle Pflanzbehälter verwandeln. Alte, löchrige Emailschüsseln und Töpfe sind ebenso als Pflanzgefäße geeignet wie Truhen, Körbe und Badewannen. Letztere haben den Vorteil, dass sie bereits mit einem Wasserabzug ausgestattet sind. Körbe wiederum kleidet man innen mit Kunststoff aus, damit die Erde nicht austrocknet. Auch Metallgefäße muss man innen mit Folie auskleiden, da die im Wasser gelösten Inhaltsstoffe des Pflanzsubstrats und der Pflanzenausscheidungen mit dem Metall chemische Reaktionen eingehen können. Um den Wasserabzug sicherzustellen, versieht man die Folie mit Löchern. Will man alte Plastikeimer bepflanzen, so muss man Wasserabzugslöcher bohren. Wenn man die Eimer dann außen in einer zur Gartengestaltung passenden Farbe streicht, können sie zu kleinen Schmuckstücken im Garten werden.

*So lange sie noch nicht ausgewachsen sind, müssen Kübelpflanzen regelmäßig in größere Gefäße umgesetzt werden, damit die Wurzeln genug Raum haben.*

# Pflanzen richtig ein- und umtopfen

Beim Bepflanzen von Blumentöpfen und Co gilt es, einige einfache Regeln zu beachten, damit die Pflanzen sich in ihrem neuen Heim wohlfühlen. So müssen Gefäße, die bereits einmal verwendet wurden, sorgfältig gereinigt werden. Terrakottagefäße stellt man anschließend je nach Größe einige Zeit in Wasser.

Das eigentliche Bepflanzen geschieht bei allen größeren und schweren Gefäßen am besten am geplanten Standort, dann muss man sie nachher nicht mehr bewegen. Vor dem Einfüllen von Erde kommen Tonscherben auf die Abflusslöcher im Topf. Sie sorgen dafür, dass keine verklumpenden Erdpfropfen die Löcher verstopfen. Als erste Schicht wird danach eine Einlage aus Kies oder gut gewaschenen Steinchen als zusätzliche Drainage aufgebracht. Ist das Pflanzgefäß sehr groß, sollte diese Drainageschicht ein Drittel des Gefäßes ausmachen. Die Kiesschicht wird mit Jute, dünnen, wasserdurchlässigen Stoffstücken oder Vlies abgedeckt. Das verhindert, dass die Erde zu schnell in die unterste, wasserdurchlässige Schicht geschwemmt wird.

Zuletzt kommt Blumenerde in das Pflanzgefäß, bis es so weit gefüllt ist, dass für die Wurzeln der Pflanze noch gut Platz bleibt. Dann holt man diese aus ihrem bisherigen Pflanzgefäß. Das kann manchmal einiges an Fingerspitzengefühl und auch Kraft erfordern. Vor allem, wenn länger nicht mehr umgetopft wurde und die Wurzeln entsprechend kräftig gewachsen sind. Sind Wurzeln unten aus den Löchern gewachsen, kann man sie entwirren und dann versuchen, sie vorsichtig mit dem Wurzel-

## Der Selbermacher-Tipp

Will man für eine Pflanze im Topf einen **Stützpfahl** verwenden, so setzt man diesen vor dem Bepflanzen ein. Je nach Größe der Pflanze sollte dann auf etwas Abstand zwischen Stamm und Pfahl geachtet werden.

ballen zusammen aus dem Topf zu ziehen. Ist der gesamte Topf durchwurzelt und haben sich Wurzeln innen an den Gefäßwänden festgesetzt, so kann es vor allem bei Terrakottatöpfen schwierig werden, die Pflanze ohne Schaden aus dem Gefäß zu ziehen. Als Notfallmaßnahme zerschlägt man das Gefäß vorsichtig mit einem Hammer.

Vor allem größere Pflanzen lassen sich am besten liegend aus ihren Töpfen holen. Sind sie zu schwer, um über dem neuen Gefäß in der Luft horizontal bewegt zu werden, so holt man sie am besten liegend auf der Erde aus ihrem Gefäß, lockert vorsichtig den Wurzelballen und schüttelt alte Erde ab. Anschließend hebt man sie vorsichtig in das neue Pflanzenzuhause.

Steht die Pflanze im neuen Topf, so füllt man Substrat auf und drückt es an. Die Pflanze sollte so tief in der Erde stehen wie zuvor. Diese Höhe lässt sich an den Spuren am Stamm erkennen. Anschließend wird zwischen den Wurzeln weiteres Substrat verteilt, bis das Gefäß bis etwas unterhalb des Randes befüllt ist. Dabei rückt man die Pflanze immer wieder behutsam gerade. Zum Schluss wird gewässert.

## TOPFPFLANZEN DÜNGEN UND GIESSEN: DARAUF KOMMT'S AN

Da Kübelpflanzen in der Regel in neue Erde kommen, die meistens bereits Dünger enthält, werden sie erst nach dem ersten Wachstumsschub gedüngt. In späteren Wachstumsperioden brauchen Kübelpflanzen jedoch reichlich Dünger, da die Nährstoffe durch das Gießen ausgeschwemmt werden und die Wurzeln nur in den vom Gefäß begrenzten Möglichkeiten nach Nahrung suchen können. Deshalb sollte die Erde in den Pflanztöpfen immer wieder aufgebessert werden. Der Handel bietet eine Unzahl von Düngeformen an: Düngestäbchen, Flüssigdünger, Düngegranulat etc. Zu beachten sind dabei die unterschiedlichen Nährstoffbedürfnisse von Pflanzen. Einjährige Sommerblumen zum Beispiel müssen sehr viel stärker gedüngt werden als mehrjährige, genügsame Stauden. Beim Kauf findet man entsprechende Informationen über den Düngebedarf.

Damit Sie an Ihren Kübelpflanzen lange Freude haben, ist auch das richtige Gießen sehr wichtig. Bei allen Pflanzen in Pflanzgefäßen muss der Feuchtigkeitsgehalt des Substrats regelmäßig überprüft werden. Ihre Wurzeln können nicht wie im Freien auf „Wassersuche" gehen. Daher gießt man Kübelpflanzen bei Trockenheit auch an frostfreien Tagen im Winter. In Pflanzgefäßen entsteht andererseits auch leicht Staunässe, besonders dann, wenn kein ausreichender Wasserabzug vorhanden ist. In kleineren Gefäßen genügen Abzugslöcher. In großen Pflanztrögen legt man Drainageschichten aus durchlässigem Material (zum Beispiel Kies) an.

Wichtig ist auch, zu bedenken, dass das Substrat eine gewisse Zeit benötigt, um Wasser richtig aufnehmen zu können. Man nennt das „quellen lassen". Ist das Substrat im Gefäß schon ausgetrocknet, darf nicht zu stark gegossen werden. Das Wasser wird sonst abrinnen und kann nicht gespeichert werden. Besser ist es, mehrmals in kleinen Dosen zu gießen, um den Wasserhaushalt langsam wieder in Ordnung zu bringen. Bei kleineren Topfpflanzen kann auch ein so genanntes Wasserbad helfen: Man stellt die Töpfe in ein größeres Gefäß, das mit Wasser gefüllt wurde. Nach 15 bis 20 Minuten hat sich das Substrat des Topfballens zur Gänze durchfeuchtet und man nimmt die Töpfe wieder aus dem Wasser.

## Der Trick mit der Silhouette: Gestalten mit Kübelpflanzen

Das Geheimnis jeder gelungenen Gestaltung mit Kübelpflanzen ist die Abwechslung zwischen kleinwüchsigen, hängenden und hoch wachsenden Gewächsen. Dadurch kommt optische Spannung in die Silhouette. Das betrifft sowohl Arrangements aus mehreren Pflanzgefäßen als auch die Bepflanzung von Blumenkästen und -trögen. Auch bei Blumenampeln gilt das Prinzip der Abwechslung; mehrere nebeneinander aufgehängte Ampeln wirken am besten, wenn sie in unterschiedlicher Höhe hängen.

Auch das Laub der Pflanzen verdient besondere Beachtung. Unterschiedliche Farbschattierungen, die je nach Lichteinfall variieren können, bringen Abwechslung in das Arrangement. Koniferen allein können durch ihr Nadelkleid schnell eintönig werden, wirken aber beruhigend im Zusammenspiel mit anderen Pflanzen. Das kommt besonders gut zur Geltung, wenn sie beispielsweise auf einem Balkon oder einer Terrasse mit bunt blühenden Blumen kombiniert werden. Ähnliche Wirkungen erzielt man mit immergrünen Gewächsen wie Efeu und Lorbeer und Blumen. Eine sehr gelungene Mischung ist auch, einige laubabwerfende Kleingehölze zwischen Koniferen zu pflanzen. Das Blattwerk laubabwerfender Sträucher oder Minibäume ändert sich je nach Sonnenlicht und Jahreszeit und sorgt dadurch für Abwechslung im Kübelgarten.

Mit gleichartigen Kübelpflanzen wiederum kann man Punkte im Garten betonen, wenn man sie rechts und links davon aufstellt. Dass kann zum Beispiel eine Gartenbank sein, die auf beiden Seiten von Fuchsien flankiert wird. Klassisch ist solch eine Aufstellung auch neben der Haustür. Damit das Arrangement optimal wirkt, sollten auch die Pflanzgefäße gleich aussehen. So entsteht ein „Rahmen“, der Bank oder Tür optisch aufwertet und automatisch den Blick auf sie lenkt.

Auf Dachterrassen schließlich lassen sich manchmal die Neunzig-Grad-Winkel der Ecken nur schwer gestalten. Am besten ist es in solchen Fällen, die Ecke abzuteilen und mit Kübelpflanzen eine Landschaft zu gestalten, die sich vom Rest der Terrasse unterscheidet und dadurch an Eigenleben und Anziehungskraft gewinnt. So kann man zum Beispiel in solchen Winkeln eine Kräuterecke einrichten oder die Kakteensammlung unterbringen. Oder man trennt den Winkel durch einen Sichtschutz ab. Dahinter kann eine spezielle Zone entstehen, in die beispielsweise Bonsai-Pflanzen, Kies, Sand und Wasser asiatisches Flair bringen.

# Fenster- und Balkonkästen effektvoll gestalten

Das Bepflanzen von Balkonkästen ist eine eigene Kunst. In vielen Dörfern und Städten gibt es Wettbewerbe, die Jahr für Jahr ausgetragen werden und den schönsten Blumenschmuck prämieren. Der „Internationale Blumenschmuck-Wettbewerb" der „Entente Florale", der das Erscheinungsbild ganzer Ortschaften bewertet, macht die Gewinner – oft sind es kleine Dörfer – weltbekannt. Bei all diesen Wettbewerben geht es nicht nur um die üppigste Blumenpracht, sondern auch darum, neue Wege in der Gestaltung zu erkunden.

Damit der Blumenschmuck im eigenen Balkonkasten zu etwas ganz Besonderem wird, gilt es, vorab einige grundlegende Fragen zu klären:

- *Soll der Balkonkasten das ganze Jahr über bepflanzt sein oder nur im Sommer?*
- *Hat man nur ein oder zwei Fenster oder lange Balkonfronten zu begrünen?*
- *Ist das Fensterbrett klein oder groß, schmal oder breit?*
- *Kann man es leicht erreichen oder ist es schwer zugänglich?*
- *Nach welcher Himmelsrichtung ist es ausgerichtet?*
- *Liegt es hoch oben und ist dem Wind ausgesetzt oder ist es windgeschützt?*
- *Möchte man gern bestimmte Pflanzen züchten, beispielsweise Kräuter anpflanzen oder rankende, das Fenster zuwachsende Schlinggewächse?*
- *Wie reagiert der Nachbar, wenn Pflanzen bis zu ihm ranken?*
- *Hat man die Möglichkeit, die Blumenkästen im Keller oder im Treppenhaus zu überwintern oder muss man sie im Herbst vollständig ausräumen und jedes Frühjahr neu bepflanzen?*
- *Und nicht zuletzt: Wie viel Geld möchte man für den blühenden Fensterschmuck investieren?*

## Der Selbermacher-Tipp

Sollen Topfpflanzen zum Blühen gebracht werden, so kann man sie ein wenig **„hungern" lassen.** Denn besondere Blühfreudigkeit ist ein „Notprogramm" der Pflanze, das in der Gartenkunst, etwa durch das Abknipsen von verwelkten Blüten und Samenkapseln, ausgenützt wird, um Blütenpracht zu erreichen.

Von den Antworten auf diese Fragen wird die konkrete Pflanzenauswahl abhängen. Doch unabhängig davon, wofür man sich entscheidet, ist es hilfreich, bei der Zusammenstellung einige Grundsätze gelungener Blumenkastengestaltung mitzubedenken:

Optimal wirken Blumenkästen, wenn auf die Farbgestaltung im Hintergrund Rücksicht genommen wird. Stimmt man das Farbenspiel der Pflanzen geschickt auf die Farbe der Hausfassade ab, so kann man eindrucksvolle Effekte erzielen. Zum Bei-

*Die hellrosa Farbakzente ergeben mit dem dunklen Lila in diesem Blumenkasten eine gelungene Mischung.*

spiel passt zu einer blauen Fassade eine Farbmischung aus gelb blühenden und zart lilafarbenen Blumen. Gut geeignet wäre beispielsweise eine Kombination von Pantoffelblume mit Kresse mit blauem Karpatenglöckchen. Vor rosafarbenen Fassaden wirken lila bis blaue Petunien und hellrosa Korallenglöckchen besonders attraktiv. Zu weißen und grauen Wänden passen alle Farben, auch grelles Rot, vor allem, wenn man es ein wenig abschattiert, bis hin zu rosa Tönen. Will man einheitlich eine bestimmte Farbe im Blumenkasten, so macht es sich sehr gut, gleichfarbig blühende Blumen zu kombinieren, deren Blüten unterschiedlich groß sind.

Wie bei jeder Kübelbepflanzung ist auch beim Fensterkasten die Silhouette ein wichtiges Gestaltungselement. Sind alle Pflanzen niedrig, gleichartig und buschig, so wirkt der Fensterkasten langweilig und trotzdem überladen. Deshalb sind allzu buschige Pflanzen im Blumenkasten fehl am Platz. Auf die Abwechslung kommt es an, sowohl in Wuchsform als auch Farbe und Blütezeit!

Am besten arrangiert man die Pflanzen zunächst nur provisorisch in ihren gekauften Töpfchen. Große, aufrecht wachsende Gewächse kommen in die Mitte und in den hinteren Teil des Fensterkastens, daneben, nach Größe und Höhe abgestuft, die niedrigeren Pflanzen. An die seitlichen und vorderen Ränder setzt man hängende Gewächse.

Die provisorische Gestaltung ermöglicht es, unkompliziert zu prüfen, wie das Arrangement wirken wird. Hat man genug hoch wachsende Pflanzen gekauft? Wenn alles nach unten hängt, ist der Ausblick aus dem Fenster nicht besonders reizvoll. Hat man umgekehrt zu viele hoch wachsende Pflanzen besorgt, wird man bald nicht mehr aus dem Fenster hinaussehen können und es fehlt von außen betrachtet ein weicher, schwingender Abschluss nach unten.

Ist der provisorische Entwurf zur Zufriedenheit ausgefallen, setzt man die Pflanzen ein, andernfalls kauft man passende Pflanzen nach. Zum Einpflanzen werden Blumenkästen genauso vorbereitet wie alle anderen Pflanzgefäße. Auf die Wasserabzugslöcher kommen Tonscherben, dann eine Drainage aus Kies. Auf diese Drainage legt man wasserdurchlässigen Stoff oder Vlies und erst dann die Blumenerde. Bei Koniferen empfiehlt sich eine Mulchabdeckung aus Moos oder Rindenmulch.

Verwendet man Zimmerpflanzen für den Fensterkasten, was ohne weiteres geht, so lässt man sie am besten in ihrem eigenen Topf, um sie im Herbst leicht wieder herausnehmen zu können. Empfindliche Zimmerpflanzen dürfen nicht südseitig platziert werden. Besser geeignet ist die West- oder Ostseite. Wichtig ist auch, alle Zimmerpflanzen im Frühjahr gegen die Sonnenbestrahlung abzuhärten. Dazu stellt man sie zunächst schattig, damit sie keinen Sonnenbrand bekommen. Gut geeignet dafür sind dunkle und feuchte Gartenecken. Wenn man die Töpfe geschickt arrangiert, vielleicht auch mit einer hellen Sitzgelegenheit kombiniert, ergeben sich für solche oft ungeliebten Gartenecken reizvolle Gestaltungsmöglichkeiten. Vor allem in Kombination mit weißen Gartenmöbeln beleben Kübelpflanzen dunkle Ecken.

## BEWÄHRTE KLASSIKER IM KÜBELGARTEN: ROSEN UND ZWIEBELPFLANZEN

Viele Rosenarten eignen sich hervorragend als Kübelpflanzen für Terrasse, Balkon und Fensterkasten. Für Blumenkästen mit geringem Erdvolumen sind vor allem Zwerg- und Bodendeckerrosen zu empfehlen. Sie haben den Vorteil, dass sie überhängend wachsen und die Kanten des Pflanzgefäßes überwuchern. Zwergrosen bleiben sehr klein und sind eine Bereicherung für jede Mischbepflanzung. Kletterrosen wiederum sind gut geeignet, um in Einzelgefäßen auf Terrasse oder Balkon zu wachsen. Sie sind für Mischpflanzungen in Gefäßen nicht optimal geeignet, da sie ein besonders durchlässiges Substrat benötigen, um im Kübel zu gedeihen. Hochstammrosen und Edelrosen gedeihen sehr gut in Kübeln und lassen sich auch im Freien überwintern.

Auch frühlingsblühende Zwiebel- und Knollenpflanzen wie Tulpen, Narzissen und Hyazinthen kann man auf dem Balkon überwintern. Wichtig ist, dass die Pflanzgefäße groß und tief genug sind. Sonst kann das Erdreich durchfrieren und die Zwiebeln oder Knollen beschädigen. Am besten sind Tröge oder Eimer mit Wasserabfluss. Denn auch im Winter wollen Pflanzen ausreichend Feuchtigkeit. In die Pflanzgefäße kommt zuunterst eine Schicht Tonscherben, dann eine Schicht Kies und schließlich eine Erdmischung aus Lehm und Sand, der etwas Kompost beigemischt wurde.

In dieses Substrat werden die Zwiebeln eingesetzt. Am besten ist es, wenn man das in zwei bis drei Schichten macht: Die größeren Zwiebeln tiefer, die kleineren höher. Es können auch gleichartige Zwiebeln in mehreren Schichten gepflanzt werden. Dann hat man länger Freude an den Blüten, da die Blütezeit je nach Schicht unterschiedlich ausfällt, und die unterschiedliche Höhe der Pflanzen das Arrangement optisch belebt.

Nicht jeder, der einen grünen Daumen hat, hat auch einen Garten. Viele begeisterte Gärtner frönen ihrem Hobby auf Balkonen und Terrasse oder auch in den eigenen vier Wänden.

# Kübelpflanzen-Pflege im Lauf der Jahreszeiten

## FRÜHLING

Im Frühling holt man überwinterte Kübelpflanzen aus dem Winterquartier ins Freie. Das sollte möglichst vorsichtig geschehen, denn die Pflanzen müssen sich erst an die neue Situation gewöhnen. Sie benötigen zwar ausreichend Licht, damit die Triebe kräftig werden, aber Achtung: Auch Pflanzen können einen Sonnenbrand bekommen! Das gilt vor allem für Zimmerpflanzen. Sie wollen langsam an die Sonne gewöhnt werden.

Nutzt man den Frühling auch zum Umtopfen, so ist auf die richtige Größe des neuen Pflanzgefäßes zu achten. Es sollte etwas größer als das alte sein und den Wurzeln gut Platz gewähren, ohne zu groß zu sein. Verflochtene und verfilzte Wurzeln lockert man und befreit sie vorsichtig von Erde. Erst dann setzt man die Pflanze in das neue, sorgfältig gereinigte Gefäß. Ältere Pflanzen sollten nicht zu oft umgetopft werden, mit modernen Düngemitteln kann man Pflanzen einige Jahre im selben Topf halten.

Apropos Dünger: Im Frühling wird nicht gleich gedüngt, sondern man wartet, bis die Pflanze neue Triebe entwickelt hat. Zu viel Gießen ist jetzt auch nicht gut, die Gießmenge soll nur langsam gesteigert werden. Ganz besonders wichtig ist der richtige Frostschutz. Erst ab Mitte Mai kann man davon ausgehen, dass kein Frost mehr kommt. Bis dahin heißt es, aufmerksam das Wetter beobachten und empfindliche Kübelpflanzen gegebenenfalls über Nacht ins Haus nehmen oder mit Folien vollständig abdecken. Erst wenn die Fröste vorüber sind, kann man sie unbedenklich draußen lassen.

Haben die Pflanzen haben bereits während des Winters erste Triebe gebildet, kürzt man sie im Frühjahr ein. Damit regt man die Seitentriebe zum Wachstum an.

Pflanzen, die im Winterquartier gelitten haben, sind nun eine leichte Beute für Schädlinge, beispielsweise Blattläuse. In der Regel verschwinden die Schädlinge, sobald man die Pflanze für die neue Saison ins Freie bringt. Gegebenenfalls hilft es, befallene Pflanzen mit Biobrühen (siehe Seite 182), Schmierseife oder sanften Schädlingsbekämpfungsmitteln zu behandeln.

## SOMMER

Während des Sommers ist vor allem regelmäßiges Gießen wichtig. Pflanzen in Gefäßen sind in einer ganz anderen Situation als jene, die im Gartenboden wurzeln. Im Garten trocknet das Erdreich nicht so leicht aus, die Nährstoffe bleiben in gelöster Form darin erhalten und stehen der Pflanze jederzeit zur Verfügung. Außerdem können die Wurzeln selbständig auf „Nährstoffsuche“ gehen, indem sie einfach weiterwachsen. Im Kübel ist die Pflanze hingegen von der Betreuung durch den Menschen abhängig. Trocknet das Substrat aus, so verdurstet und verhungert die Pflanze, denn nur die in Wasser gelösten Nährstoffe können von den Wurzeln aufgenommen werden.

An heißen Tagen ist es wichtig, beim Gießen auch auf das „Wie“ zu achten. Wenn die Sonne mittags auf Terrassen, Balkone und Fensterkästen brennt, ist ein Guss mit kaltem Leitungswasser ein Schock für Pflanzen. Besser ist es, morgens und abends zu gießen. Idealerweise verwendet man dafür abgestandenes Wasser oder Regenwasser.

## HERBST

Einjährige Blumen kann man im Herbst bis zum ersten Frost draußen lassen. Auch Oleander und manche Palmenarten vertragen leichte Fröste bis zu –3 °C. Andere Pflanzen hingegen wollen rechtzeitig ins Winterquartier, um den folgenden Winter kräftig und gesund zu überstehen. Dazu gehören Fuchsien, Azaleen, Engelstrompete, Margeritenbäumchen, Enzianbaum und viele andere nicht winterharte Gewächse. Auch wenn es schwerfällt, Pflanzen in voller Blüte in den Keller zu stellen, wo es bald mit der Pracht vorüber ist, ist es doch eine wichtige Schutzmaßnahme. Denn im Oktober werden die Nächte oft schon sehr kalt. Auch wenn es nicht friert, wird die Pflanze so geschwächt, dass die anschließende Überwinterung im Haus unter schlechten Voraussetzungen startet.

Will man Kübelpflanzen im Herbst umtopfen, so empfiehlt es sich, dies möglichst früh zu tun. Dann können die Pflanzen noch anwachsen, bevor sie ins Haus kommen. Besonders buschige Gewächse kann man bereits im Herbst schneiden. Das erleichtert den Transport ins Winterquartier und die Pflanzen benötigen weniger Platz.

## WINTER

Das ideale Winterquartier für nicht winterfeste Kübelpflanzen ist kühl und bietet genug Licht und Luft. Ein heller Keller, der sich gut lüften lässt, oder ein ungeheiztes Treppenhaus, in dem es wenig zieht, sind bestens zum Überwintern geeignet. Die Temperatur sollte nicht unter 5 °C fallen. Kübelpflanzen, die im Freien überwintern, benötigen auch in der kalten Jahreszeit eine gewisse Pflege. Auch im Winter verdunsten die Pflanzen Wasser und der Feuchtigkeitsverlust muss ersetzt werden. Deshalb müssen Kübelpflanzen bei Trockenheit auch im Winter gegossen werden. Man verwendet dazu am besten abgestandenes Wasser und gießt an frostfreien Tagen. Da sich die Gewächse in einer Ruhephase befinden, wird weniger stark gewässert als in den Wachstumsperioden oder im Sommer.

Wie viel Wasser Kübelpflanzen im Haus benötigen, hängt von der jeweiligen Pflanzenart und der Überwinterungstemperatur an. Als Grundregel gilt, dass laubabwerfende und kühl gestellte Pflanzen weniger Wasser brauchen als solche, die warm stehen und ihr Laub behalten. Gedüngt werden im Winter weder jene Pflanzen, die im Freien überwintern, noch jene im Winterquartier.

### Welche Kübelpflanze will wie überwintern?

Einige Pflanzenarten lassen sich besser überwintern als andere. Als Faustregel gilt: Pflanzen mit härteren Blättern und schneller verholzenden Trieben sind leichter zu behandeln als jene mit weichen Blättern und eher schnell wachsenden, krautigen Trieben. Lorbeer, Oleander und Erdbeerbaum beispielsweise haben hartes Laub. Sie wachsen nicht so schnell und sind dadurch bei der Überwinterung auch nicht so empfindlich. Die hartlaubigen, langsam wachsenden Sorten vertragen auch dunklere Standorte im Keller, dürfen aber nicht vertrocknen und haben im Frühling durch den Lichtmangel bisweilen dünne Austriebe, die man einkürzen sollte. Man kann sie auch etwas früher ins Freie stellen, da sie auf Kälte nicht so empfindlich reagieren wie weichlaubige Gewächse.

Margeriten-, Fuchsien-, Pelargonien-, Cassia- und Enzianbäumchen haben weiches Laub, wachsen schneller und sind daher schwieriger zu überwintern. Wer sie über den Winter bringen will, sollte die Pflanzen bereits während des Sommers beobachten. Hat man zum Beispiel ein prächtiges Fuchsienbäumchen geschenkt bekommen, muss aber feststellen, dass es im Laufe der Sommers immer kümmerlicher wird, so stehen auch die Chancen, die erschöpfte Pflanze im Winter gesund zu pflegen, nicht optimal. Bleibt die Pflanze in ihrem Erscheinungsbild hingegen bis in den Herbst hinein kräftig in Farbe und Wuchs, sind die Triebe gut ausgereift und kräftig, so sind die Chancen für die Überwinterung gut.

Wichtig ist auch, die passenden Temperaturen zur Überwinterung unterschiedlicher Pflanzen zu beachten. Tropische Pflanzen haben es gerne warm und feucht und sind bestens in einem beheizten Wintergarten aufgehoben, während zum Beispiel Margeritenbäumchen bei Temperaturen von 2–8 °C überwintern sollten.

## Köstliche Küchenfreunde: Kräuteranbau im Blumentopf

Kräuter haben unter den Kübelpflanzen eine ganz besondere Stellung. Sie eignen sich hervorragend zum Anbau in Töpfen und gedeihen überall: im Garten, auf der Terrasse, im Balkonkasten oder auch als Zimmerpflanzen auf dem Fensterbrett. Mit wenig Aufwand bringen sie nicht nur dem Gärtner viel Freude – wer würde nicht gern die Spaghettisauce mit frischem Basilikum verfeinern? Die Kosten dafür sind niedriger als für eine Packung hochwertiger Trockenkräuter.

Die meisten Kräuter sind recht anspruchslose Pflanzen. Am einfachsten ist Kresse: Sie kommt sogar ohne Erde aus. Man kann sie auf feuchter Watte austreiben lassen und ernten. Viele Kräuter sehen auch sehr attraktiv aus, beispielsweise Rosmarin ist auch als Zierpflanze im Kübelchen sehr beliebt. Es gibt einjährige und winterharte, mehrjährige

### Der Selbermacher-Tipp

**Giftige Schädlingsbekämpfungsmittel** haben im Kräutertöpfchen nichts zu suchen, auch bei Nachbarpflanzen ist auf das Spritzen mit Chemiekeulen zu verzichten. Wer seine Kräuter in Bioqualität anbauen will, wird auch Erde, Dünger und Pflanzenschutz entsprechend wählen.

Kräuter, die man am besten als Jungpflanzen kauft und dann viele Jahre, oft sogar am selben Standort, halten kann.

Alle Kräuter benötigen gute, unkrautfreie Erde, die bei bestimmten Arten, wie etwa Rosmarin, nicht allzu feucht sein darf. Um ihr volles Aroma zu erreichen, brauchen Kräuter wenigstens einige Stunden Sonne pro Tag. Im Schatten wachsen sie zwar auch, es kann aber zu Einbußen in der Geschmacksintensität kommen.

Als Pflanzgefäße kann man alle üblichen Blumenkästen und -töpfe verwenden. Besonders praktisch sind Kräutertöpfe. Das sind Gefäße mit mehreren kleinen Pflanz„buchten", in denen jeweils unterschiedliche Kräuterarten angepflanzt werden können. Sie nehmen wenig Platz ein und sehen sehr hübsch aus. Will man dafür sorgen, dass alle Pflanzen im Kräutertopf gleichmäßig vom Gießwasser profitieren und nicht nur die oben gesetzten, so kann man sich eines einfachen Tricks bedienen: Beim Bepflanzen des Gefäßes eine Papprolle (beispielsweise von einer verbrauchten Küchenkrepprolle) in die Mitte stecken. Rundherum Erde auffüllen. Die Rolle mit Tongranulat füllen und anschließend herausziehen: Das Granulat sorgt für die Verteilung des Wassers bis zum Topfboden.

Bei der Bepflanzung eines Blumenkastens mit Kräutern bietet es sich an, höher wachsende Kräuter wie Liebstöckel, Wermut und Estragon in der Mitte und an der Rückenwand des Kastens einzusetzen. Kleinere Kräuterstauden kommen nach vorne und an die Seiten. Alle Pflanzen müssen gut erreichbar sein, schließlich will man sich beim Ernten und Pflegen nicht zu weit aus dem Fenster beugen müssen.

Kräuter lassen sich wunderbar mit anderen Pflanzen kombinieren. Auf diese Weise kommt farbige Abwechslung in die grüne Landschaft. Einzig auf allzu buschige Blumen sollte man verzichten, sonst bekommen die Kräuter zu wenig Sonne. Sehr effektvoll sind im Kräuterkasten einige größere, runde Steine, die die einzelnen Kräuterpflanzen voneinander trennen und den Eindruck eines südländischen Kräuterbeetes erzeugen.

Alle Kräuter sollte man regelmäßig ernten. Beginnt die Pflanze zu blühen, so verliert sie an Aroma. Deshalb sollte geerntet werden, bevor sich die Blütenknospen gebildet haben. Durch das regelmäßige Abschneiden erreicht man darüber hinaus kräftigeren, buschigen Wuchs und regt das Pflanzenwachstum an.

## KRÄUTER TROCKNEN UND EINFRIEREN

Wenn der Erntesegen im Kräutertöpfchen so reichhaltig ausfällt, dass man mit dem Verbrauchen nicht mehr nachkommt, kann man Kräuter sehr gut und einfach haltbar machen. Einige Kräuter, wie Rosmarin und Thymian, verlieren beim Trocknen nicht an Geschmack. Im Gegenteil: Bei richtigem Trocknen kann das Aroma sogar noch intensiver werden. Auch frisch gekaufte, nicht aufgebrauchte Schnittkräuter kann man für spätere Einsätze aufbewahren.

Für das Trocknen von Kräutern gibt es verschiedene Verfahren. Man kann sie im Freien in Büscheln mit dem Kopf nach unten aufhängen. Am besten geeignet dafür ist ein luftiger, trockener und schattiger Platz, wo die Kräuter langsam und gleichmäßig trocknen können und gleichzeitig vor starkem Wind geschützt sind.

Auch im Zimmer lassen sie sich trocken: Entweder hängt man sie auch hier in kleinen Bündeln „kopfüber“ auf oder man legt sie auf einer trockenen Unterlage aus Stoff oder Papier auf. Dann ist es wichtig, sie hin und wieder zu wenden, damit sie keinen Schimmel ansetzen.

Wem das zu lange dauert, der kann Kräuter auch vorsichtig im Backofen oder mit Dörrapparaten trocknen. Dabei sollte eine Temperatur von 40 °C nicht überschritten werden. Sonst verlieren die zarten Pflanzen ihr Aroma und es bleibt nur eher langweilig schmeckendes „Kräuterstroh“ übrig.

Alternativ kann man Kräuter auch einfrieren. Damit bei der Ernte und beim Auftauen das wertvolle Aroma nicht verloren geht, wäscht man die frisch gepflückten Blätter nur kurz durch und friert sie dann in kleinen Portionen sofort ein. Bitte die Blätter nicht kleinhacken, dadurch verlieren sie an Geschmack. Beim späteren Verbrauch können die einzelnen Kräuterportionen direkt aus dem Tiefkühlfach verwendet werden. So kann man wenigstens einen Teil der sommerlichen Kräuterernte in den Winter retten.

## Die Hitliste der beliebtesten Kräuter

### Basilikum

Basilikum ist eines der meistverwendeten Kräuter in der modernen Küche. Man kann es sehr unkompliziert im Topf oder in einem Blumenkasten halten. Es liebt warme, geschützte Standorte, gute Erde und kann durch Aussaat selbst gezogen werden. In der Regel wächst es im Topf besser als im Gemüsebeet. Die bei uns üblichen Basilikumarten sind sehr kälteempfindlich und nicht winterhart. Sie müssen daher jedes Jahr neu ausgesät oder (bereits im Topf als Jungpflanzen) gekauft werden.

Zwickt man die Blütenknospen regelmäßig ab, so bilden sich immer neue Blätter. Je luftiger der Standort ist, desto weniger anfällig ist die Pflanze für Schädlingsbefall. Zusätzlich hilft es, die jungen, obersten Triebe regelmäßig abzuernten, noch bevor sich Blattläuse festsetzen können. Buschigere Basilikumarten sind für diese unfreundlichen Pflanzenbewohner im Übrigen weniger anfällig als die großblättrigen, hoch- und langwachsenden Sorten.

### Bohnenkraut

Bohnenkraut gibt es als mehrjährige, winterharte und als einjährige Pflanze. Es eignet sich hervorragend als Würze für Erbsen- und Bohnengerichte, da es stark aromatisch, dabei jedoch zart herb ist. Im Außenbereich kann man Bohnenkraut ab April in seichte Rillen säen. Wichtig ist, dass die Samen nicht mit Erde bedeckt werden – es handelt sich um „Lichtkeimer“! Sobald die Sämlinge etwa fingerbreit hoch geworden sind, vereinzelt man sie.

*Kräuter brauchen wenig Platz und lassen sich auf jeder Fensterbank ziehen.*

Winterhartes Bohnenkraut kann man als Pflanze kaufen oder andere Gartenbesitzer um Stecklinge bitten. Diese können direkt eingesetzt werden. Winterhartes Bohnenkraut hält einige Jahre lang, dann muss man sich neues besorgen, da es verholzt.

**Borretsch**

Borretsch ist eine zu Unrecht aus der Mode gekommene Einjahrespflanze. Er fällt durch seine attraktive blaue Blüte auf, die er vom Frühling bis in den Herbst hinein zeigt. Da Borretsch ziemlich anspruchslos ist, eignet sich das Kraut hervorragend, um zwischen Rosen angepflanzt zu werden. Als Gewürz werden die zarten, jungen Blätter verwendet. Sie weisen einen leichten Gurkengeschmack auf und eignen sich sehr gut, um damit Salate zu würzen. Ein Geheimtipp sind sie aber auch in selbstgemachten Erfrischungsgetränken.

Da sich Borretsch selbst aussät, muss in der Regel nur einmal an Ort und Stelle im April gesät werden. Dann hat man in den darauf folgenden Jahren immer welchen im Garten. Die Sämlinge werden, wenn sie einen Fingerbreit hoch sind, vereinzelt. Das ist umso wichtiger, als zu eng stehender Borretsch anfällig für Mehltau wird.

Es dauert nur etwa acht Wochen, bis die ersten Blätter geerntet werden können. Aber Achtung: Wenn man dem Pflänzchen zu früh die jungen Blätter wegpflückt, verkümmert es! Erst wenn die Pflanze eine Höhe von rund 40 Zentimetern erreicht und einen kräftigen Stängel entwickelt hat, sollte man mit der Ernte beginnen.

*Zarte Dillpflanzen lieben sonnige Standorte.*

**Dill**

Dille gehört zu den Gewürzen, die auch tiefgekühlt oder getrocknet noch viel von ihrem Aroma behalten. Er ist eine Einjahrespflanze, wächst an sonnigen Standorten sehr schnell und ist anspruchslos. Lediglich staunasse Böden verträgt er schlecht. Da Dill wie Salat „auswachsen“ kann, empfiehlt es sich, regelmäßig nachzusäen, am besten ca. alle vier Wochen. Dill soll nicht zu eng stehen, sonst kann es passieren, dass Blätter gelb werden und die Pflanze nicht so recht gedeihen will. Daher müssen die Sämlinge, sobald sie einige Zentimeter hoch sind, ausgedünnt werden. Bei Dill ist es besonders wichtig, zu ernten, bevor die Pflanze zu blühen beginnt.

**Estragon**

Estragon ist ein sehr feines Gewürz mit langer Tradition. Der zarte Geschmack verträgt sich gut mit hellem Fleisch und Fisch. Estragon ist eine mehrjährige Pflanze, also winterhart und ziemlich robust. Er ist relativ einfach zu kultivieren. Der Standort sollte sonnig und nicht zu feucht sein. Schwere, staunasse Böden müssen mit Kompost aufgelockert werden.

Am besten kauft man Estragon im Topf und setzt die Pflanze im Frühjahr an ihren endgültigen Standort. Nach einigen Jahren muss sie verjüngt werden und den Standort wechseln. Dazu gräbt man die Pflanze vorsichtig aus. Unter der Erde haben sich Ausläufer gebildet, die sich auseinanderziehen lassen. Die so gewonnenen Pflanzen werden an einer anderen Stelle im Gemüsebeet eingesetzt.

**Kerbel**

Kerbel schmeckt anisartig und erfreut sich in der feinen Küche großer Beliebtheit. Er ist einjährig, also nicht winterhart, und man erntet die noch jungen Blätter, die ein wenig wie Petersilie aussehen. Als Standort eignen sich auch halbschattige Lagen. Voller Schatten wird weniger gut vertragen, vor allem geht das zarte Aroma hier teilweise verloren. Die Blätter müssen vor der Blüte geerntet werden. Kerbel kann man gut aussäen. Ab April kann er auch im Außenbereich gesät werden. Die Samenkörner werden mit Erde bedeckt. Nachdem die Pflänzchen einige Zentimeter hoch geworden sind, vereinzelt man sie. Man kann laufend nachsäen, um sicherzustellen, dass immer ausreichend junge Kerbelblätter vorhanden sind.

**Kresse**

Kresse ist ein wunderbares Gewürzkraut und eine herrliche Wildpflanze. Sie gedeiht auch an dunklen Standorten, beispielsweise auf nordseitigen Fensterbänken im dicht verbauten Gebiet, sodass selbst in der dunkelsten Stadtwohnung ein kleiner Kräutergarten am Fenster angelegt werden kann. Es gibt Brunnenkresse, Gartenkresse, Kapuzinerkresse und Winterkresse. Allen gemeinsam ist ein würziger, scharfer Geschmack, der Salate, aber auch Reis und Kartoffeln, feine Sülzchen und Bowlen sowie belegte Brote verfeinert.

Brunnenkresse wächst wild in ganz Europa an feuchten Standorten und man kann sie auch im staunassen Gartenboden anbauen. Kresse wächst schnell aus Samen, die sich bei der Gartenkresse sogar auf feuchtem Papier, Watte und Ähnlichem am Fenster zumindest so weit entwickeln, dass die Blätter zum Würzen verwendet werden können.

Kapuzinerkresse ist ebenfalls einfach zu ziehen. Die erbsengroßen Samen sind im Fachhandel erhältlich. Man kann sie im Frühjahr in den Fensterkasten aussäen, indem man den Samen einfach in die Erde drückt. Aber Achtung: Es gibt hoch rankende und weniger rankende Sorten! Kapuzinerkresse wird in manchen Gärten ausschließlich wegen der kräftig gelben, bis ins Orangefarbene gehenden Blütenpracht gepflanzt. Doch mittlerweile hat sich herumgesprochen, dass auch die Blätter dieser Kresseart Salate verfeinern und gut zu Fleisch passen. Wegen des kräftigen Geschmacks braucht man nur wenig davon zum Würzen. Die Blüten machen sich prächtig in Gelees und Salaten oder als Garnitur auf dem Teller.

Jede Kresseart, besonders die Winterkresse (auch „Barbarakraut" genannt), gedeiht auch in vollschattigen Lagen, selbst unter Nussbäumen und Fichten, wo sonst nichts mehr wächst. Je älter die Blätter sind, desto schärfer ist ihr Geschmack.

### Kümmel

Kümmel wächst in unseren Breiten auf Wiesen und Waldrändern als Wildpflanze. Im Garten sät man Kümmel im Spätsommer im Freien. Im darauf folgenden Frühling werden die Pflänzchen vereinzelt. Als Gewürz dienen die Samen der Kümmelpflanze. Wenn die Samen beginnen, braun zu werden, ist es höchste Zeit für die Ernte. Ist man zu spät dran, kann schon alles abgefallen sein. Die Pflanzen werden abgeschnitten, gebündelt, an einem trockenen Ort in Leinensäcken aufgehängt und weiter getrocknet. Wer will, kann von der Kümmelpflanze auch junge Blätter und gekochte Wurzeln genießen.

*Oregano ist eines der wichtigsten Gewürzkräuter der italienischen Küche.*

### Majoran und Oregano

Majoran wird gern als Gewürz bei fetten Speisen wie Gulasch, Gänse- und Schweinebraten verwendet. Sein südländischer Verwandter Oregano ist mit der Mittelmeerküche auch bei uns immer mehr in Mode und wird gern bei leichteren Speisen wie Mozzarella, Spaghetti und Fischgerichten eingesetzt.

Majoran gibt es als einjährige und mehrjährige, winterharte Pflanze zu kaufen. Er wächst am besten an warmen, geschützten Standorten. Auch säen kann man Majoran und Oregano. Im Frühling sät man sie ins Frühbeet oder in Saatschalen. Die jungen Pflanzen werden vereinzelt und kommen ab Ende Mai in den Außenbereich.

Mehrjährigen Majoran sät man ab April im Außenbereich. Die Sämlinge müssen anschließend ausgedünnt werden. Mehrjähriger Majoran und Oregano lässt sich auch leicht vermehren. Dazu teilt man einen gut verholzten Majoran- oder Oreganostrauch zu Frühjahrsbeginn: Schon hat man mehrere Pflanzen. Die Blüten werden regelmäßig abgeschnitten oder abgezwickt, um üppigen Blattwuchs zu erzielen. Zum Überwintern holt man die Töpfe in den Keller oder an einen anderen dunklen, kühlen Platz.

### Minze

Wer gerne in den Alpen wandern geht, kennt sie gut: An Waldesrändern ist Minze ebenso zu finden wie an den Übergängen zu Heiden und Mooren. Denn Minze liebt eher schweren, feuchten Boden. Auf heißen, trockenen Plätzen wächst Minze nicht besonders gut. Hat man aber ein schattiges, feuchtes Eckchen, wo vielleicht sonst nichts recht gedeihen will, so kann man dort Minze anbauen.

Dafür benötigt man einige Teile des Rhizoms, des weitläufigen unterirdischen Triebs der Minze. Man setzt die Rhizomteile im Herbst oder Frühjahr ein und gießt gut an. Weitere Pflegemaßnahmen außer der regelmäßigen Ernte sind nicht notwendig. Das Kraut stirbt im Herbst ab – doch unter der Erde haben sich reichlich Rhizome gebildet, die im Frühjahr frisch austreiben.

Von den vielen verschiedenen Minzearten sind bei uns die bekanntesten Pfefferminze, Apfelminze und Orangenminze.

- **Pfefferminze** gibt es bei uns wild. Man erkennt sie bei Wanderungen leicht an ihrem pfeffrigen Geruch. Sie kann einen fast stechenden, scharfen Geschmack haben.
- **Apfelminze** ist in den letzten Jahren zunehmend in Mode gekommen. Wie der Name schon sagt, hat sie zusätzlich zum Minz- ein leichtes Apfelaroma und ist insgesamt milder im Geschmack.
- **Orangenminze** (Bergamotteminze) duftet ein wenig altmodisch nach Earl-Grey-Tee und Kölnisch Wasser.

### Petersilie

Petersilie wächst langsam, aber beständig! Um reiche Ernte zu erzielen, gilt es, nur einige wenige Grundregeln zu beachten. So ist Petersilie äußerst kälteempfindlich. Sie braucht ein sonniges bis halbschattiges, gut kältegeschütztes Plätzchen. Wenn man sie im Außenbereich zu früh aussät, dauert es noch länger, bis die ersten brauchbaren Blättchen erscheinen. Hier gilt der Spruch:

**Der Selbermacher-Tipp**

Glatte Petersilie ist meist intensiver im Aroma als die dekorative gekräuselte Variante.

*Sät man im April, kommt's, wann's will,*
*sät man im Mai, kommt's glei.*

Besonders gut gedeiht Petersilie, wenn sie erst im Sommer ausgesät wird. Die Erde muss ständig feucht gehalten werden. Zeigen sich die ersten Stämmchen, so dünnt man sie aus. Direkte Sonnenbestrahlung tut den jungen Pflänzchen nicht gut. Bei einer Aussaat im Sommer gilt es also einen halbschattigen Standort zu wählen. Damit Petersilie auch im Winter wächst, muss man die Töpfe ins Haus holen (im Freiland wachsende Pflanzen deckt man ab).

Wichtig ist auch zu wissen, dass Petersilie den Boden lieber etwas magerer hat. Die Pflanze bildet ja ihre Wurzel, um sich einen Nährstoffspeicher anzulegen. Sind genügend Nährstoffe in der Umgebung der Pflanze vorhanden, fällt das Wurzelwachstum entsprechend schwach aus: Die Pflanze braucht ja keinen derartigen Speicher. Das führt dazu, dass auch das Blattwachstum zu wünschen übrig lässt.

### Pimpernell

In alten Bauerngärten war Pimpernell noch oft vertreten. In der modernen Küche kommt er kaum noch vor. Dabei ist Pimpernell ein dankbares Gewürz, das sich leicht ziehen lässt und winterhart ist. Man kann ihn ähnlich wie Borretsch nahezu für jede Speise verwenden; durch den leichten Gurkengeschmack verfeinert Pimpernell auch Saucen und Getränke. Allerdings eignen sich nur die zarten, jungen Blätter zum Würzen, die älteren werden hart und scharf.

Pimpernell gedeiht auch in kalkigen Böden und verträgt Leitungswasser gut. Die Vermehrung erfolgt recht einfach durch Teilung, am besten im Frühjahr, weil man dann die Pflanze gut erkennen kann, wenn sie zwischen anderen steht.

### Rosmarin

Rosmarin erfreut sich steigender Beliebtheit, nicht zuletzt, weil die mediterrane Küche in den vergangenen Jahrzehnten bei uns immer mehr Fuß gefasst hat. Da Rosmarin an mildes Klima angepasst ist, ist er bei uns meist nicht winterhart und muss in der kalten Jahreszeit ins Haus genommen werden. Am besten kauft man Rosmarin als kleinen Stock und hält ihn als Kübelpflanze.

An einer sonnigen, windgeschützten Stelle im Garten, auf der Terrasse oder auf dem Fensterbrett wird die Pflanze ohne großen pflegerischen Aufwand viel Freude bereiten. Einzig beim Gießen ist Rosmarin ein wenig anspruchsvoller: Er will nicht überschwemmt werden, mag aber auch Trockenheit nicht. In der Regel ist ihm aber eine vorübergehende Trockenheit lieber als zu viel Wasser.

Auf sauren, schattigen und staunassen Plätzen fühlt sich das südländische Gewürz nicht wohl. Die Wurzeln können leicht verfaulen, die Pflanze verkümmert und vertrocknet, obwohl sie reichlich gegossen wurde, und „verschwindet" letztendlich.

*Gehören in jede Küche: Rosmarin, Petersilie, Salbei und Zitronenmelisse (von links oben)*

Rosmarin kann man auch aus Stecklingen vermehren. Am besten nimmt man dazu einen Zweig, der nicht verholzt ist und auch noch nicht geblüht hat, und setzt ihn in einen Topf mit sandiger Erde. Den jungen Steckling muss man bis zur Wurzelbildung vor zu viel Sonne schützen! Ein luftiges, halbschattiges Plätzchen auf der Fensterbank oder im Garten ist für Rosmarinstecklinge das Richtige.

**Salbei**

Salbei ist winterhart und immergrün, oder besser gesagt: „immer-silbergrau". Man kann die Blätter auch während des Winters ernten. Das beste Aroma entwickelt er allerdings im Sommer, kurz vor der Blüte. Der leicht bittere Geschmack wird vor allem in der italienischen Küche sehr geschätzt, die dieses Kraut reichlich verwendet. Salbei dient auch als Heilpflanze und wird als Tee gegen Zahn-, Kiefer- und Halsbeschwerden empfohlen.

Es gibt verschiedene Arten von Salbei. Die gebräuchlichste ist der bekannte Salbei mit seinen silbergrauen Blättern. Es gibt auch Sorten mit gelb-grünem und mit rötlichem Laub. Um Salbei durch Stecklinge zu vermehren, steckt man gut ausgereifte Zweiglein ins Frühbeet oder in Blumentöpfe. Regelmäßiges Entfernen der Triebspitzen führt zu buschigerem und weniger holzigem Wuchs.

**Schnittlauch**

Schnittlauch wächst so gut wie überall. Falls er einmal nicht recht gedeihen will, liegt es daran, dass zu wenig abgeschnitten wurde: Regelmäßiger Schnitt fördert die Wuchsfreudigkeit. Daher sollte man sich beim Ernten nicht zurückhalten und kann ohne weiteres auch schon die zarten Triebe bis dicht über der Erde abschneiden. Als Pflänzchen gekauften Schnittlauch kann man im Sommer im Blumentopf im Außenbereich halten. Im Herbst holt man ihn in die Wohnung und überwintert ihn auf dem Fensterbrett.

**Thymian**

Thymian benötigt volle Sonne und gut durchlässigen Boden. Stauende Nässe und saure, verdichtete, schattige Böden mag er nicht. Thymian ist wie Salbei winterhart und kann das ganze Jahr über geerntet werden. Zur Vermehrung nimmt man im Hochsommer Stecklinge ab, die aus den gut entwickelten Seitentrieben gewonnen werden. In sandigem Boden wächst Thymian rasch an, Triebe mit Bodenberührung wurzeln oft von selbst an.

**Ysop**

Ysop schmeckt ein wenig nach Minze. Da man nur wenige Blätter zum Würzen braucht, der Ysopstrauch aber schnell recht breit wird (rund einen halben Meter), reicht in der Regel eine einzelne Pflanze. Ysop ist winterhart und braucht sehr viel

Sonne. Die Pflanze soll regelmäßig zurückgeschnitten werden, um genügend jungen Blattaustrieb für die Ernte zu erhalten. Denn ältere Blätter werden leicht scharf und man muss vorsichtig mit ihnen umgehen, damit der Geschmack nicht zu aufdringlich wird.

**Zitronenmelisse**

Im Unterschied zu vielen anderen Kräutern wie Rosmarin und Thymian benötigt Zitronenmelisse nicht viel Sonne und gedeiht auch im Schatten prächtig. Sie verträgt sogar ein wenig stauende Nässe. Dafür mag sie es nicht zu trocken und sandig.

Wenn man die Blätter zwischen den Fingern zerreibt, duften sie wunderbar nach Zitrone. Man kann sie zum Würzen für Fisch, Nudeln und Sülzen verwenden. Hervorragend schmeckt Zitronenmelisse auch zu Obstsalat, zu Beeren und in kühlen Sommerdrinks. Sie ergibt auch einen wohlschmeckenden Tee und ist als Badezusatz beliebt.

Zitronenmelisse wächst bis zu einem Meter hoch. Die Blätter werden dabei jedoch immer kleiner und unansehnlicher. Um schöne, aromaintensive Blätter zu erhalten, empfiehlt es sich, die Pflanzen regelmäßig zurückzuschneiden. So erreicht man buschigen Wuchs und die Pflanzen sind besser gegen Mehltau und sonstigen Schädlingsbefall gewappnet.

# 9. Richtig gärtnern leicht gemacht

# Grundlagen, Tipps & Tricks

## Gartenplanung

Ein gut geplanter Garten ist übersichtlich und abwechslungsreich. Er holt aus den natürlichen Gegebenheiten ein auf die Wünsche und Bedürfnisse seiner Besitzer abgestimmtes Optimum heraus. Egal, ob man selbst den Garten plant oder professionelle Unterstützung holt: Das Fundament der erfolgreichen Gartenplanung ist denkbar einfach. Es besteht in einer Planskizze und Klarheit über die persönlichen Vorlieben.

Sei es ein paradiesischer Blüten- und Farbenrausch oder ein Bauerngarten mit vielen traditionellen Elementen: Es ist oft gar nicht so einfach, das Bild vom eigenen Traumgarten zu beschreiben. Umso mehr Spaß macht es, die Wunschvorstellungen mithilfe von Skizzen zu konkretisieren. Zunächst umreißt man in groben Umrissen Größe und Lage der verschiedenen Gartenbereiche: Sitzecke, Sandkiste, Gartenteich, Apfelbaum etc., ganz nach den persönlichen Vorstellungen. Anhand eines solchen Rohentwurfs sieht man auch schnell, ob die Einteilung auf die Zustimmung aller Familienmitglieder stößt, ob etwas vergessen wurde und für welche Arrangements es bessere Alternativen gibt.

Die Skizze tut ihren Dienst für große wie für kleine, für neue wie für alte Gärten. Der Trick dabei ist, stets gestalterische Überlegungen und Funktionalität gleichermaßen zu berücksichtigen. Ein paar einfache Grundüberlegungen helfen dabei:

- Welche Gartenbereiche benötigen **Sonne,** welche lassen sich gut im **Schatten** einrichten? Gemüsebeete wird man stets in sonnigen Lagen platzieren, eine Terrasse kann je nach den Vorlieben ihrer Benutzer in der Sonne oder im Halbschatten geplant werden.
- Welche Gartenbereiche sind gut **von außen einsehbar,** welche **uneinsichtig?** Letztere können Platz für eine ungestörte Sitzecke bieten, während ein gepflegter Vorgarten seine Besitzer nach außen repräsentiert.
- Welche Pflanzen möchte man gern vom Küchen- oder Wohnzimmerfenster aus sehen? Gibt es Bereiche, die **von bestimmten Punkten aus gut einsehbar** sein sollen, zum Beispiel ein Sandkasten, den man von der Terrasse aus sehen möchte?
- Wo lassen sich **Gerätehaus** und **Komposthaufen** gut „verstecken“? Wo ist die **Wäschespinne** gut zugänglich, ohne das Gartenbild zu stören? Weniger schöne Nutzanlagen kann man beispielsweise gut mit schmalen Hecken oder Kletterpflanzen verdecken.
- Wie wird der Garten voraussichtlich **in fünf oder zehn Jahren** aussehen? Dazu heißt es, Erkundigungen einholen, wie sich bestehender oder geplanter Pflanzenbestand voraussichtlich entwickeln wird.

## Boden

Wer den Boden in seinem Garten kennt, hat mehr Erfolg und Freude beim Gärtnern. Denn viele Pflanzen haben ausgeprägte

Vorlieben bezüglich der Bodenbeschaffenheit. Die einen mögen es lehmig, die anderen eher sandig und manche sauer. Wir zeigen Ihnen im Folgenden, wie Sie mit ganz einfachen Mitteln viel über die Beschaffenheit des Bodens in Ihrem Garten erfahren können.

Da sind zum einen die Unkräuter. Sie siedeln sich nur dort an, wo sie für ihre Bedürfnisse ideale Bedingungen finden. Brombeeren zum Beispiel lieben mergelhaltige Böden. Kamille ist kein besonders gutes Zeichen, denn sie wächst auf verdichteten Böden, wie sie etwa durch den Einsatz von schweren Baumaschinen entstehen, und Sauerampfer ist ein Hinweis, dass sich schon fast zu viele Stickstoffe im Boden befinden.

Ebenfalls hilfreich ist es, einen tiefen Spatenstich Erde auszuheben und in die Hand zu nehmen, um zu prüfen, wie sie sich anfühlt und formen lässt.

- **Sandboden** ist körnig.
- **Sandiger Lehm** ist rau und ebenfalls körnig. Er fühlt sich meist etwas feucht an und man kann ihn schon ein wenig kneten.
- **Lehmerde** lässt sich kneten und – mit Wasser befeuchtet – sogar zu verschiedenen Formen gestalten, die aber schnell rissig werden und nicht lange halten.
- **Tonerde** fühlt sich beim Zerreiben schmierig an. Wenn man sie formt, bleibt sie fest.

Auf diese Weise lässt sich zum einen herausfinden, wie leicht oder schwer der Boden ist: Je mehr Sandgehalt, desto leichter, je mehr Tongehalt, desto schwerer ist er. Zum anderen verraten an der Aushubstelle die Schattierungen der Bodenschichten ebenfalls einiges über die Bodenbeschaffenheit:

- **Je dunkler** die Erde, desto größer der Humusanteil.
- **Gelbliche Färbung** deutet auf Lehm hin.
- **Graue bis weiße Farben** können das Vorkommen von Ton anzeigen.

Eine grundlegende Frage ist auch, ob der Boden eher mager (nährstoffarm) oder eher fett (nährstoffreich) ist. Mageren Boden trifft man auf Grundstücken, die intensiv landwirtschaftlich genutzt wurden. Auch sandige Böden sind oft nährstoffarm, weil das Wasser zu schnell abrinnt und die darin gelösten Nährstoffe ausschwemmt. Ein Zeichen für magere Böden ist das spärliche Blattwachstum der vorhandenen Pflanzen. Grundstücke mit fettem Boden wurden meist längere Zeit nicht landwirtschaftlich genutzt. Erkennbar sind sie unter anderem am kräftigen Wachstum von Unkräutern wie Brennnesseln und am dichten Blattwachstum vorhandener Pflanzen.

## DER PH-WERT

Der pH-Wert des Bodens gibt Auskunft darüber, ob der Boden sauer oder alkalisch ist: Saure Böden haben einen pH-Wert unter 7 pH. Sie sind kalkarm. Alkalische Böden haben einen pH-Wert über 7 pH. Sie sind sehr kalkhaltig. Neutrale Böden haben einen pH-Wert von 7 pH. Die meisten der in unseren Gärten vorkommenden Pflanzen bevorzugen einen pH-Wert zwischen 5,7 und 7,4. Um zu erkennen, welchen pH-Wert der Boden hat, gibt es Bodentest-Sets. Wer an einer ganz genauen Bodenanalyse interessiert ist, kann sich auch an entsprechende Ämter und Serviceeinrichtungen wenden. Am besten bei Gärtnern nach Adressen fragen!

Je nach Bodenbeschaffenheit kann man den Boden mit geeigneten Pflegemaßnahmen verbessern und gezielt Pflanzen setzen, für die dieser Boden gut geeignet ist. Alkalische Böden beispielsweise sind sehr wasserdurchlässig. Hier muss fleißig Kompost – und eventuell auch Rindenabfall – eingearbeitet werden. Will man auf solchen Böden Pflanzen ziehen, die sauren Boden

Wer den Boden in seinem Garten kennt, hat mehr Erfolg und Freude beim Gärtnern. Denn viele Pflanzen haben ausgeprägte Vorlieben bezüglich der Bodenbeschaffenheit.

bevorzugen, so empfiehlt es sich, eigene Moorbeete anzulegen. Dazu gehören beispielsweise Hortensien, Heidelbeeren und Moorbeetsträucher wie Rhododendron, Azalea und Erika. Zur Verbesserung eines sauren Bodens verwendet man Kalk. Aber Vorsicht, er kann Pflanzen verätzen! Besser als Kalkhydrat ist gemahlener Kalkstein, etwa Dolomitkalk. Welche Menge an Kalk man einarbeiten muss, hängt von der genauen Bodenbeschaffenheit ab: Saurer Tonboden braucht mehr Kalk als saurer Sandboden. Auf nassen Böden wiederum fühlen sich beispielsweise Weiden und Erlen wohl, aber auch Trollblumen, Wasserschwertlilien, Geißbart und Kornelkirschen.

### NÄHRSTOFFVERSORGUNG

Für die Qualität des Bodens entscheidend ist, dass er für Wasser und Luft durchlässig bleibt. Wasser löst die im Boden befindlichen Nährstoffe. So können die zarten Wurzelenden lebensnotwendige Nährstoffe aufnehmen und an den Rest der Pflanze weiterleiten. Ebenso wichtig ist ausreichend Luft. Sonst haben Bodenbakterien und Kleinstlebewesen keinen Lebensraum und der Boden erstickt.

Deshalb ist das regelmäßige Auflockern des Erdreichs eine der wichtigsten Pflegemaßnahmen für den Gartenboden. Ideal dafür ist eine Grabgabel oder ein Spaten. Dabei kann man den eigenen Gartenboden auch gut kennenlernen. Sind reichlich Regenwürmer und Tausendfüßler vorhanden? Sie zeigen an, dass der Boden die wichtigen Kleinstlebewesen enthält. Dabei gibt es verschiedene Vorgehensweisen: Wenn man im Herbst mit dem Spaten tief umsticht, kann der Frost die Erde lockern und zerkrümeln, sodass im Frühjahr nur noch gut durchgeharkt und gerecht werden muss. Im Sommer kann man dann zur Belüftung regelmäßig mit der Gartenharke den Boden durcharbeiten. Wenn sich schon wertvoller Humus gebildet hat, kann man stattdessen den Boden durch regelmäßige, aber vorsichtige Belüftung der oberen Schichten mithilfe einer Harke pflegen.

Humus hat die beste Wasserspeicherwirkung. Sehr sandige, aber auch verdichtete und staunasse Böden verhindern Humusbildung. An Stellen im Garten, die tagelang nass bleiben, vielleicht sogar kleine Teiche oder Lacken bilden, hilft das Einarbeiten von Sand oder halbverrottetem Kompost: Stallmist und Kompost lockern verdichtete Böden und geben durchlässigen Sandböden Substanz. Früher wurde gern Torf zur Lockerung in das Erdreich eingearbeitet. Seine Beliebtheit hat zu einer heillosen Übernutzung der Torfvorkommen geführt, man sollte seinen Einsatz möglichst vermeiden. Als Alternative verbessert Rindenhumus die Bodenstruktur mindestens ebenso gut. Zur Auflockerung von Tonböden wiederum verwendet man Sand. Je nachdem wie stark der Boden das Wasser hält, rechnet man mit vier bis sechs Liter Sand pro Quadratmeter. Bei sehr hohem Tonanteil im Boden kann auch bedeutend mehr Sand notwendig werden.

## Bewässern

Der normale Niederschlag reicht nur selten, um einen Garten mit der notwendigen Feuchtigkeit zu versorgen. Bekommen die Wurzeln der Pflanzen zu wenig Wasser, so können sie keine Nährstoffe aufnehmen. Da nur über die Wurzelspitzen Wasser aufgenommen wird, ist es wichtig, so viel zu gießen, dass auch die seitlich liegenden Wurzelspitzen

ausreichend versorgt werden. Um herauszufinden, wie viel Feuchtigkeit die Wurzeln einer Pflanze bekommen, muss man ein Stück weit graben, wenn sich die Erde oberflächlich feucht anfühlt, hat das nicht viel zu bedeuten. Oft sind nur wenige Millimeter des Erdreichs durchfeuchtet und darunter herrscht staubige Trockenheit.

In einem älteren Garten mit gut eingewurzelten Pflanzen ist wenig gießen oft schlechter als gar nicht gießen. Da die Feuchtigkeit bei kurzem Gießen oft nur wenige Millimeter tief in den Boden dringt, werden flach wurzelnde Pflanzen zu verstärktem Wachstum angeregt, während die tiefer wurzelnden weiterhin unversorgt bleiben. Viele der Flachwurzler sind jedoch Unkräuter. Besser ist es, Neuanpflanzungen und Gemüsebeete ausdauernd und wurzeltief zu beregnen. „Alteingesessene" Stauden, Sträucher und Bäume sollten hingegen nur bei Trockenheit bewässert werden, dann aber ausreichend.

Üblicherweise erkennt man Wassermangel daran, dass die Pflanzen die Blätter hängen lassen. Dann ist es höchste Zeit zu bewässern. Beginnt die Pflanze zu welken, ist es oft schon zu spät. Die Schäden können bereits irreparabel sein oder die Pflanze bleibt zumindest für den Rest der Gartensaison in puncto Wachstum, Blüten-, Frucht- und Samenbildung zurück.

Dank moderner Technik lässt sich Wassermangel heute auch während des Urlaubs oder anderen Abwesenheitszeiten vermeiden: Computergesteuerte Anlagen mit Schaltuhren bewässern den Garten vollautomatisch. Sie helfen Wasser zu sparen und bringen die Feuchtigkeit verlässlich zum Wurzelbereich der Pflanzen. Zusätzlich gibt es so genannte „Feuchtigkeitsfühler", die sicherstellen, dass die Durchfeuchtung auch wirklich den Wurzelbereich erreicht und nicht nur wenige Zentimeter der Oberfläche durchdringt.

### DIE GRUNDREGELN DER GARTENBEWÄSSERUNG

- Vor allem Gemüse, Kräuter und Blumen vertragen keine Trockenheit. Bäume und Sträucher können, sobald sie angewachsen sind, durchschnittliche Trockenperioden ganz gut überstehen. Frisch gesetzte Exemplare benötigen in den ersten zwei Jahren jedoch zusätzliche Bewässerung.
- Feuchte, dunkle Gartenecken brauchen weniger Bewässerung als Beete in der prallen Sonne, abfallende Beete mehr als ebene.
- An Hausmauern und befestigten Gartenteilen (zum Beispiel Terrassen) rinnt Wasser schnell ab und die dort gepflanzten Blumen und Sträucher müssen zusätzlich gewässert werden.
- Lehmböden halten Wasser gut und benötigen Bewässerung nur bei Trockenheit.
- Tonböden speichern Feuchtigkeit stärker als Lehmböden, das Wasser kann aber nicht gut abrinnen. Hier besteht die Gefahr von Staunässe und man sollte mit dem Gießen besonders vorsichtig sein. Hilfreich ist, hin und wieder ein kleines Loch zu graben, um nachzusehen, wie stark durchfeuchtet der Boden ist und ob sich im Wurzelbereich Staunässe gebildet hat.
- Sandböden speichern Feuchtigkeit sehr schlecht. Das Wasser und mit ihm die Nährstoffe rinnen rasch ab. Eingearbeiteter Kompost erhöht die Speicherfähigkeit des Bodens. Gelegentlich sollte geprüft werden, ob der Wurzelbereich der Pflanzen über genügend Feuchtigkeit verfügt.
- Manche blühenden Sträucher, Gemüse und Blumen vertragen es schlecht, täglich von oben beregnet zu werden. Man fördert damit den Pilzbefall, der auch in feuchten Jahren zu beobachten ist.
- Leichter Wassermangel kann auch er-

*Je nach Größe der Rasenfläche kann man das passende Beregnungssystem wählen.*

freuliche Auswirkungen haben. So blüht Kapuzinerkresse in feuchten Sommern weniger und bildet dafür viele Blätter. In heißen, trockenen Sommern entwickelt sie hingegen besonders viele attraktive Blüten. Für Salat wiederum ist der Effekt „viel Wasser – wenig Blüte, aber viele Blätter" genau andersherum vorteilhaft zu nutzen.

- Prasselt das Gießwasser mit zu starkem Druck auf das Erdreich, wird wertvoller Humus weggeschwemmt und der Boden verdichtet. Solche Gießfehler können im Laufe der Zeit die Bodenstruktur stark beschädigen.

## WELCHE BEWÄSSERUNGSART FÜR WELCHEN ZWECK?

**Gießkannen** sind schwer zu tragen, haben aber den Vorteil, dass man anhand ihres Fassungsvermögens genau weiß, wie viel Liter Wasser gegeben wurden. Sie eignen sich auch gut, um Wasser aus Regentonnen im Garten zu verteilen. Um auch dann Wasser zapfen zu können, wenn nicht mehr viel in der Tonne ist, stellt man sie etwas erhöht auf, zum Beispiel auf Ziegelsteine. Wird ohne Aufsatz gegossen (zum Beispiel Rosen im Wurzelbereich), so sollte man den Strahl nicht zu hoch halten und lieber von der Seite, nahe über dem Boden gießen, das schont die Erdoberflächenstruktur.

Der **Gartenschlauch** hilft, auf den unterschiedlichen Wasserbedarf einzelner Pflanzen einzugehen und ist ideal für Blumen und Sträucher (Rosen, Phlox), die im Wurzelbereich gewässert werden sollten. Da Gartenschläuche unterschiedliche Innendurchmesser haben können (üblicherweise 3/4-Zoll), sollte man beim Einkauf darauf achten, dass alle Anschlussstücke passen.

Sehr hilfreich ist eine Schlauchführung: Sie sorgt dafür, dass man im Gemüsegarten keine Pflanzen versehentlich mit dem Schlauch schädigt, und verhindert, dass sich der Schlauch selbständig macht und wie eine wasserspeiende Schlange durch den Garten saust. Es gibt solche Führungen in verschiedenen Ausführungen und man kann sie auch selbst herstellen, mit kleinen, in den Boden geschlagenen Holzpflöcken. Grün angestrichen, fallen sie auch optisch nicht unangenehm auf.

Um Gärten gleichmäßig und mechanisch zu beregnen, bieten sich verschiedene Systeme an, die an den Gartenschlauch angeschlossen werden. Am einfachsten zu bedienen sind Steckverbindungen, die sich leicht an verschiedene Regner, Schläuche und Wasserhähne anschließen lassen. Man kann auch mehrere Regner gleichzeitig in Betrieb halten. Dazu werden die entsprechenden Gartenschläuche mit Schlauchabzweigungen verbunden.

**Rundregner** sind einfach und preiswert, sie beregnen eine kreisförmige Fläche von ungefähr zehn Quadratmetern. Wenn die Fläche ausreichend bewässert ist, steckt man den Regner um. Eine einfache Methode um sicherzustellen, dass ausreichend beregnet wurde: Ein leeres Marmeladenglas im Wirkungsbereich des Regners aufstellen. Sobald im Glas 25 mm Wasser stehen, ist ausreichend gewässert worden.

**Kreisregner** gibt es in verschiedenen Ausführungen. Mit rotierenden Armen beregnen sie rund 20 Quadratmeter. Einfachere Modelle müssen völlig eben stehen und manchmal verstopfen Kalkablagerungen die Düsen. Dann tritt das Wasser bei der feststehenden Mitteldüse aus und es kommt zu einer Überschwemmung. Impuls-Kreisregner können größere Flächen bewässern. Kreisregner mit hoch über dem Boden montierten Nebeldüsen sind ideal für den Gemüseanbau, um die zarten Blätter der Pflanzen nicht zu schädigen.

**Pendelregner** können etwa zweihundert Quadratmeter beregnen. Dabei wird das Wasser durch kleine Öffnungen aus einem von einer Seite zur anderen pendelnden Rohr gedrückt. Bei den meisten Modellen lässt sich die Pendelbewegung des Rohres unterschiedlich einstellen, etwa um zu verhindern, dass Sitzplätze angeregnet werden. Auch bei Pendelregnern kann es zu Verkalkungen der Düsen kommen.

**Tropfsysteme** kann man sowohl im Garten als auch in Gewächshäusern verwenden. Das Wasser tropft gleichmäßig aus Verteilerschläuchen. Der Druck im Schlauch muss konstant sein; das wird durch ein spezielles Ventil am Wasserhahn erreicht. Der Vorteil: Der Boden wird gut und langsam durchfeuchtet. Der Nachteil: Kalk und Erde können die kleinen Löcher im Schlauch verstopfen.

Für **fest installierte Bewässerungssysteme** gibt es zwei Grundvarianten: oberirdisch und unterirdisch verlegte. Oberirdisch verlegte Schläuche haben den Vorteil, dass keine Grabarbeiten notwendig sind. Sie empfehlen sich für Gärten, die gut angewachsen sind und die man nicht wegen eines Bewässerungssystems aufgraben will. Sinnvoll sind sie auch in Gärten, die noch öfter verändert werden sollen. Der Zuleitungsschlauch kann unterirdisch oder oberirdisch verlegt werden. Die einzelnen zusätzlichen Abzweigungen verlaufen oberirdisch. Es lässt sich sowohl mit verschiedenen Arten von Regnern als auch mit Tropfsystemen arbeiten. Oberirdisch verlegte Schlauchsysteme arbeiten mit geringerem Wasserdruck, daher benötigt man ein Ventil zur Druckreduzierung, das nach der Abzweigung vom Wasserhahn eingebaut wird.

**Unterirdische Rohrleitungen** werden üblicherweise in 20 Zentimetern Tiefe auf Sand verlegt. Man verwendet meist Kunststoffrohre. Die Verbindungsstücke werden verschweißt. Beim Anschluss an den Wasserhahn sind ein Rückschlagventil und ein Absperrhahn sinnvoll. Fest verlegte unterirdische Bewässerungssysteme sind eine gute Wahl bei der Neuanlage von durchgeplanten Gärten, die in absehbarer Zukunft nicht verändert werden sollen.

## Düngen

Um gut zu gedeihen, brauchen Pflanzen den richtigen Mix an Nährstoffen. Das sind vor allem Stickstoff, Kalium und Phosphor, dazu kommen Spurenelemente wie Eisen, Zink, Mangan, Kupfer, Bor, Molybdän.

- **Stickstoff** fördert das Pflanzenwachstum, insbesondere das der Blätter und Triebe. Bei Stickstoffmangel funktioniert die Photosynthese nicht richtig: Die Blätter bleiben klein und blass bis gelblich. Zu viel Stickstoff ist jedoch auch nicht günstig. Die Blätter werden sehr groß und dunkelgrün, die Pflanze wächst extrem stark. Das kann zwar zunächst Freude bereiten, doch die Gewebestruktur der Pflanze leidet darunter, sie wird anfällig für Schädlinge und Krankheiten.
- **Kalium** reguliert den Wasserhaushalt der Pflanze. Es sorgt für stabiles Gewebe und schützt vor Wind und Wetter.

- **Phosphor** ist wichtig für den Eiweißhaushalt. Pflanzen benötigen Eiweiß zum Aufbau neuer Zellen sowie zur Blüten- und Fruchtbildung. Deshalb wird Phosphor vor allem für blühende und fruchtende Pflanzen verwendet.

Das Angebot an fertig erhältlichen Düngern ist sehr umfangreich, und es gibt für viele spezielle Einsatzmöglichkeiten extra abgestimmte Dünger. Zu unterscheiden ist zwischen Mineraldüngung, organischer Düngung und Gründüngung: Mineraldünger bieten Pflanzen schnell aufnehmbare Nährstoffe in anorganischer Form. Vor allem wenn eine Pflanze Mangelerscheinungen zeigt, kann man mit mineralischen Düngergaben schnell helfen. Zu viel mineralischer Dünger kann jedoch die Struktur der Pflanze schädigen und die Bodenstruktur ungünstig verändern. Unter organischer Düngung versteht man Stoffe, die bereits von Mikroorganismen zerkleinert, verdaut und verwandelt wurden. Nährstoffe aus organischen Düngern werden langsam an das Erdreich abgegeben, Pflanzen können sie gut aufnehmen. Organische Dünger gibt es im Handel in reicher Auswahl, auch speziell für bestimmte Zwecke abgemischt.

*Kompost liefert hochwertigen, natürlichen Dünger.*

Gründüngung kann in manchen Gärten Wunder wirken. Dazu sät man Pflanzen, die in ihren Wurzelknollen Stickstoff binden. Sie führen den Stickstoff in tiefere Bodenlagen und damit in den Wurzelbereich anderer Gewächse. Außerdem lockern ihre Wurzeln das Erdreich auf und sorgen so für eine gute Bodenstruktur. Leguminosen (Schmetterlingsblütler) wie zum Beispiel Lupinen sind gute Stickstoffsammler; aber auch Wicken und manche Kleesorten, Buchweizen und Beinwell können als Gründüngung dienen. Sechs bis acht Wochen nach der Aussaat, bevor sich Blüten und Samen bilden, werden die Pflanzen abgemäht. Der oberirdische Teil kommt auf den Kompost oder wird gemeinsam mit den im Boden verbliebenen Wurzeln ins Erdreich eingearbeitet. Der Verrottungsvorgang in der Erde setzt den Stickstoff frei und bereichert den Boden.

## Mulchen

Mulchen ist eine sehr einfache und wirksame Methode, um den Boden zu verbessern. Eine Mulchschicht zwischen Erde und Luft mildert Temperaturunterschiede in Bodennähe, schränkt die Verdunstung ein, belüftet den Boden und hält ihn feucht und krümelig. Die unter der Mulchschicht aktiven Lebewesen erzeugen zusätzlich reichlich Kohlensäure, die den Pflanzen zugutekommt. Als angenehmenen Nebeneffekt kann man je nach verwendetem Material auch den Boden beeinflussen. Hier die Eigenschaften der wichtigsten Mulchmaterialien im Überblick:

- **Kompost** als Mulchschicht gibt Nährstoffe in den Boden ab, es gelangen jedoch auch Unkrautsamen in die Erde.

- Von Unkrautvernichtungsmitteln freier **Grasschnitt** ist ein sehr gutes Mulchmaterial.
- Für Ziergärten empfehlen sich Mulchmaterial wie **Rindenspäne,** das auch Unkraut zurückhält.
- **Kies** als Mulchmaterial wirkt gut in Stein- und asiatischen Gärten.
- Schwarze **Mulchfolien** werden hauptsächlich im Gemüsebeet verwendet. Sie ersparen das Jäten und lassen den Boden auch bei starken Regengüssen nicht verschlammen. Allerdings kann unter ihnen das Regenwasser nur schwer zu den Wurzeln durchdringen.
- **Strohmatten** halten nicht nur Erdbeeren vom feuchten Boden fern. Sie können jedoch dem Boden während des Zersetzungsprozesses Stickstoff entziehen.
- Unter tief wurzelnden Pflanzen wie Bäumen und hoch wachsenden Sträuchern können **kriechende Pflanzen** wie eine Mulchschicht wirken – und dabei sehr attraktiv aussehen. Vor allem flach wurzelnde Pflanzen sind dafür geeignet, da sie keine Nahrungskonkurrenz für tiefer wurzelnde Gewächse darstellen.

Der beste Zeitpunkt zum Mulchen ist im Frühling, der Boden sollte schon ein wenig erwärmt sein. Wenn man mineralisch düngen will, so ist jetzt, vor Aufbringen der Mulchschicht, der richtige Moment, um Langzeitdünger in den Boden einzuarbeiten. Anschließend gut wässern!

Bei Mulchfolien wird zuerst die Folie aufgelegt und im Erdreich verankert. Anschließend schneidet man Pflanzschlitze in die Folie und setzt die Jungpflanzen durch die Folie im Erdreich ein. Organische Mulchschichten werden hingegen erst aufgebracht, wenn die Pflänzchen bereits gesetzt sind. Dabei lässt man rund um die Pflanzen ca. fünf Zentimeter frei. Das dient nicht nur dazu, dass Luft, Regen und Licht auch in den Wurzelbereich dringen. Unvollständig kompostierter Mulch kann so aggressiv sein, dass er Pflanzen regelrecht verbrennt. Deshalb darf organischer Mulch keinen Kontakt mit Pflanzenstängeln haben.

Die Höhe der Mulchschicht variiert je nach Höhe der Pflanzen. Bei veredelten Gewächsen soll der Mulch mindestens eine Handbreit unter der Veredelungsstelle aufhören. Sonst kann die Unterlage austreiben, ohne dass man die Wildtriebe sofort als solche erkennt. Bäumen und hohen Sträuchern sowie Himbeeren und Johannisbeeren kann man eine Mulchdecke von rund acht Zentimetern geben. Rosen, Gehölzen und höheren Stauden gibt man ca. fünf Zentimeter. Jungpflanzen werden nur zwei bis drei Zentimeter hoch gemulcht.

## Geteilte Freude: Vermehren von Pflanzen

Die meisten Pflanzen lassen sich recht einfach vermehren, um mit Freunden, Nachbarn und Bekannten Pflanzen auszutauschen oder im eigenen Garten den Pflanzenbestand zu vergrößern. Wir stellen Ihnen im Folgenden die verschiedenen Vermehrungsarten im Überblick vor.

### TEILUNG

Viele Stauden und auch einige Zimmerpflanzen kann man vermehren, indem man das Wurzelgeflecht vorsichtig teilt. Stark verfilzte Wurzeln zerschneidet oder zerhackt man. Die neuen Pflanzenteile wachsen meist schnell an und ergeben mit der Mutterpflanze identische Gewächse.

Stauden müssen alle drei Jahre geteilt werden. Sie wachsen sonst zu sehr in die Breite, dafür bleibt der Mittelteil oft kahl und unansehnlich. Außerdem nehmen sie im Beet überhand und verdrängen andere Pflanzenarten. Darüber hinaus kann man die hochwüchsigen Arten nicht mehr entsprechend abstützen, dadurch lässt die Blühkraft nach. Junge Stauden lassen sich sehr einfach teilen: Man gräbt die abgeblühte Pflanze aus und teilt die Wurzel; meistens ist das per Hand möglich. Beschädigte Wurzeln schneidet man ab. Größere Pflanzenstücke mit gesunden, kräftigen Trieben können sofort an den endgültigen Standort gesetzt werden. Kleine, schwache Triebe mit sehr zarten Wurzeln päppelt man zunächst im Anzuchtbeet oder in einer Pflanzschale mit lockerer, sandiger Erde auf.

Die einfachste Methode, ältere Stauden mit großen Wurzelballen zu teilen, ist, sie im Spätherbst komplett herunterzuschneiden und dann auszugraben. Mit zwei Grabgabeln oder notfalls mit einem Spaten trennt man das Wurzelgeflecht. Große Ballen zerlegt man in mehrere Stücke, die sofort wieder eingepflanzt werden. Die aus dem Mittelteil der Staude gewonnenen Teile werden nicht mehr verwendet. Beschädigte und kranke Wurzelenden entfernt man vor dem Einsetzen.

Bei Stauden mit sehr fleischigen Wurzeln (etwa Hosta) streift man die Erde vorsichtig ab und zerteilt das Wurzelgeflecht wie bei den jüngeren Pflanzen mit der Hand. Manche Stauden haben auch sehr holzige Wurzeln, die sich jeder Teilung durch Grabgabeln und Spaten widersetzen (beispielsweise Iris). Auf den dicken Teilen ihrer Wurzeln finden sich so genannte Augen, also Triebansätze. Solche verholzten Pflanzenteile, die sowohl über Augen als auch über Faserwurzeln verfügen, können mit einem Messer in Stücke geschnitten werden, die man noch am selben Tag wieder einsetzt.

Auch Sträucher, die sich nicht von einem Hauptstamm oberhalb der Erde verzweigen, sondern mit mehreren Haupttrieben aus dem Boden wachsen, kann man teilen. Dafür schneidet man den Strauch im Spätherbst herunter, gräbt ihn aus und zerschneidet das unterirdische Geflecht mit der Gartenschere in etwa gleich große Stücke mit ausreichender Bewurzelung, die noch am selben Tag an den neuen Standort gepflanzt werden.

### ABLEGER

Einige Kakteen und Sukkulenten, zum Beispiel die „fette Henne“, bilden Ableger, kleine bewurzelte Tochterpflanzen an der Basis der Pflanze. Sie können vorsichtig samt Wurzeln abgenommen werden. Sind die Wurzeln sehr zart, empfiehlt es sich, die neuen Pflänzchen zunächst in einem eigenen Gefäß aufzuziehen, bevor man sie am endgültigen Standort einsetzt.

### STECKLINGE

Die Vermehrung durch Stecklinge ist recht einfach und wohl deshalb so beliebt. Damit die Stecklinge schnell Wurzeln bilden, gilt es, zweierlei zu berücksichtigen: Zum einen wollen Stecklinge viel Licht, Luftfeuchtigkeit und Wärme. Manche Stecklinge gedeihen besonders gut, wenn die Anzuchtschalen oder -töpfe von unten erwärmt werden, zum Beispiel auf einem Fensterbrett über einem nicht zu stark eingestellten Heizkörper. Wichtig ist außerdem, dass Stecklinge mit einem sauberen Messer oder einer sauberen, scharfen Gartenschere geschnitten werden. Zwar kann man manchmal auch ein abgebrochenes Zweiglein dazu bringen, Wurzeln zu schlagen, der sicherere Weg ist allerdings ein scharfer, sauberer Schnitt.

Die Wurzelbildung der Stecklinge kann man fördern, indem die Rinde an der Basis des Stecklings eingeritzt oder abgeschält wird. Bei großblättrigen Pflanzen ist besonders darauf zu achten, dass der Steckling genug Feuchtigkeit bekommt und der Wasserverlust nicht zu groß ist. Bei immergrünen Pflanzen hilft es manchmal, die Blätter einzukürzen, indem man sie mit einer Rasierklinge halbiert. So verlieren die Stecklinge weniger Wasser durch Verdunstung und können besser anwurzeln. Zusätzlich kann man bei wurzelfreien Stecklingen so genannte Bewurzelungsmittel verwenden. Sie enthalten Hormone, die die Bewurzelung beschleunigen. Die untere Schnittfläche des Stecklings wird vor dem Einstecken in die Erde kurz in das Mittel getaucht.

### Unverholzte Kopfstecklinge

Unverholzte Kopfstecklinge sind wohl die am meisten verwendete Stecklingsart. Je nach Pflanzenart schneidet man sie zu unterschiedlichen Jahreszeiten. Bei Fuchsien, Pelargonien und Fleißigen Lieschen beispielsweise werden im Frühjahr gut entwickelte, kräftige Triebe abgeschnitten, die unteren Blätter entfernt und die Stecklinge in einen Blumentopf mit Anzuchterde gesteckt. Pro Topf können mehrere Stecklinge gezogen werden. Anschließend wässert man und stülpt ein Glas über den Topf. Bei ca. 15 °C bilden die Stecklinge an einem schattigen Ort im Garten oder auf dem Balkon in vier bis fünf Wochen Wurzeln. Das Erdreich darf in dieser Zeit nicht austrocknen. Damit auch genug Luft an die Pflanzen kommt, hebt man hin und wieder das Glas an. Größere Mengen von Stecklingen kann man mit Klarsichtfolie abdecken, die man auf eine aus Blumendraht oder Kaninchengitter errichtete kleine Kuppel über Anzuchtschalen spannt. Damit Luft zu den Stecklingen gelangt, sticht man in die Folie kleine Löcher.

Haben sich Wurzeln gebildet, können Folie oder Glas entfernt und die Stecklinge einzeln in Töpfe gesetzt werden. Nach einer weiteren Woche bricht man die Triebspitzen ab, das fördert zusätzlich die Wurzelbildung. Von anderen Staudenarten, wie den immergrünen Flockenblumen, der Hundskamille oder dem Bartfaden, werden die Stecklinge erst im Spätsommer geschnitten. Sie wachsen schneller an (in drei Wochen) und überwintern im Frühbeet. Erst im folgenden Frühjahr werden sie an den endgültigen Standort ausgepflanzt.

### Unverholzte Teilstecklinge

Bestimmte Stauden, zum Beispiel Rittersporn, kann man durch Teilstecklinge vermehren. Am Wurzelstock des Rittersporns beginnen zu Frühjahrsbeginn bereits neue Triebe zu wachsen, die sich gut als Stecklinge eignen. Man legt die Pflanze frei und schneidet die Triebe ab, sobald sie etwa zehn Zentimeter hoch sind. Die Pflanzenteile kann man in einem Glas Wasser auf der Fensterbank anwurzeln lassen. Besonders gute Erfolge lassen sich erzielen, wenn der Boden des Glases mit Sand bedeckt wurde, damit die Wurzeln besser greifen können. Sind die Stecklinge bewurzelt, können sie an ihren endgültigen Standort gesetzt werden. Um die jungen Pflänzchen in der ersten Zeit vor Frösten, rauen Winden und heftigen Regengüssen zu schützen, stülpt man ein Glas über sie.

### Halbverholzte Kopfstecklinge

„Halbverholzt“ nennt man Stecklinge, die oben noch grün sind und neu ausgetrieben haben, deren unterer Teil aber schon gut ausgebildet und leicht verholzt ist. Auf diese Weise vermehrt man zum Beispiel Lavendel. Die Stecklinge werden üblicherweise im Sommer geschnitten. Am besten geeignet sind Triebe desselben Jahres. Die Stecklinge benötigen ein bis zwei Jahre, bis sie gut eingewurzelt sind und ausgepflanzt werden können. Bis dahin müssen sie im Anzuchtbeet oder in Anzuchtschalen schattig und feucht gehalten werden.

### Steckhölzer

Immergrüne Pflanzen und einige laubabwerfende Sträucher vermehrt man durch verholzte Stecklinge. Im Spätherbst oder im frühen Winter werden die Stecklinge von stark verholztem und gut entwickeltem ein- bis zweijährigen Holz nahe der Basis geschnitten. Man schneidet ein Stück von ungefähr 25 Zentimetern knapp unterhalb eines Blattknotens ab und entfernt den Grünbewuchs bis auf zwei Blätter. Die so gewonnenen Stecklinge können bei winterharten Pflanzen im Freien bleiben, wenn man sie in Pflanzlöcher steckt, die zuunterst eine Sandschicht haben. Während Trockenperioden müssen die Stecklinge auch im Winter gegossen werden!

Schnell wurzelnde Stecklinge werden bereits nach einem Jahr an die endgültige Stelle im Garten gesetzt. Bei langsamer wurzelnden Arten muss noch ein weiteres Jahr abgewartet werden.

### ABSENKEN

Vor allem Pflanzen, die lange Triebe bilden, kann man durch Absenken vermehren. Man gräbt dazu das Erdreich rund um die Mutterpflanze gründlich um. Anschließend zieht man einen biegsamen, gut ausgebildeten einjährigen Trieb zum Boden hinunter. An der Stelle, die später wurzeln soll, entfernt man die Blätter. Mit einem scharfen Messer schält man dann eine flache Zunge aus der Rinde. Die Verletzung soll nicht zu tief gehen!

Die angeritzte Stelle wird gut in der mit Sand vermischten Erde befestigt, indem man kleine Astgabeln, Steine oder Drahtklammern über den Trieb steckt. Um einen schönen, gerade wachsenden Trieb zu bekommen, lässt man die Triebspitze etwa 25 bis 30 Zentimeter aus dem Erdreich ragen und bindet sie an einem Stützstab hoch. Nach einem halben Jahr haben die meisten Sträucher Wurzeln gebildet. Der bewurzelte Teil wird von der Mutterpflanze abgetrennt und am endgültigen Standort gepflanzt.

Um Pflanzen, die keine biegsamen Triebe entwickeln – zum Beispiel Maulbeeren –, durch Absenken zu vermehren, schält man an gesunden, jüngeren Trieben ungefähr zehn Zentimeter über dem Boden Rindenzungen heraus. Anschließend wird die Pflanze so hoch mit Erdreich angehäufelt, dass die verletzte Stelle gut zugedeckt ist. Innerhalb eines Jahres wird sie bewurzelt sein; dann kann der Trieb abgetrennt und neu gepflanzt werden.

### MEHRFACHES ABSENKEN BEI KLEMATIS

Klematis lassen sich durch mehrfaches Absenken vermehren. Dazu lockert man vorsichtig lange, biegsame Triebe und bringt an ihrer Rinde kleine Verletzungen an. Die verletzten Stellen werden mit sandiger Erde bedeckt, entweder direkt im Gartenboden oder in neben der Mutterpflanze aufgestellten Pflanzgefäßen. Nach ca. einem halben Jahr sollte die Bewurzelung so stark sein, dass man die neuen Pflanzen abtrennen kann.

### AUSLÄUFER

Ausläufer, wie sie beispielsweise Erdbeeren bilden, kann man einfach von der Mutterpflanze abnehmen und in feuchtes Erdreich setzen. Sie bilden mit der Mutterpflanze identische Pflänzchen. Wichtig ist, die Ausläufer in der ersten Zeit vor direkter Sonnenbestrahlung zu schützen, sie wurzeln besser im Schatten an.

### ABMOOSEN

Abmoosen ist eine etwas anspruchsvollere Vermehrungsart: Auf einer Länge von 20 Zentimetern entfernt man am ausgewählten Trieb die Blätter. Anschließend bringt man eine Schnittverletzung an, die durch ein kleines Holzstück (Zahnstocher) offengehalten und am Zuheilen gehindert wird. Anschließend wird die Verletzung mit

RC RC
BELGIUM
RC RC
BELGIUM
60
Choice
South African

feuchtem Moos verbunden und durchsichtige Plastikfolie darumgewickelt. Nach einigen Wochen bildet die verletzte Stelle Wurzeln, die sich von außen durch die Folie erkennen lassen. Wenn das Wurzelwerk kräftig genug ist, topft man ein.

## AUSSAAT UND PIKIEREN

Durch Aussaat lassen sich fast alle Pflanzen heranziehen, sogar Zimmerpflanzen, die man üblicherweise durch Stecklinge oder durch Teilung vermehrt. Einige Pflanzen, beispielsweise einjährige Sommerblumen und viele Gemüsearten, werden fast ausschließlich durch Aussaat vermehrt. Dabei gibt es recht unterschiedliche Vorgangsweisen. Einige Samen benötigen Kälte, um „aufzubrechen“, manche Arten können ganzjährig gesät werden, andere nur im Frühjahr. Entsprechende Hinweise finden Sie auf den Samenpackungen.

Sommerblumen, Kräuter und Gemüse kann man bereits zu Frühlingsbeginn auf der Fensterbank oder in einem Frühbeet ziehen. Frühbeete gibt es für jeden Geldbeutel und auch für kleinsten Raum (Balkon); wichtig ist, bei schönem Wetter durch das Anheben des Deckels für ausreichend Luftzufuhr zu sorgen und das Frühbeet bei Frostgefahr abzudecken (beispielweise mit Schilfmatten). Dann kann man nach den Eisheiligen bereits kleine Pflanzen aussetzen.

Bei der Aussaat im Freien ist vor allem auf die Kälteempfindlichkeit von Samen Rücksicht zu nehmen. Der Boden sollte gut umgegraben und eingeebnet sein. Die Samenkörner werden gleichmäßig und nicht zu dicht in etwa eineinhalb Zentimeter tiefe Rillen gestreut. Einige Gemüsearten legt man in „Stufensaat“: Man legt Grüppchen von drei bis vier Samenkörnern in bestimmten Abständen in die Saatrillen. In jedem Fall wird das Saatgut nach dem Säen oder Legen mit Erde bedeckt.

Sind die neuen Pflänzchen kräftig genug, so werden sie vereinzelt oder ausgedünnt, damit sie genug Platz zum Weiterwachsen haben. Bei Stufensaaten lässt man nur die kräftigste Pflanze pro Gruppe stehen. Um die Sämlinge vorsichtig voneinander trennen zu können, sind ein so genanntes Pikierbesteck oder Holzstäbchen hilfreich. Anschließend setzt man die Pflänzchen einzeln in Töpfe oder an den endgültigen Standort.

### Samenernte und -lagerung

Bei vielen Pflanzen kann man für eine spätere Aussaat selbst Samen ernten. Den richtigen Zeitpunkt zur Samenernte erkennt man je nach Pflanze an unterschiedlichen Zeichen: Wenn die Hülsen, in denen sich Samen befinden, eine braune bis schwarze Färbung angenommen haben, sind die Samen üblicherweise reif. Sind die Samenkapseln noch feucht und weich, ist auch der Samen noch nicht ausgereift. Das gilt natürlich nicht für Samen, die sich in Obst, Beeren oder beispielsweise Tomaten befinden. Solche Samen sind reif, wenn die Frucht weich ist. Manche Samen, wie die von Mohn, Iris und Taglilien, lassen sich leicht ernten. Sie befinden sich in gut erkennbaren Kapseln, die man nur vorsichtig ablösen muss. Andere Samen werden von der Mutterpflanze weggeschleudert, sobald sie reif sind. Bei solchen Pflanzen stülpt man rechtzeitig einen kleinen Sack über die Fruchtstände, der unten zugebunden wird.

Beim Trocknen und Lagern von Samen ist darauf zu achten, dass keine Pflanzenreste auf den Samen verbleiben, sie können verschimmeln oder verfaulen. Doch nicht alle Samen mögen es, gelagert zu werden: Alpenpflanzen müssen sofort nach der Ernte ausgesät werden, ebenso alle Beerensorten. Samen von Bäumen und Sträuchern, die zum Keimen Kälte benötigen, sät man im Herbst ins Freilandbeet.

## Veredeln

Durch Veredeln lassen sich Pflanzen vermehren und die Eigenschaften verschiedener Sorten miteinander kombinieren. Die Kunst des Veredelns wird daher besonders bei Rosen, Obstbäumen und Ziersträuchern und -bäumchen angewandt. Sie besteht darin, einen Trieb einer Pflanze (das so genannte Edelreis) auf einer von einer anderen Pflanze gebildeten, bewurzelten Unterlage einzusetzen. Wenn man auf schwachwüchsigen Unterlagen Edelreiser von normalwüchsigen Obstbäumen einsetzt, wird der Baum klein bleiben, kann aber große Früchte tragen. Meist verwendet man dafür verwandte Arten der gleichen Pflanze. Verschiedene Pflanzengattungen können miteinander kombiniert werden, wenn sie derselben Pflanzenfamilie angehören.

Wichtig ist, dass sich die beiden Pflanzenteile gut verbinden und zusammenwachsen. Das hängt nicht zuletzt von der Wachstumsschicht der Pflanze, dem so genannten Kambium, ab. Das ist eine unmittelbar unter der Rinde liegende weiche Schicht, in der Wasser und Nährstoffe transportiert werden. Damit die Veredelung gut gelingt, muss die Kambiumschicht der Unterlage mit der Kambiumschicht des Edelreises verbunden werden.

### RINDENVEREDELUNG: OKULATION

Rindenveredelung führt man in der Vollsaftphase (August) durch. An der ausgewählten Stelle der Unterlage bringt man mit dem Okuliermesser einen t-förmigen Rindenschnitt an und biegt die Rinde zur Seite. Anschließend schiebt man in die aufgebogenen Rindenlappen das Auge eines Edelreises ein. Der am Auge verbliebene Rindenteil (Rindenschiffchen) muss besonders gut anliegen, damit die beiden Kambiumschichten gut verwachsen. Danach wird das Auge entweder mit Bast oder einer so genannten „Okulette“ verbunden.

### HOLZVEREDELUNG

Der richtige Zeitpunkt für eine Holzveredelung ist das Ende einer Ruhephase, zu Frühlingsbeginn oder im Frühherbst. Für die so genannte Kopulation schneidet man die Triebe von Unterlage und Edelreis gleich stark und im gleichen Winkel an. Die gut angepassten Schnittflächen werden aneinander gefügt und anschließend mit Bast oder Spezialgummiband fixiert.

Alternativ kann man mit dem so genannten Geißfuß arbeiten: In die Unterlage wird eine Kerbe geschnitten. Dann passt man das Edelreis mit zwei glatten, schrägen Schnitten der Kerbe an. Anschließend werden Unterlage und Edelreis so zusammengefügt, dass zwischen den Schnittflächen keine Hohlräume bleiben. Die Verbindung wird fixiert und mit Baumwachs versiegelt.

## Bäume richtig pflegen

Mit einigen wenigen Pflegemaßnahmen können Sie dafür sorgen, dass Sie lange Freude an den Bäumen in Ihrem Garten haben. Wir haben hier eine Übersicht allgemeiner Punkte zusammengestellt, im Anschluss finden Sie hilfreiche Pflegetipps für spezielle Baumarten.

Ein häufiger Grund, warum Äste gekürzt werden müssen, liegt darin, dass sie in den Nachbargarten wachsen und dort nicht willkommen sind. Auch Bäume, die zu eng gepflanzt wurden oder zu viel Schatten werfen, muss man immer wieder auslichten. Manche Bäume verlieren an Standfestigkeit, wenn die Krone zu schwer wird. Hier hilft regelmäßiges Auslichten und Einkürzen der obersten Zweige. Bei all diesen Arbeiten werden die Schnitte zur eigenen Sicherheit stets vom Körper weg ausgeführt.

Abgestorbene Äste und Zweige werden regelmäßig entfernt. Besonders bei jungen Bäumen ist darauf zu achten, dass keine kranken Triebe den Rest des Baumes schädigen. Man schneidet oder sägt direkt am Stamm, denn Aststümpfe sind krankheitsanfällig. Auch aneinander reibende Triebe sollten geschnitten werden, da durch die Reibung Schäden entstehen. Ebenfalls entfernt werden doppelte Hauptzweige. Besonders wichtig ist es auch, Bäume nach Stürmen zu inspizieren, denn abgebrochene Äste können zu Schädlingsbefall am verbliebenen Holz führen.

Wilde Triebe, die aus dem Boden rund um den Baum wachsen, gehören ebenfalls entfernt. Abschneiden mit der Gartenschere ist in diesen Fällen nicht ratsam. Besser ist es, die Triebe wie Unkraut aus dem Boden herauszuziehen, um zu verhindern, dass sie immer wieder neu austreiben. Man kann auch versuchen, den Boden rund um die wilden Triebe vorsichtig zu lockern, um besseren Zugriff zu bekommen. Doch Vorsicht, Baumwurzeln nehmen, vor allem bei jungen Bäumen, Verletzungen übel! Manchmal treiben Bäume auch von verheilten Schnittflächen am Stamm aus. Auch solche Triebe müssen regelmäßig entfernt werden, da sie der Pflanze Nährstoffe entziehen.

Als Werkzeuge für die Baumpflege benötigt man ein paar Basis-Werkzeuge: Kleinere Zweige kann man mit der Gartenschere entfernen, größere mit Astscheren oder Sägen. Ein scharfes, gebogenes Messer, um Wundränder von abgeschnittenen Zweigen zu glätten, sollte in keiner Gartenausrüstung fehlen. Dicke Äste beschneidet man mit Bügel- oder Handsägen. Der Umgang mit der Kettensäge ist nur bei entsprechender Erfahrung zu empfehlen. Alle Sägen und Messer sollten rostfrei und scharf sein, denn beim Schnitt ist so gut wie möglich zu verhindern, dass die Rinde zu sehr aufgerissen wird. Wichtig ist auch eine Leiter, die guten Stand bietet.

## OBSTBAUMSCHNITT

Beim Obstbaumschnitt unterscheidet man zwischen Blüten- und Achselknospen, um nicht unabsichtlich kommende Fruchtstände zu entfernen.

- Aus **Blütenknospen** entwickeln sich Blüten und in der Folge Früchte. Blütenknospen sind rund.
- Aus **Achselknospen** entstehen neue Triebe und in der Folge Zweige und Äste. Sie sind flach und kleiner als Blütenknospen.
- **Kurztriebe** (Fruchtspieße) sind fruchttragende Zweige, die paarweise oder zu dritt seitlich abzweigen.

### Steinobst

Steinobst wie Marille (Aprikose), Kirsche, Pfirsich, Nektarine und Ringlotte (Reneklode) schneidet man nach der Ernte, also im Sommer. Dabei werden jene Äste, die Früchte getragen haben, bis auf eine Stelle zurückgeschnitten, wo sich bereits ein neuer Trieb befindet. Kirschen werden nur wenig geschnitten, Zwetschken und Pflaumen sind ein wenig störrisch. Bei ihnen genügt es meistens, die Krone auszulichten.

### Kernobst

Apfel- und Birnbäume regelmäßig zu schneiden sorgt für gesunden Wuchs und reichlich Obst. Je nach Alter des Baumes stehen dabei verschiedene Ziele im Vordergrund: In den ersten Jahren wird hauptsächlich geschnitten, um ein gleichmäßiges und kräftiges Astgerüst zu erreichen. Erst später kommt der so genannte Ausdünnungsschnitt, damit die dichte Krone den Blüten und Früchten nicht zu viel Licht und Luft wegnimmt und der Baum ein ausgewogenes Verhältnis zwischen Fruchtbildung und Wachstum der Triebe entwickeln kann.

Birnbäume müssen besonders sorgfältig geschnitten werden, sonst wachsen sie zu schnell, werden hoch und bilden Wasserschösslinge. Gekaufte Jungbäume sind meistens schon in Form geschnitten, manche haben bereits die ersten drei besonders schnittintensiven Jahre hinter sich.

## PFLEGE VON KONIFEREN

Der botanische Begriff „Coniferae" heißt „Zapfenträger"; heute nennt man aber auch Nadelgehölze, die keine Zapfen tragen, Koniferen. Nicht alle Nadelbäume behalten wie der Tannenbaum ihr Grün auch über den Winter. Lärche und Sumpfzypresse werfen die Nadeln ab. Genauso der Gingko, der entwicklungsgeschichtlich das Bindeglied zwischen Koniferen und Laubgehölzen darstellt.

Einige Nadelgehölze lassen sich sehr in Form schneiden (zum Beispiel als Hecke), vertragen aber den Schnitt als frei stehender Baum nicht so gut. Anders als Ziersträucher und Obstbäume wirken Tannen, denen die Wipfel abgeschnitten wurden, ebenso unnatürlich wie Fichten, deren untere Zweige entfernt wurden.

Um als Solitärpflanzung ihre volle Wirkung zu entfalten, benötigen Koniferen viel Raum. Das sollte bereits beim Einpflanzen mitbedacht werden. Die unteren Äste von ausgewachsenen Fichten oder Douglasien können bis zu sechs Meter lang werden. Auch kleinere Koniferen, wie der chinesische Wacholder, werden im Laufe der Jahre äußerst umfangreich und bedecken schließlich eine Fläche von bis zu 20 Quadratmetern. Hat man Koniferen zu dicht gepflanzt, kann man eventuell einen Baum entfernen, um Platz zu schaffen.

Wacholder und Kiefern lassen sich, wenn im jungen Stadium damit begonnen wird, so formen, dass sie auch mit weniger Raum auskommen. Allerdings verändert man dadurch ihr natürliches Aussehen und muss quasi die Natur beim Schnitt nachbilden. Gut formbar sind Föhren. Man kann ihr Wachstum verlangsamen, indem man die neuen Triebe im Mai um die Hälfte kürzt, entweder mit einer Gartenschere oder durch Einknipsen mit der Hand. Wird der neue Trieb komplett entfernt, stoppt das Pflanzenwachstum für eine Wachstumsperiode. So vermeidet man das unnatürliche Aussehen, das entsteht, wenn mit der Astschere „Löcher" in die Baumkrone geschnitten werden, die sich letztlich nicht mehr schließen lassen. Der Trieb entwickelt neue Endknospen, diesmal allerdings an der eingekürzten Stelle. Der Baum bildet eine dichtere und buschigere Krone.

Die meisten Koniferen lieben Sonne. Vor allem die beliebte Thuja occidentalis, die man zu Hecken schneiden kann, die industriefest ist und auch Wind und kalten Boden gut verträgt, will einen Platz an der Sonne. Die Schwarzkiefer verträgt nahezu jeden Standort, doch in Schattenlagen kümmert sie und wächst oft schief, weil sie ans Licht drängt. Viele Wacholderarten sind ebenfalls licht- und sonnenhungrig. Wacholderhecken wachsen langsam und vertragen keinen allzu starken Rückschnitt.

Wichtig ist auch die richtige Bewässerung. Zu trocken ist genauso schlecht wie zu feucht. Vor allem frisch gepflanzte Gehölze müssen reichlich mit Wasser versorgt werden, denn sie haben oft schlechten Bodenkontakt. Da die Verdunstung durch die Nadeln sehr hoch sein kann, empfiehlt es sich, frisch gepflanzte Koniferen an trockenen Tagen von oben, über ihr Nadelkleid, abzubrausen. Am besten morgens oder abends, nicht jedoch in der Mittagssonne.

Wenn Koniferen trotz aller Pflege kümmern, gelb und braun werden, empfiehlt es sich, einen frischen befallenen Zweig fachmännisch untersuchen zu lassen. Denn einige Schädlinge und Pilzerkrankungen sind nur unter dem Mikroskop erkennbar.

Adressen für Einrichtungen, die solche Untersuchungen durchführen, kann man beispielsweise über Gartenbauvereine in Erfahrung bringen.

Für kleine Gärten, Terrasse und Balkon eignen sich Miniatur- und Zwergformen von Koniferen. Sie können sogar ganzjährig im Blumenkasten gehalten werden. Zwergfichten wollen allerdings einen besonders guten, frischen Boden und gedeihen nicht in der Nähe von anderen Gehölzen. Auf mageren Böden und im dichten Gehölzverband greift man besser zu Zwergkiefern.

**Wipfelbruch**

Bei manchen Koniferen kann man einen abgebrochenen Wipfel „reparieren“. Dazu wird der stärkste und geradeste Wipfelaustrieb zum neuen Haupttrieb der Pflanze umfunktioniert. Um zu erkennen, welcher Trieb das ist, lässt man die Konifere einige Monate in Ruhe wachsen: Die Pflanze zeigt durch verstärktes Wachstum zur ehemaligen Kronenspitze, welcher Trieb am besten mit Nährstoffen versorgt ist. Die anderen Wipfeltriebe kürzt man und führt den Haupttrieb so, dass der Baum wieder seine trapezförmige Kontur bekommt. Dafür bindet man den Baum an eine Baumstange und führt den neuen Wipfel Schritt für Schritt an diese heran. Das sollte vorsichtig geschehen, sonst wird das junge Holz verletzt und der neue Trieb schlecht versorgt; er kann sogar absterben. Nach zwei bis drei Monaten erneuert oder entfernt man die Befestigung des Wipfels. Sie könnte sonst wegen des Wachstums der Pflanze den Saftstrom behindern.

Will man bei trapezförmig wachsenden, jungen Koniferen einen langsamen und buschigen Wuchs erreichen, so kann man den Wipfelschnitt auch absichtlich durchführen. Der Stamm wächst dann langsamer und beim Wipfel treiben mehrere neue Triebe aus, die dem Gehölz ein buschigeres Aussehen verleihen. Das wird am besten am Ende des Winters gemacht, damit man bereits im darauf folgenden Frühjahr mit der Konifere „weiterarbeiten“ kann. Achtung, bei ausgewachsenen Gehölzen kann dieser Schnitt nicht mehr durchgeführt werden!

## Wintergerechtes Gärtnern

Spätherbst und Winter gelten als eine Zeit, in der im Garten nicht viel zu tun ist. Doch wer diese Monate geschickt nutzt, kann seine Pflanzen viel Gutes tun durch den richtigen Frostschutz und darüber hinaus einige Gartenarbeiten erledigen, die in aktiveren Phasen der Gewächse nicht oder nicht so gut möglich sind.

Solange der Boden nicht gefroren ist, ist der Winter zum Beispiel die beste Zeit zum Teilen und Umsetzen von Pflanzen. Nur bei größeren Pflanzen, die schon längere Zeit am selben Standort stehen, wartet man damit bis zum Frühjahr. Denn beim Ausgraben werden ihre Wurzeln verletzt, deshalb sollte man den Wachstumsschub im Frühling ausnützen.

Gemüsebeete, Blumenrabatten und Staudenmischbeete werden je nach Witterung im Oktober oder November gesäubert und eventuell umgestochen. Die Zweige empfindlicher Koniferen bindet man im Spätherbst mit einer Schnur so zusammen, dass auch schwerer, nasser Schnee ihnen nichts anhaben kann. Im Winter ist auch die Zeit für den Baumschnitt. Rasen wiederum will im Spätherbst sauber gerecht werden. Das sichert die Luftzufuhr zu den Graswurzeln und hilft, Pilzerkrankungen und Wurzelfäule vorzubeugen.

Bewässerung spielt im Winter eine eher geringe Rolle. Doch umgesetzte Pflanzen wollen auch im Winter gewässert werden. Das sichert die Wasser- und Nährstoffversorgung und verhindert, dass die kleinen Faserwurzeln in Hohlräumen austrocknen. Neu gepflanzte Stauden können nach den ersten Frösten Probleme mit der Bodenhaftung bekommen. Da die Wurzeln der Neuanpflanzungen noch nicht fest im Boden verankert sind, können sie sich bei Frost etwas heben. Dann müssen sie wieder festgetreten werden. Vor allem im Steingarten empfiehlt es sich, deshalb immer wieder Nachschau zu halten.

Bei starkem Schneefall kann es notwendig werden, die Zweige von Bäumen, Sträuchern und Hecken von der weißen Pracht zu befreien. Die Last des Schnees kann sie verbiegen oder sogar brechen. Vor allem die Zweige von Zwerg- und Miniaturkoniferen, aber auch Säulenwacholder und Eiben können so aus der Form geraten. Buchsbaumkugeln und andere in Form geschnittene Sträucher und Bäume sowie Minihecken müssen regelmäßig vom Schnee befreit werden, indem man ihn abschüttelt oder abfegt. In anderen Teilen des Gartens sollte man jedoch nicht zu großzügig sein mit dem Schnee-Entfernen. Er ist ein guter Verdunstungsschutz und Feuchtigkeitsspeicher. Durch sein langsames Schmelzen führt er dem Boden laufend Feuchtigkeit zu. Zusätzlich bildet er eine Isolierschicht gegen starke Fröste.

*Laub recht man am besten nach dem ersten Frost zusammen, denn dann werfen die Bäume besonders viel ab.*

Gegen Ende des Winters, im späteren Februar, beginnt man den Boden für das Frühjahr vorzubereiten. Dabei werden auch die verblühten Stängel und Rispen abgeschnitten. Das Erdreich lockert man sehr vorsichtig eine Handbreit, sodass unterirdische Knospen keinen Schaden nehmen, und verbessert es mit organischem Dünger.

## FROSTSCHUTZ

Während besonders strenger Kälteperioden müssen empfindliche Pflanzen mit Stroh- und Schilfmatten oder alten Säcken geschützt werden. Man kann auch Laub anhäufeln und mit Kaninchengitter abdecken, damit der Wind es nicht verweht, denn in den Rasen gewehtes Laub kann das Gras schädigen. Vor allem sehr spät gesetzte immergrüne Jungsträucher und Koniferen sind durch strenge Fröste, kalte Böden und lange Trockenperioden gefährdet. Als Frostschutz für hoch wachsende Pflanzen (etwa Kletterpflanzen oder größere Sträucher) haben sich große Papiersäcke bewährt. Sie lassen sich leicht anbringen und abnehmen. Unter Plastiksäcken oder -folien hingegen kann Kondenswasser entstehen, das auf die zu schützenden Pflanzenteile tropft und dort gefriert. Dagegen hilft es, die Pflanzen zunächst mit Stroh oder Laub zu umhüllen und erst dann mit Folie (am besten Noppenfolie) zu umwickeln, die mit Schnüren festgebunden wird.

Besondere Aufmerksamkeit benötigen auch kälteempfindliche Pflanzen, die an Hausmauern wachsen. Dort herrscht ein spezielles Kleinklima. Wird der Raum hinter der Mauer im Winter beheizt, so kommt ein Teil der Zimmerwärme den Pflanzen zugute. Mauern, hinter denen sich kein beheizter Raum befindet, speichern hingegen die Kälte und geben sie auch an milderen Tagen ab. Mit den ersten wärmeren Frühlingstagen kann es hier auch zu den gefürchteten Frost-/Wärmeschäden kommen (siehe Seite 131). Deshalb benötigen Pflanzen auch an warmen Südmauern einen Schutz gegen Frost und Trockenheit. Dazu spannt man ein Kaninchengitter in weitem Bogen um die Pflanze und füllt den Raum mit Laub auf.

Im Staudenbeet kann man Ziergräser und Rispen von Hortensien stehen lassen. Sie sehen bei Raureif hübsch aus und bilden einen gewissen Frostschutz für die kleineren Gewächse. Rosen werden im Spätherbst angehäufelt, und zwar mit normaler Gartenerde. Solange der Boden nicht gefroren ist, können sie an frostfreien Tagen auch während des Winters gepflanzt oder umgesetzt werden

Den Gartenteich schützt man im Herbst mit einem Laubschutznetz. Schilf und Rohrkolben werden auf ca. 20 Zentimeter über dem Wasser heruntergeschnitten. Während Frostperioden sollte eine Stelle eisfrei gehalten werden. Leben keine Fische im Teich, kann man immer wieder mit etwas kochendem Wasser auftauen. Strohmatten oder Schilfbündel können das Zufrieren verhindern, in sehr kalten Wintern muss aber immer wieder kontrolliert werden, ob alles in Ordnung ist. Will man ganz sicher gehen, ist eine Teichheizung empfehlenswert.

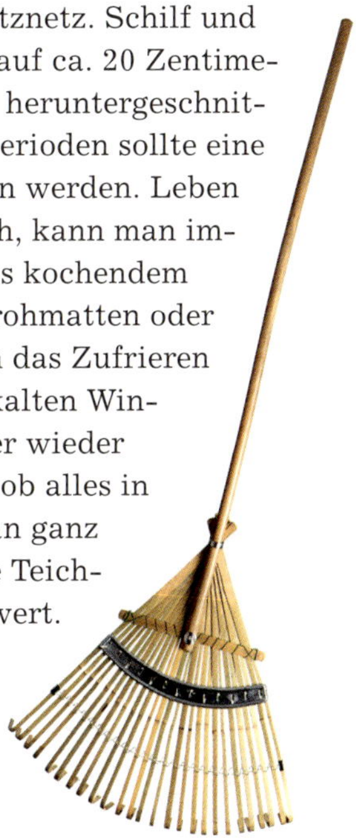

# 10.
# Das Gartenjahr

# m Überblick

# Frühling

## ALLGEMEINE GARTENARBEITEN

- Bei mildem Wetter Frostschutz entfernen
- Bis Frühlingsbeginn Bäume und Sträucher auslichten; wenn an den Schnittstellen Saft austritt, nicht mehr schneiden
- An langstieligen Gewächsen die Triebspitzen kappen, damit sie buschiger wachsen
- Boden durch Lockern und Anreichung mit Kompost für Pflanzungen und Saaten vorbereiten
- Pflanzzeit für Bäume, Sträucher, Stauden, Kräuter und Frühgemüse
- Hauptsaison für Aussaaten in Saatschalen, anschließend Sämlinge vereinzeln
- Pflanzen für Gründüngung aussäen

## RASEN

- Rasen vor dem Austreiben durch Vertikutieren vom Filz befreien und zum Wachsen anregen
- Kahle Stellen neu einsäen oder Rasen verlegen
- Neuanlage von Rasenflächen und Blumenwiesen
- Im Mai ist Rasen in der Hauptwachsphase, Zierrasen deshalb wöchentlich schneiden; Wiesen hingegen in Ruhe wachsen lassen

## NUTZGARTEN

- Gemüsebeete umgraben und Kompost ausbringen, wenn die Erde von Schnee befreit und abgetrocknet ist
- Mit dem Pflanzen abwarten, bis der Boden etwas erwärmt ist
- Gewächshäuser bei schönem Wetter lüften
- Freilandsaaten: im März Erbsen, Kresse, Karotten (Möhren), Spinat, Zwiebeln, Radieschen, Rettich, Puffbohnen, Mairüben; anschließend Salat, Mangold, Rote Rüben, Chicorée; nach den Eisheiligen Bohnen, Gurken, Kürbis
- Saaten im Frühbeet oder in Saatschalen im Haus: Kopfsalat, Rettiche, Radieschen, Kohlrabi, Karfiol (Blumenkohl), Lauch, Brokkoli, Kopfsalat, Spätkohl, Gurken, Zucchini, Mais, Kohlsprossen, einjährige Küchenkräuter
- Frühe Kohlarten im Frühbeet pflanzen
- Kartoffeln setzen
- Im Mai im Freien setzen: Kohl, Salate, Sommerlauch, Kräuter; nach den Eisheiligen: Tomaten, Gurken, Paprika, Melanzani (Auberginen), Zucchini, Artischocken
- Obstbäume nach der Blüte düngen
- Rhabarber und Spargel nur bis Sommerbeginn ernten

*Der Frühling ist die Hauptwachstumsphase und die wichtigste Pflanzzeit im Garten.*

## ZIERGARTEN

- Winterschutz von Rosen entfernen, wenn keine stärkeren Fröste mehr kommen, und Rosen zurückschneiden
- Frühblühende Sträucher (zum Beispiel Forsythien) nach der Blüte schneiden
- Frühblühende Stauden nach dem Abblühen teilen
- Zwiebelblumen nach der Blüte düngen, Samen entfernen
- Im Freien säen: Ringelblumen, Kornblume, Klatschmohn, Schleierkraut; anschließend Sonnenblumen, Kapuzinerkresse, Tagetes; im Mai Zierkürbis
- Im Haus vorziehen: Löwenmäulchen, Tagetes, Edelwicken, Sommerastern, Zinnien
- Im Mai Sommerblumen und Zwiebeln von im Herbst blühenden Blumen im Freien pflanzen, frostempfindliche Sorten erst nach den Eisheiligen
- Im April Stauden und Gehölze pflanzen
- Canna, Dahlien und Gladiolen Ende April/Anfang Mai setzen
- Balkonkästen bepflanzen

## KÜBELGARTEN

- Überwinterte Kübelpflanzen zurückschneiden und heller stellen
- Kübel- und Zimmerpflanzen umtopfen
- Zimmerpflanzen wieder mehr gießen und auch düngen
- Ab Ende April Kübelpflanzen im Freiland Schritt für Schritt an die Sonne gewöhnen; bei Frostgefahr nachts ins Haus bringen oder im Gewächshaus schützen
- Kälteempfindliche Pflanzen erst nach den Eisheiligen ins Freie holen

# Sommer

## ALLGEMEINE GARTENARBEITEN

- Stauden, Gemüse und Sommerblumen täglich wässern, Rasen während Hitzeperioden, Bäume und Sträucher nur bei extremer Trockenheit
- Beete regelmäßig hacken oder mulchen, um die Bodenfeuchtigkeit zu erhalten und Wasser zu sparen; Mulchen schützt auch bei heftigem Sommerregen
- Rosen und Obst im Juli veredeln
- Im August Samen von Sommerblumen, Stauden und Gemüsepflanzen ernten
- Pflanzen für Gründüngung aussäen

## RASEN

- Unkraut am besten schon im Juni bekämpfen
- Rasen nur bei anhaltender Trockenheit beregnen
- Im Hochsommer nicht zu kurz mähen; das Gras wächst jetzt deutlich langsamer, und etwas höheres Gras hilft, den Boden feucht zu halten

## NUTZGARTEN

- Im Hochsommer Gemüsebeete regelmäßig hacken und – am besten morgens – wässern
- Gewächshäuser und Wintergärten regelmäßig lüften und gegen Sonneneinstrahlung schützen
- Obst und Beeren mit Vogelnetzen schützen
- Reifes Obst, Gemüse und Beeren regelmäßig abernten
- Fallobst sofort aufsammeln, beschädigte Früchte und Gemüse vernichten
- Kirschen und Beerensträucher nach der Ernte leicht zurückschneiden
- Erdbeeren durch Ausläufer vermehren, Erdbeerbeete auslichten, mit Kompost und Hornspänen düngen
- Freilandsaaten: im Juni Bohnen, Herbstradieschen, Herbstrettich, Radicchio, Salat, Winter-Endivien, Fenchel, Spinat; anschließend Pak-Choi, Winterrettich, Winterlauch; zuletzt Teltower Rübchen, Vogerlsalat (Rapunzel, Feldsalat)
- Pflanzen: Knoblauch, Brokkoli, Grünkohl, Kohlsprossen (Rosenkohl), Rettiche, Radieschen, Kohlrabi

*Der Sommer belohnt fleißige Gärtner mit reichlicher Ernte.*

## ZIERGARTEN

- Hecken im Juni/Juli schneiden (Achtung auf bewohnte Vogelnester)
- Zweijährige Sommerblumen im Juni/Juli säen, im August vereinzeln
- Stauden aussäen: Glockenblumen, Lerchensporn, Tränendes Herz
- Im August Madonnenlilien, Kaiserkronen, Steppenkerzen und Herbstzeitlose pflanzen
- Verwelkte Rosenblüten entfernen, das fördert die Knospenbildung; Wildtriebe entfernen
- Ende Juli Rosen zum letzten Mal düngen
- Sommerblumen wöchentlich düngen, wenn beim Pflanzen kein Langzeitdünger verwendet wurde
- Abgeblühte Sträucher zurückschneiden
- Abgeblühte Stauden zurückschneiden und teilen
- Im August Stecklinge von Liguster, Buchsbaum und Thuja schneiden
- Im Spätsommer mit dem Pflanzen von Koniferen beginnen

## KÜBELPFLANZEN

- Balkon- und Kübelpflanzen regelmäßig und großzügig gießen
- Kübelpflanzen Ende August zum letzten Mal düngen

*Dahlien bringen mit ihren prachtvollen Blüten von Sommer bis Herbst Farbe in den Garten.*

# Herbst

### ALLGEMEINE GARTENARBEITEN

- Mitte September zum letzten Mal Pflanzen für Gründüngung aussäen
- Keine schnell löslichen Dünger mehr verwenden
- Ende September Gehölze pflanzen
- September/Oktober Leimringe anbringen
- Nadelbäume und Sträucher umsetzen, laubabwerfende Bäume und Sträucher erst nach dem Laubfall
- Laub fegen, auf den Kompost bringen
- Kleine Reisighaufen oder Holzstapel zum Überwintern für Igel anlegen; ab Oktober nicht mehr umschichten, damit die Tiere nicht gestört werden
- Vor den ersten Frösten Frostschutz für Rosen, frisch gepflanzte Stauden und Zwiebelblumen, junge Obstgehölze und alle anderen nicht winterharten Bäume und Sträucher anlegen
- Bis Anfang November Bäume, Sträucher, Stauden, Gräser und Zwiebelblumen pflanzen
- Schwere Böden umgraben und fräsen, leichtere Böden nicht so tief umgraben; Kompost in den Boden einarbeiten

### RASEN

- Im Frühherbst Rasen anlegen und ausbessern

*Laub kann auf den Kompost gebracht und so dem natürlichen Kreislauf wieder zugeführt werden.*

*Im Herbst ist Erntezeit im Garten.*

### NUTZGARTEN

- Fallobst und verdorbene Früchte vernichten
- Stecklinge von Beerensträuchern schneiden; im Spätherbst die Sträucher schneiden
- Pflanzen: Rhabarber, Salat, Kren (Meerrettich), Schwarzwurzeln, Topinambur
- Abends Frostschutz für Kopfsalate, Tomaten, Gurken und Paprika bereitstellen
- Kohl, Kürbisse und Sellerie nach den ersten Frösten ernten

### ZIERGARTEN

- Samen von späten Sommerblumen ernten
- Freilandsaaten: robuste Sommerblumen, zum Beispiel Ringelblumen, einjähriger Rittersporn
- Pflanzen: Zwiebeln für Frühlingsblüher, auch Wildtulpen, Rosen
- Dahlien ausgraben und überwintern
- Immergrüne Pflanzen bei Trockenheit an frostfreien Tagen wässern

### KÜBELGARTEN

- Frostschutz vorbereiten
- Frostempfindliche Kübelpflanzen spätestens im November ins Überwinterungsquartier holen
- Zimmerpflanzen weniger gießen, nicht mehr düngen
- Kübelpflanzen in geheizten Räumen mit Wasser besprühen, das hilft gegen die Trockenheit der Luft
- Topfobst und immergrüne Pflanzen auf dem Balkon an frostfreien Tagen regelmäßig wässern

# Winter

## ALLGEMEINE GARTENARBEITEN

- Schneelast von Ästen schütteln oder fegen
- Bei extremen Temperaturen zusätzlichen Frostschutz anbringen
- Ab Januar an frostfreien, trockenen Tagen Bäume und Sträucher schneiden und umpflanzen
- Junge Bäume durch Kalkanstrich schützen
- Leimringe entsorgen

## NUTZGARTEN

- Hochsaison für Grünkohl
- Im Frühbeet frostbeständige Salate und Winterspinat ziehen; Ende Februar Salat, Spinat, Kohlrabi und Radieschen säen
- Im Februar Frühkartoffeln an einem hellen Ort vorkeimen lassen
- Im Februar Sommerblumen und Gemüse wie Tomaten, Paprika und Melanzani (Auberginen) in Pflanzschalen auf dem Fensterbrett aussäen
- Bei frostfreiem Wetter im Februar Obsthölzer veredeln

## ZIERGARTEN

- Junge immergrüne Laub- und Nadelgehölze vor Sonneneinstrahlung schützen, das reduziert die Verdunstung
- Im Januar Steckholz von Ziersträuchern schneiden
- Primeln, Christrosen und Zwiebelblumen in einem kühlen Raum vortreiben lassen
- Rosen abdecken, sonst treiben sie zu früh aus
- Triebspitzen von Frühjahrsblühern bei starkem Frost schützen

## KÜBELGARTEN

- Kübelpflanzen regelmäßig, aber wenig gießen
- Kälteempfindliche Pflanzen nicht auf kalten oder zugigen Fensterbänken platzieren; gegebenenfalls zusätzliche Isolierung anbringen
- Bei milden Temperaturen Winterquartiere lüften
- Im Februar Topfpflanzen wieder mehr wässern und auch düngen
- Austriebe zurückschneiden
- Mit dem Umtopfen beginnen

*Im Winter ist Zeit, um Vorbereitungsarbeiten für die kommende Gartensaison zu treffen.*

**Auge** Triebansatz

**Ausbrennen (von Pflanzkübeln)** hitzebeständige Pflanzgefäße im auf 250 °C vorgeheizten Ofen etwa 30 Minuten „backen“

**Ausgeizen** Ansätze von Seitentrieben entfernen, die in den „Achseln“ zwischen Stamm und Blatt oder Stamm und Ast wachsen

**Ballenpflanzen** Pflanzen, bei denen für den Verkauf der Wurzelballen mit Erde in Tücher oder Ähnliches gewickelt wird; die Pflanzen werden erst kurz vor dem Verkauf aus dem Erdreich ausgestochen, in dem sie gewachsen waren

**Containerpflanzen** Pflanzen, die in Pflanzgefäßen gezogen und verkauft werden

**Edelreis** Trieb der Pflanze, die beim Veredeln (siehe Seite 265) auf die → Unterlage aufgesetzt werden soll; diese Pflanze ist die hochwertigere Sorte

**Entspitzen** Spitze des Haupttriebes abbrechen oder -schneiden

**Gelbkarte** mit Leim bestrichenes gelbes Plastik- oder Pappstück, an dem Fliegen kleben bleiben

**In Sätzen säen** mehrfach hintereinander kleinere Mengen aussäen

**Kalkanstrich** Schutzanstrich für Bäume (siehe Seite 131); man kann entweder fertig erhältliche Präparate verwenden oder 500 g Ätzkalk mit 10 l Wasser verrühren

**Leimring** Ring aus Leim rund um einen Baumstamm, auf dem Schädlinge, die am Baumstamm hinaufkriechen, kleben bleiben; man kann entweder Baumleim auf den Stamm auftragen oder fertige Leimbänder verwenden

**Moorbeet** mit spezieller Erde ausgestattetes Beet (siehe Seite 98)

**Okulant** anderer Begriff für → Unterlage

**Pflanzen ohne Wurzelballen** Pflanzen, die mit bloßen, erdfreien Wurzeln verkauft werden („barfuß“); werden wie → Ballenpflanzen erst vor dem Verkauf aus der Erde gerodet

**Pyrethrum** aus Pflanzen gewonnenes Insektizid

**Rasenerde** fertig erhältliche Erdmischung, die Stickstoff, Phosphat und Kaliumoxid in einer Menge enthält, die zum Anwachsen von frisch gesätem oder Rollrasen ideal geeignet ist

**Rhizom** unterirdisch oder dicht über dem Boden wachsende Sprossen (botanisch im Unterschied zu Wurzeln gesehen)

**Selbstbefruchter** Pflanze, die von ihren eigenen Pollen bestäubt werden kann

**Unterlage** bewurzelter, kurzer Teil eines Stammes, auf den beim Veredeln (siehe Seite 265) das → Edelreis aufgesetzt wird; diese Pflanze ist von einfacherer Qualität

**Wildtrieb** Trieb aus der → Unterlage veredelter Pflanzen

**Bildnachweis**

Simone Andress www.simoneandress.at: Seite 4-5, 34, 56 (li + re), 65 (Mitte), 66, 83, 179 (re), 184, 188, 220
Margit Beneš-Oeller: Seite 31 (li), 52, 258
Christine Egger: Seite 11 (li), 69, 70, 94, 181
Harald Eisenberger www.eisenberger.co.at: Seite 11 (re), 12 (li + re), 33, 41 (unten), 42 (Mitte und re), 146, 199 (Mitte + re), 227, 245 (re unten), 281
Emil Lux GmbH & Co.KG: Seite 225
Euromate: Seite 254
Fricke Gründächer und Gartengestaltung GmbH www.fricke.at: Seite 107 (li)
Lydia Fuis: Seite 144-145
Gettyimages, Cover (Schaufelblatt): Seite 7, 23, 31 (unten), 32, 62 (Radius Images), 75 (oben + re), 84 (GAP Photos), 89 (GAP Photos), 91 (GAP Photos), 110 (li: Workbook Stock + re: The Image Bank), 126, 164, 191, 239, 246, 271, 275 (unten)
Udo Haustein www.der-englische-laden.at: Seite 14, 71, 127, 171 (li), 182
Husquarna Austria GmbH: Seite 35, 63, 256
iStockphoto: Cover (Rasen)
Bettina Letz www.bettinaletz.com: Seite 17, 27 (li + re), 28 (re), 53, 55, 65 (re), 73, 75 (li), 93, 95*, 99, 105 (re), 106 (li), 107 (re), 109, 112 (li + *re), 163 (re), 165, 172, 207 *Schaugarten Christian Anton Kis, 4521 Schiedlberg
Rita Newman www.newman.at: Seite 6, 8-9, 13, 30, 39, 41 (oben), 42 (li), 45 (li + re), 48, 51, 54, 65 (li), 77, 78, 79, 100, 101 (li), 102 (alle), 105 (li), 106 (re), 111, 113 (li + re), 118, 124 (li), 130 (li + re), 134 (li + re), 138 (re), 147, 160-161, 167, 168, 175 (li), 176-177, 179 (li), 180 (re), 183 (li), 185 (li), 186, 187, 190, 200, 206, 212, 223, 224 (li), 230, 277 (re), 282-283
Nova Photo Graphik: Seite 156
Okapia Imagebroker: Seite 59 (Alfred Schauhuber), 183 (re, Simon Belcher)
Manfred Seidl www.archfoto.com/seidl: Seite 108, 154, 157* (li + re), 158* (li + re), 159*, 170 (re), 173, 174 (re), 175 (re), 195 (re), 198/199, 204 (re), 232, 279* * Landschaftsarchitektur www.3zu0.com
Stockfood.at: Cover (Gänseblümchen), Seite 2, 10, 20, 24-25, 26, 28 (li), 29, 31 (re), 43, 56 (Mitte), 60, 64, 81 (li + re), 82, 86, 97, 101 (Mitte + re), 114-115, 116, 117 (re), 119, 121 (li + re), 123, 124 (re), 125 (li + re), 128, 131, 132, 135, 136, 137, 138 (li), 141, 142, 143, 148 (li + re), 149, 151, 152 (li + re), 153, 155, 162, 163 (li), 170 (li), 171 (re), 174 (li), 178, 180 (li), 185 (re), 189, 192-193, 195 (li), 196-197 (alle), 198 (li), 201, 202 (li + re), 205, 208, 210 (alle), 211, 213, 214 (li + re), 216-217, 218, 221 (li + re), 224 (re), 229, 236, 240, 241, 242, 245 (li + re oben, li unten), 248-249, 250, 253, 263, 268, 270, 272-273, 274 (li + re), 275 (oben), 276, 277 (li), 278 (oben + unten), 280 (li + re), Coverrückseite
Cathrine Stukhard www.stukhard.at: Seite 40, 104, 117 (li), 194, 204 (li)
Viking: Seite 37

**Klaus Ruhnau**
*ist leidenschaftlicher Gärtner. Nach einer Gärtner- und Floristenlehre machte er sich mit einem Floristenbetrieb selbständig und lehrte parallel jahrelang an der Berufsschule für Gärtner und Floristen in Wien, Österreich. Ruhnau ist vielen noch als ORF-Gartenexperte aus „Willkommen Österreich" bekannt.*

*Besonders danken Verlag und Autor Alexandra Hawlicek, Dietmar Mayer und Wolfgang Tratter sowie Christoph Bösenkopf und Markus Latzka.*

*Wir danken OBI für die Unterstützung.*

*Bibliografische Information der Deutschen Nationalbibliothek*
*Die Deutsche Nationalbibliothek verzeichnet diese Publikation in der Deutschen Nationalbibliografie; detaillierte bibliografische Daten sind im Internet über http://dnb.d-nb.de abrufbar.*

*1. Auflage*

*Grafische Gestaltung: Peter Manfredini*
*Textredaktion: Else Rieger*
*Bildredaktion: Gabi Weiss*
*Korrektorat: Gudrun Stecher*

*Gedruckt in der EU*



*ISBN 978-3-85033-525-6*
*ISBN 978-3-85033-551-5 (Sonderedition Ö)*
*ISBN 978-3-85033-552-2 (Sonderedition D)*

*Christian Brandstätter Verlag*
*GmbH & Co KG*
*A-1080 Wien, Wickenburggasse 26*
*Telefon (+43-1) 512 15 43-0*
*Telefax (+43-1) 512 15 43-231*
*E-Mail: info@cbv.at*
*www.cbv.at*